帝國的年代

歐亞世界秩序與前現代國際關係

The Age of Empire: Eurasian World Order and the Pre-Modern International Relations

蔡東杰

首先必須闡明塵世政權（temporal Monarchy）之涵義與目的，
此處所謂塵世政權，也可稱之為帝國（Empire），
我們將它定義為某種單一性政治體（single Principality），
這個政治體不僅統治著生存在有恆之中的所有人，
也囊括了所有可用時間加以衡量之一切事物。

但丁，《論世界帝國》

Dante Alighieri, *The De Monarchia*

卷一
帝國理論
The Theory of Empire

卷一

帝國理論

The Theory of Empire

楔子：美利堅帝國大夢

Prelude: American Dream of Empire

冷戰終結與站在巔峰上的霸權

二〇〇一年「九一一」恐怖攻擊後翌日，就在紐約曼哈頓兩棟高聳之世界貿易大樓瞬間崩解於漫天煙塵之際，法國《世界報》（*Le Monde*）頭版以斗大標題寫著：*Nous sommes tous américains!*（現在我們都是美國人了）；[1]於此同時，數以百計法國民眾自發聚集在巴黎聖母院前面，齊聲高唱美國國歌〈星條旗〉（The Star-Spangled Banner），場面堪稱十足熱情感人，其後不到一個星期，法國總統席哈克且成為第一個拜訪華府與紐約，[2]幫美國加油打氣的外國元首。要知道，此種情景絕不常見，畢竟追求獨立自主的戴高樂主義（Gaullism）自二戰結束以來便是巴黎外交政策主流，[3]例如，法國除了在一九六〇年不顧美國反對試爆原子彈，一九六六年更宣布退出華府主導的「北大西洋公約組織」（NATO），直到四十三年後的二〇〇九年才決定重返，雙方關係敏感可見一斑，也讓此際及時送暖別具象徵意義。

為反制前述攻擊，美國首先在二〇〇一年十月七日，以塔利班政權涉嫌藏匿前述恐怖攻擊主謀賓拉登為由，[4]以「持久自由」（Enduring Freedom）做為行動代號，聯合英國與當地反政府的北方聯盟共同發動阿富汗戰爭，接著在小布希總統於翌年一月將伊拉克、伊朗與北韓列入所謂「邪惡軸心」（Axis of Evil）之後，[5]隨即以海珊政權支持恐怖主義並涉嫌藏匿大規模毀滅性武器為由揮兵波斯灣，即便包括法國總統席哈克在內之多數主要國家領袖都公開表態反對，甚至引爆了從巴黎、雪梨到布宜諾斯艾利斯，超過六十個國家連線參與之全球反戰示威浪潮，致使華府無法在開戰前取得聯合國安理會正式授權，美國仍在二〇〇三年三月二十日聯合英國與澳洲發動攻擊，並於短短六週之後的五月一日，由小布希在加州外海意氣風發登上林肯號航空母艦，正式宣告這場衝突之主要戰鬥已然結束。

1 Robert Singh, "Are We All American Now?" in Brendon O'Connor and Martin Griffiths, eds., *The Rise of Anti-Americanism* (New York: Routledge, 2006), p.25.

2 席哈克（Jacques Chirac, 1932-2019）於一九九五至二〇〇七年擔任法國第二十二任總統。

3 相關概念源自在二戰期間領導「自由法國」對抗納粹的戴高樂（Charles de Gaulle, 1890-1970），他在一九五八年締造「第五共和」並出任第一位總統，支持歐洲統合並致力降低美國的影響力。

4 塔利班（Taliban，意譯為神學士）是以阿富汗主流普什圖族（Pashtuns）為主之遜尼派伊斯蘭基本教義組織，在蘇聯於一九八九年撤離後，於一九九四年興起並隨即於一九九六年掌權至美國入侵為止，其後撤離至東南部坎達哈據點，二〇二一年因美國撤軍重返喀布爾；至於賓拉登（Osama bin Laden, 1957-2011）出身沙烏地阿拉伯遜尼派，一九八八年為協助阿富汗反抗蘇聯入侵而成立「基地」（Al-Queda）伊斯蘭軍事組織，後因反美被列入恐怖份子名單，二〇一一年於巴基斯坦藏匿處遭美軍擊斃。

5 小布希（George W. Bush, 1946-）與布希（George H.W. Bush, 1924-2018）為美國史上第二對父子檔總統。

可以這麼說，儘管繼一九七〇年代的越戰之後，「九一一」恐怖攻擊再度為美國帶來強大視覺衝擊與心靈創傷（畢竟這是其國土與首善之區第一次遭遇外部攻擊），面對距離本土近七千公里之伊拉克，相較一九九〇年的波灣戰爭共有三十餘國熱情應援，此刻美國雖然看似猶如剛愎自用之孤家寡人，且巴格達政權在戰前號稱擁有睥睨中東之百萬雄師，最終美國仍舊以摧枯拉朽之勢擊潰敵人並成功活捉海珊之舉，無疑將其推上某種權力歷史巔峰，並讓許多人開始將華府比擬為「新羅馬」（New Rome）。[6]

自此，所謂布希主義（Bush Doctrine）往往被認為具備明顯「單邊主義」特徵，其被認為等同某種「先發制人且可自由裁量之戰爭學說」的內涵，自此成為美國外交政策新基石，[7]至於美國在伊拉克戰爭當中可以無視國際輿論頂風而行之強大能量，更促使一些人關注此種態勢為華府帶來之戰略機遇，例如庫斯（James Kurth）後來雖坦承「美國世紀」已於二〇二〇年告終，[8]此時仍然曾經以高度樂觀角度，主張華府應當乘勝追擊在全世界推動「美國化」政策，尤其藉此調整與歐洲的關係（雙方在後冷戰時期隱約呈現進行整合競賽態勢），設法吸納後者成為「大美國協」（American Commonwealth of Nations）的一部分。[9]

無論如何，事實是，由於美國在二次大戰之後所「創造」出來的敵人蘇聯正式於一九九一年壽終正寢，在拜登（Joe Biden）總統於二〇二一年任內首份戰略報告書《國家安全戰略臨時指南》（*Interim National Security Strategic Guidance*）中公開指稱北京為「唯一能夠潛在結合其經濟、外交、軍事和技術權勢，對一個穩定和開放國際體系發動持續挑戰之競爭者」之前，《經濟學人》（*The Economist*）在一九九九年所稱「如今美國就像是一個跨坐在地球上的巨人，主宰著商業、貿易與運輸等領域，不但其經濟乃世界上最成功的，軍事力量也無人能及」之描述，確為某種時局共識。[10]正如美國在冷戰時期曾經建立起來的全球性同盟網，除了北大西洋公約組織（NATO），其他基本上都屬於「不對稱雙邊同盟」或以華府馬首是瞻的「軸輻式多邊框架」，難怪卡特（Jimmy Carter）時期國家安全顧問布里辛斯基（Zbigniew Brzezin-

6 Walden Bello, *Dilemmas of Domination: The Unmaking of the American Empire* (New York: Metropolitan Books, 2005), p.49; Peter Bender, *Weltmacht Amerika: Das Neue Rom* (Stuttgart: Klett-Cotta, 2004). See also: Cullen Murphy, *Are We Rome? The Fall of an Empire and the Fate of America* (New York: Mariner Books, 2008); Vaclav Smil, *Why America Is Not a New Rome* (Cambridge, MA: MIT Press, 2014).

7 Rodrigue Tremblay, *The New American Empire* (West Conshohocken: Infinity publishing, 2004), p.11.

8 James Kurth, *The American Way of Empire: How America Won a World--But Lost Her Way* (Washington, D.C.: Washington Books, 2019), Preface.

9 James Kurth, "The Next NATO: Building an American Commonwealth of Nations," *The National Interest,* No.65 (Fall 2001), pp.5-16.

10 See "America's World," *The Economist,* October 23, 1999, p.15.

ski）直言，美國堪稱是「第一個、最後一個，也是唯一曾經存在過的全球超強」，特別在蘇聯及其附庸政權紛紛瓦解之後，美國作為唯一在全球各地部署軍隊並有能力在任何地方執行決定性行動的國家，[11]這個世界頓時成為杭廷頓（Samuel Huntington）口中的「單極多邊」（uni-multipolar system）體系，[12]似乎完全順理成章而且看來確然無疑。

新帝國論氛圍及其躁動　儘管已屆八十高齡的季辛吉（Henry Kissinger）試圖憑藉其豐厚學術素養與實務經驗，在二〇〇二年語重心長地提醒美國人注意大國興衰之歷史教訓，「無論美國覺得自己有多麼無私，只要繼續堅持霸權地位，終究會讓其他國家嘗試聯合起來，讓美國陷入孤立並耗盡國力，……通往帝國的道路往往導致衰敗，……至於蓄意追求霸權主義的結果，終將使美國成為偉大國家的價值毀於一旦」；[13]顯然，至少對於此刻正興奮迎接「獨強」地位的多數菁英來說，或許此種想法並非主流。

例如，至少在一九九一年十二月蘇聯正式瓦解與一九九二年第一次波斯灣戰爭結束後，美國外交政策客觀上確實迎來一個「可任由其選擇發揮的階段」，[14]為因應全新之後冷戰時代的來臨，時任國防部長的錢尼（Dick Cheney）帶領伍夫維茲（Paul Wolfowitz）和李比（I. Lewis Libby）等團隊成員共同起草了一份《防務計劃指導》（*Defense Planning Guidance*）；這份四十六頁的戰略建議文件，其核心目的在試圖鞏固美國「新」的單極地位，並為布希政府在未來五年內耗費十二億美元維持全球一百六十萬名基地人員運作提供正當性基礎，報告開宗明義指出，除了主要目標放在遏制可能之核子擴散，將德國與日本整合進以美國為中心之集體安全體系並作為某種「民主和平區」（democratic zone of peace）亦至關重要，總而言之，作為當下唯一之主宰性軍事強權，該份文件強烈建議美國政府應該趁勢建立並維持一個足以嚇阻所有未來競爭者之安全機制。[15]

值得注意的是，雖然伊肯伯理（G. John Ikenberry）認定，美國過去的力量主要用於創造

11 Barry Posen, "Command of the Commons: The Military Foundation of U.S. Hegemony," *International Security*, 28:1(2003), pp.5-46.

12 Samuel P. Huntington, "The Lonely Superpower," *Foreign Affairs*, 78:2(1999), pp.35-49; "Culture, Power and Democracy," in Marc F. Plattner and Aleksander Smolar, eds., *Globalization, Power, and Democracy* (Baltimore: The Johns Hopkins University Press, 2000), p.3.

13 see Henry Kissinger, *Does America Need a Foreign Policy? Toward a Diplomacy for the 21st Century* (New York: Simon & Schuster, 2002).

14 Michael Mandelbaum, Mission Failure: *America and the World in the Post-Cold War Era* (New York: Oxford University Press, 2016), p.2.

15 John Lewis Gaddis, "Grand Strategy of Transformation," *Foreign Policy*, No.133(2002), pp.50-57.

而非顛覆世界秩序，且直到一九九〇年代為止，美國確實成功締造並維持了一個空前的國際秩序，[16]貝慈（Richard Betts）仍然試圖指出某種轉變之浮現，亦即相較冷戰時期美國將戰略目標主要放在「圍堵」假想敵蘇聯身上，後冷戰時期則轉而以「改造」全球結構作為外交政策推力，進言之，冷戰核心乃是防衛西方，後冷戰則期望透過將西方政治意識形態延伸到世界各地來維持其優勢。[17]

據此，一度居於主流並由華爾茲（Kenneth Waltz）主導的「兩極穩定論」自然開始受到挑戰，[18]例如克勞特默（Charles Krauthammer）早在蘇聯崩解前夕便明確倡議，「美國的目標應是驅使世界從正在來臨的多極未來，轉向一個性質上全新的結果，也就是一個單極世界，這個世界的中心乃是由美國及其西方盟友共同組成之超級強權」，[19]沃爾弗斯（William C. Wohlforth）隨後主張，蘇聯解體非但讓世界權力結構發生根本變化，作為僅存之超級大國，「美國在世界政治結構中的權力優勢堪稱史無前例，沒有任何單一大國或大國集團能夠單獨與其進行全球抗衡」，其結果帶來了現代國際關係史從未有過之「在單極力量主導下的穩定與和平」，展望未來，只要美國的力量持續突出強大，由它主導之國際秩序也將愈發穩定和平。[20]

或許為貫徹前述單極主導性，美國國會首先在一九九九年拒絕批准聯合國大會三年前通過之《全面禁止核試驗條約》（Comprehensive Nuclear Test Ban Treaty, CTBT），[21]接著，白宮於二〇〇一年十二月再度單方面宣布退出在一九七二年與蘇聯簽署之《反彈道飛彈條約》（Anti-Ballistic Missile Treaty, ABM），這也是美國首度退出一項重要的國際軍備條約，於此同時亦決定加快研制和部署「國家飛彈防禦系統」（NMD），並於二〇〇二年第二度發布《核子動態評估報告》（*Nuclear Posture Review*）中，[22]提出更為主動積極之新的「三位一體」（nuclear triad）設想，[23]一方面公開將俄羅斯、中國、北韓、伊拉克、伊朗、敘利亞和利

---

16 G. John Ikenberry, "Imperial Ambitions," in Andrew Bacevich, ed., *The Imperial Tense: Prospects and Problems of American Empire* (Chicago: Ivan R, Dee, 2003), p.188.

17 Richard K. Betts, *American Force: Dangers, Delusions, and Dilemmas in National Security* (New York: Columbia University Press, 2012), p.20.

18 Kenneth Waltz, *Theory of International Politics* (New York: Addison-Wesley Publishing, 1979), pp.204-205.

19 Charles Krauthammer, "The Unipolar Moment," *Foreign Affairs*, 70:1(1990/91), pp.23-33.

20 William C. Wohlforth, "The Stability of a Unipolar World," *International Security*, 24:1(1999), pp.5-41.

1 該條約乃是一九六三年通過，共一百二十六國簽署之《部分禁止核試驗條約》（Partial Test Ban Treaty, PTBT）之升級版，迄今共一百八十五國簽署，一百七十國完成批准，但因〈附件二〉條約生效所需四十四個國家中，尚有三國（印度、北韓、巴基斯坦）未簽署，五國（美國、中國、埃及、以色列和伊朗）已簽署但未完成批准，以致全約至今無法生效。

22 第一份報告由柯林頓政府於一九九四年九月提出，繼二〇〇二年再度發布，此後又於二〇一〇、二〇一八、二〇二二年陸續公布，前幾次間隔為八年。

比亞列入可能實施核子打擊的潛在對象，小布希在同年六月於西點軍校演講中提出的「先發制人戰略」（Preemptive Strategy）尤其引發關注，他宣稱為了因應諸多意料之外的突發威脅，美國必須「做好必要時採取先發制人行動，以捍衛我們的自由和保護我們生命之充分準備」，隨後並將此一原則列入該年九月任內首份《國家安全戰略報告》（*National Security Strategy*）當中，這意味著美國開始扭轉它自第二次世界大戰結束以來推行了半個多世紀的「遏制威懾」（containing deterrence）原則，特別是針對當前主要恐怖主義活躍地區以及擁有大規模毀滅性武器的國家；事實上，就在前述報告公布翌月，美國國會正式授權白宮可對伊拉克發起軍事行動，小布希政府亦隨即據此向海珊發出最後通牒，大戰一觸即發。

必須指出，就在美國愈發主動積極之際，關於「帝國」之議論也浮上檯面。儘管美國是否應轉向「帝國」之討論在二〇〇一年便逐漸浮現，[24]一般咸認，讓在戰後解殖民浪潮中被貼上負面標籤的「帝國」，再度以某種正面形象進入人們眼簾並引發廣泛關注者，乃源自庫柏（Robert Cooper）二〇〇二年發表的〈為什麼我們還需要帝國〉，[25]在這篇寥寥千餘字的短文當中，他主張當前世界需要一種新的帝國主義，並將全球區分為由部分前殖民地組成的「前現代國家」、由原殖民宗主國（歐美）組成的「後帝國之現代國家」，以及由中國與印度等組成的「傳統現代國家」等三個部分，至於結論則是聲稱由於前現代國家乃當前全球動亂根源，對此，以西方為主之後現代國家除了必須依法行事並透過合作確保安全，亦「亟需某種兼容人權與普世價值，目的在創造秩序之新型帝國主義」，例如，在國際貨幣基金與世界銀行等專注全球經濟議題之自願性帝國主義機制之外，同時需要另一種「睦鄰帝國主義」（imperialism of neighbors）來協助解決一些沒有國家能處理的周邊紛爭。

庫柏設想中之潛在動盪雖然與後冷戰時期普遍秩序想像並不一致，且其期盼之「帝國」並非看似理所當然的霸權美國，而是新興的歐盟（尤其寄望透過其向東擴張來解決巴爾幹問題），在冷戰結束後繼續維持超強地位並有機會鞏固單極結構的美國，的確同步浮現一波倡議白宮採取更積極戰略之聲浪，[26]其中，由克里斯托（William Kristol）與卡根（Robert Kagan）

23 相較冷戰時期「三位一體」由陸基彈道飛彈、戰略核潛艇、戰略轟炸機組成，新概念則包括全面攻擊（涵蓋信息戰等非核子途徑）、全面防禦（包含飛彈系統等前進主動防禦），以及建立保障自身報復能量所需之軍火工業基礎設施。

24 Max Boot, "The Case for American Empire," *Weekly Standard*, October 15, 2001; Richard Gwyn, "Imperial Rome Lives in the US," Toronto Star, December 9, 2001; Walter Mead, *Special Providence: American Foreign Policy and How It Changed the World* (New York: Knopf, 2001).

25 Robert Cooper, "Why We Still Need Empires," *Observer*, April 7, 2002; see also *The Post Modern State and the World Order* (London: Demos, 1992, 2000).

在一九九七年以實現美國「全球領導地位」為目標所創設之《新美國世紀計畫》（Project for the New American Century, PNAC），往往被認為是支持並擘劃美國邁向「帝國」戰略之最重要推手，其團隊往往被稱為「新保守派」；該群學者認為，由於美國之國際地位與角色事實上已經與帝國無異，不論它承認與否，其他國家仍舊會以此一形象來加以觀察論斷華府作為。[27]更甚者，在當前由主權單位組成之國際體系中，從來沒有國家能擁有類似美國目前之優勢地位，[28]因此，問題並不在於美國是否身為單極霸權之現實，而是美國究竟能否「下決心接受新的挑戰，發揮帝國的作用，並擔負起帝國的重任」。[29]進言之，除了重視當下國際結構之權力分配客觀事實，作為美國長期傳統之一的價值觀外交（value-oriented diplomacy）也扮演了重要角色，[30]例如馬拉比（Sebastian Mallaby）便強調，面對愈來愈多國家因為經濟、政治和社會全面失控以致淪為「失敗國家」，且成為走私、販毒與非法移民等跨國犯罪淵藪，從而形成對當前全球秩序之巨大威脅，「富裕國家雖然正逐漸意識到此種威脅，卻也認識到傳統手段恐難加以阻止」，因此身為領導國家，華府有義務必須運用包括以武力威懾潛在敵人在內之新手段，努力實現在美國霸權之下的世界和平穩定。[31]

總的來說，雖然小布希總統的核心幕僚，自二〇〇一年起擔任過五年國防部長的倫斯斐（Donald Rumsfeld）曾經公開釋疑：「我們不追求帝國式統治，我們不是帝國，從來就不是」，事實是在「新帝國論」來勢洶洶的二〇〇二年，除了庫柏登高一呼與《外交事務》（*Foreign Affairs*）刊登一系列文章，包括《威爾遜季刊》（*Wilson Quarterly*）編輯一份聚焦「An American Empire?」之夏季號專刊，緊接著是《國家利益》（*The National Interest*）二〇〇三年春季號也以「Empire?」作為封面主題，以致伊肯伯理對此得出一個結論，亦即追求成為帝國之論調無疑成為美國「正在形成的一種新的大戰略，……不僅目的在對恐怖主義做出直接反應，同時構成了關於美國應該如何行使權力來組織世界秩序之廣泛觀點」；[32]如同巴切維奇（Andrew J. Bacevich）在二〇〇二年順勢推出的《美利堅帝國》一書指出，推動帝

---

26 Richard N. Haass, "Paradigm Lost," *Foreign Affairs*, 74:1(1995), pp.43-58.

27 Kevin Baker, "American Imperialism, Embraced," *New York Times Magazine*, December 9, 2001, pp.53-54; Robert Jervis, "The Compulsive Empire," *Foreign policy*, 137(2003), pp.82-87.

28 Charles Krauthammer, "The Unipolar Moment," *Foreign Affairs*, 70:1(1990), pp.23-33; Stephen G. Brooks and William C. Wohlforth, "American Primacy in Perspective," *Foreign Affairs*, 81:4(2002), pp.20-33.

29 Martin Walker, "America's Virtual Empire," *World Policy Journal*, 19:2(2002), pp.13-20.

30 Cathal Nolan, *Principled Diplomacy: Security and Rights in US Foreign Policy* (Westport: Greenwood, 1993).

31 Sebastian Mallaby, "The Reluctant Imperialist: Terrorism, Failed States, and the Case for American Empire," *Foreign Affairs*, 81:2(2002), pp.2-7.

32 G. John Ikenberry, "America's Imperial Ambition," *Foreign Affairs*, 81:5(2002), pp.44-60.

國霸業除了鎖定捍衛並擴張美國國家利益，其戰略核心乃落實「全球開放性」（global openness），以便最終建立一個由美國擔任唯一捍衛者，以民主資本主義為基礎之開放且彼此聯繫的國際秩序。[33]

至於二〇〇三年的伊拉克戰爭，無疑是此一新戰略的試金石。

伊拉克戰爭與帝國戰略布局 嚴格來說，一個經常被多數人忽視的事實是，美國站上國際結構權力巔峰的時刻，既非二〇〇三年，也不是一九九一年，而是在一九四五年第二次世界大戰結束之際；不過，正如弗格森（Niall Ferguson）直言，「如果美國願意在一九五〇年代早期動用其所有經濟和軍事手段，確實有可能贏得一場反共產主義的熱戰，……事實證明，美國人並不想搞出另一個凱撒」（意謂去建立一個帝國），[34]其原因一方面來自美國基於傾向「民主」之國內政治生態，難以說服國民拋棄三權分立體制轉向帝國，其次則法國學者阿隆（Raymond Aron）曾指出某種美國國際觀之「二元性」特徵，亦即它往往試圖以「新世界」（美洲）為範圍來建構一個以自己為中心的社會，並以此區隔由歐洲代表的「舊世界」，[35]由此可以解釋美國雖因為參加第一次大戰而首度接觸並介入了舊世界事務，何以最終並未簽署《凡爾賽和約》也沒有加入由其提倡的國際聯盟，甚至隨即退回孤立主義懷抱之故，可以這麼說，或許正是由於前述國內政治特性與二元性意識之影響，再度領導各國終結第二次大戰雖然讓它無法迴避兩個世界合而為一的現實，反殖民主義歷史傳統及其政治制度選擇，終究讓美國只能成為獨特之「共和帝國」（Imperial Republic），從而為它自己設下了某種政策限制。

值得說明的是，即便美國「被迫」拒絕成為帝國，絕未完全放棄「擴張」之潛在想法，更沒有忽視戰後國際結構與權力分配現實所帶來的「戰略機遇期」；如同周知，除了一般認知的所謂「圍堵」（containment）之外，根據國家安全委員會在一九五〇年提交總統的《六十八號文件》（NSC-68），積極「推回」（rollback）堪稱奠定了冷戰時期「美國對蘇聯軍事戰略藍圖」，[36]其主要原則首先是藉由大幅增加軍事預算（儘管大戰剛剛結束）來提升自身軍事能量，其次則以「對抗與瓦解蘇聯集團」為由，積極建立同盟網並援助盟國，從而奠下艾森豪口中所

---

33 Andrew J. Bacevich, *American Empire: The Realities and Consequences of US Diplomacy* (Cambridge, MA: Harvard University Press, 2002), pp.3-4.

34 Niall Ferguson, *Colossus: The Rise and Fall of the American Empire* (New York: Penguin Books, 2004), p.98.

35 Raymond Aron, *Imperial Republic: The United States and the World* (Eaglewood Cliff: Prentice-Hall, 1974).

36 Ernest R. May, ed., *American Cold War Strategy: Interpreting NSC 68* (New York: St. Martin' s Press, 1993); Ken Young, "Revisiting NSC 68," *Journal of Cold War Studies,* 15:1(2013), pp.3-33.

謂「軍工複合體」（military-industry complex）之基礎，以及迄今遍布五大洲之數百個海外軍事基地群。如同伊格納季耶夫（Michael Ignatieff）極其直率之描述，「或許美國人並不願意將自己的國家看成是一個帝國，但是，面對美國派駐世界各地的大批士兵、間諜和特種部隊，你還能稱它是什麼？」[37]

正因為此種高度戰略積極性及其具體作為，在缺乏「帝國」框架之下鞏固了美國的全球「霸權」地位與影響力，例如利斯卡（George Liska）早在一九六七年便從現實主義與權力政治角度，[38]思考美國作為某種「事實帝國」之可能，並以羅馬和英國為例來反思美國在全球秩序中之應有角色，米德（Walter Mead）更在一九八七年直接使用「美利堅帝國」（American Empire）來描述華府自二戰結束以來，藉由直接干預國內政治在第三世界推動之新帝國主義（neo-imperialism），儘管他也坦承「幾乎很少有美國人意識到自己生活在這樣一個帝國當中」。[39]

正如弗格森指出，過去只有美國外交的批評者才會使用「美利堅帝國」一詞，[40]進入進世紀後則此一用語似乎開始被正面化，例如二〇〇一年出任國務院政策規劃辦公室主任的哈斯（Richard Haass），早在前一年便開始鼓吹美國應當重新考慮從民族國家轉型為強權帝國。[41]

當然，如同前述，美國所以放棄傳統帝國政策的原因除了源自其歷史傳統與制度限制，冷戰開支遺留之龐大財政負擔也是另一個非常現實的理由，不過，作為繼艾森豪以來，戰後第二位創造收支盈餘的美國總統，一九九二年上台時面對老布希時期高達兩千九百億美元之史上最高赤字的柯林頓，卻在二〇〇一年移交了兩千三百七十億財政盈餘給繼任的小布希，或許正是在此擺脫財務左支右絀的基礎上，美國重新擁有了想像「帝國」與再次投入一場戰爭之可能性。

值得注意的是，繼十九世紀初期的亞當斯父子後，時隔一個世紀，布希既成為美國史上第二對父子檔總統，兩人前後在一九九〇與二〇〇三年揮軍伊拉克，且對手都是海珊（Saddam Hussein）堪稱最大共同點，但差別在於，取得安理會正式授權並集結三十五國聯軍的第一次波斯灣戰爭，一般認為乃首次符合聯合國《憲章》第七章精神的「執行行動」（enforcement ac-

---

37 Michael Ignatieff, "Nation-Building Lite," *The New York Times Maganize*, July 28, 2002, p.26.

38 George Liska, *Imperial America: The International Politics of Primacy* (Baltimore: Johns Hopkins University Press, 1967); *Career of Empire: America & Imperial Expansion over Land and Sea* (Baltimore: Johns Hopkins University Press, 1978).

39 Walter *Mead, Mortal Splendor: The American Empire in Transition* (Boston: Houghton Mifflin, 1987), p.3.

40 Niall Ferguson, *Colossus: The Rise and Fall of the American Empire* (New York: Penguin Books, 2004), p.3.

41 Andrew J. Bacevich, *America Empire: The Realities and Consequences of U.S. Diplomacy* (Cambridge: Harvard University Press, 2002), p.219.

tion），相對地，第二次伊拉克戰爭則至開戰為止仍未獲安理會同意，同行者僅英國一家（澳洲與波蘭也提供了些許兵力），甚至白宮還在二〇〇七年公開坦承情報錯誤，雖然拒絕因此撤軍並道歉。無論如何，戰爭之「真正動機」隨即引發關注，其中，最受普遍同意的理由乃石油利益，[42]例如克拉克（William Clark）便創造了「石油美元戰爭」一詞，說明美國如何以武力維護美元作為全球主要儲備貨幣和石油定價貨幣之地位；[43]考慮到石油資源迄今在國際經濟結構中之關鍵地位，加上布希家族與德州石油公司長期以來盤根錯節之複雜政商網路，此一邏輯絕對具有說服力。[44]

但同樣不容忽視的還有地緣政治利益。例如庫普乾（Charles Kupchan）早在二〇〇二年便指出，「所謂大戰略的內涵便是確認地緣政治中的斷層線，並指明潛在之全球力量將在何處以何形式發生碰撞，……目前看來，美國的單極時刻恐怕不會維持太久，這點正愈來愈明顯，……隨著結構從單極轉向多極，地緣政治斷層線將在北美、歐洲與東亞幾個相持力量之間浮現，美國大戰略的核心便是去控制和處理這些斷層線可能引發的危機」[45]甚至布里辛斯基（Zbigniew Brzezinski）在更早之一九九七年《大棋盤》書中便有如下獻策，「對美國而言，地緣政治首獎乃是歐亞大陸，……美國的全球盟主地位有賴於它在歐亞大陸的優勢能維持多久」，進言之，歐亞大陸不只是「爭奪全球霸業的大棋盤」，波斯灣地區更攸關美國戰略布局；[46]如果再往前推一些，還可以追溯至一九四四年史派克曼（Nicholas J. Spykman）提倡的「邊緣地帶」理論，當時他便著重強調了控制歐洲、中東與東亞等三個地緣區域的重要性，而這不啻是美國冷戰初期戰略布局的主要邏輯依據。[47]

由此可見，美國主流戰略觀具有某種一脈相傳之方向感，亦即其國家主體雖遠離歐亞大

42 Douglas Little, *American Orientalism: The United States and the Middle East since 1945* (Chapel Hill: University of North Carolina Press, 2002), pp.43-75.

43 William Clark, *Petrodollar Warfare: Oil, Iraq and the Future of the Dollar* (Gabriola Island: New Society Publishers, 2005).

44 Michael T. Klare, "Blood for Oil: The Bush-Cheney Energy Strategy," in Leo Panitch and Colin Leys, eds., *Socialist Register 2004: The New Imperial Challenge* (London: Merlin Press, 2003), pp.166-185; Doug Stokes, "Blood for Oil? Global Capital, Counter-Insurgency and the Dual Logic of American Energy Security," *Review of International Studies*, 33:2(2007), pp.245-264.

45 Charles Kupchan, *The End of American Era: U.S. Foreign Policy and the Geopolitics of the Twenty-First Century* (New York: Alfred A. Knopf, 2002), pp.26, 67-68.

46 Zbigniew Brzezinski, *The Grand Chessboard: American Primacy and Its Geostrategic Imperatives* (New York: Basic Books, 1997), pp.30-31, 51-53.

47 Nicholas J. Spykman, *The Geography of Peace* (New York: Harcourt, Brace and Co., 1944).

陸，如何控制此一「世界島」仍為其主要佈局焦點所在；對此，相較冷戰初期「重歐（北約優先）輕亞（島鏈防禦網）與間接控制中東（代理人）」之作法，如同蘇聯在一九七九年利用美國在尼克森時期之戰略撤退而選擇發動阿富汗戰爭，美國在二〇〇一年前進阿富汗不啻也是種利用蘇聯瓦解浮現真空狀態之積極舉措（九一一事件不過提供了一個最佳正當藉口），尤其以支援戰爭為由在中亞實現歷史性突破後，即便伊拉克戰爭早於二〇一一年落下帷幕，阿富汗撤退卻在二〇二一年才姍姍來遲，更充分暗示美國之「不捨」，以及華府對於難得控制此一「心臟地帶」之重視與深層戰略思考。

雖然隨著美中競爭及其國力差距拉近吸引愈來愈多目光，關於美國是否應該或即將成為帝國之討論逐漸淡出人們視野，從而似乎為新世紀以來的「帝國夢」劃上句點，[48] 個人還是想問：此種戰略與政策思考之來龍去脈到底是甚麼呢？

定格又虛幻之思考視野

垂直性國際結構常態 雖然所謂「主權」（sovereignty）觀念乃今日國際關係核心原則，且「平等」乃其定義中最被強調的一部分，正如雷克（David Lake）直率指出，「國際階層

（international hierarchy）並未在一六四八年隨著所謂西發里亞主權國家體系的誕生而消失，也沒有在第二次世界大戰後隨著歐洲海外殖民帝國的崩潰而消亡，無論是否經常被人忽視，此種階層現象依舊是現代國際關係之核心特徵」，[49]且不論即便平等主權果真存在，克萊斯納（Stephen Krasner）依舊認為它不過是種「組織性偽善」罷了，因為根據「自保」原則，國家實在很難接受並遵循互不干預之道德性規範，[50]摩根索（Hans Morgenthau）則更早就明白闡釋，由於國家之間的相互依賴乃至某些國家對其他國家的實質依賴，客觀上多數國家其實無法制定並施行自身期望的法律，甚至還被迫承諾對其不利之法律義務，[51]由此在充分展現國際當中的「權力」（power）現象之餘，權力分配不均對於國家之間關係帶來之影響同樣昭然若揭。

如同歷史事實所揭示，國家單位之間根據其權力差異與相對數量多寡，形成某種垂直性金

48 Amitav Acharya, *The End of American World Order* (Cambridge: Polity Press, 2018).

49 David Lake, *Hierarchy in International Relations* (Ithaca: Cornell University Press, 2009), p.v; see also Janice Bially Mattern and Ayse Zarakol, "Hierarchies in World Politics," *International Organization*, 70:3(2016), pp.623-654.

50 Stephen Krasner, *Sovereignty: Organized Hypocrisy* (Princeton: Princeton University Press, 1999), pp.228-9.

51 Hans J. Morgenthau, Kenneth Thompson and David Clinton, *Politics among Nations: The Struggle for Power and Peace* (New York: McGraw-Hill, 2005), p.321.

字塔式階層分布乃是常態，據此往往可以區分諸如大國（major power）、中等國家（middle power）、小國（small power）與微型國家（micro-state）等明顯具備不對稱影響力之若干單位概念；其中，除了少數例外情況，大國（主要行為者）之作為、發展乃至其彼此互動，經常佔據了歷史紀錄的絕大部分。值得注意的是，即便所謂大國之間也偶爾存在著可見的權力差距，例如「超級強權」（superpower）一詞早在一九二〇年代便開始有人使用，自第二次世界大戰結束的一九四〇年代中葉起，更逐漸成為普遍認知，尤其用以指稱美國與蘇聯這兩個廣受關注之領導性國家；[52]儘管如此，所謂超級強權在解釋層面上始終缺乏一個明確定義，一般認為其基本條件包括：廣袤領土與龐大人口，以及充沛且可獨立之經濟能量與自然資源等；當然，就冷戰時期而言還必須擁有「第二擊核子能力」（second-strike nuclear power）才行。

在將近半個世紀的冷戰（Cold War）時期中，美國與蘇聯不僅被認為是「唯二」的超級強權或霸權（Hegemony）國家，在一般理解（或宣傳）當中，整個世界也被一分為二，形成兩個相互對峙競爭的集團，正如毛澤東在一九四九年六月三十日〈論人民民主專政〉文中所說：「中國人不是倒向帝國主義的一邊，就是倒向社會主義一邊，絕無例外，騎牆是不行的，第三條道路是沒有的」，[53]無論實際結構是否果真如此，至少這是當時非常流行的一種集體想像。至於在蘇聯及其集團最終瓦解後，美國作為碩果僅存之「唯一」超強，[54]由於缺乏可與比肩之競爭者，甚至還被稱之頂尖強權（hyper-power），[55]必須指出，前述說法首次出現於一九九一年，[56]儘管當時蘇聯尚未正式宣告終結，美國作為當前世界唯一能發動大規模高科技戰爭的國家，其「無可匹敵」（hors de pair）之地位已昭然若揭，不過，法國外長韋德林（Hubert Vedrine）雖然在一九九八年再度使用頂尖強權一詞來稱呼美國，卻也同時指出在美國之外，還有七個具全球影響力的國家（俄羅斯、中國、日本、印度、法國、德國與英國）位列其次且不容忽視。[57]

總的來說，首先，我們絕不能否認所謂「主權」至少只是一個從一六四八年之後才出現的「新觀念」，迄今發展還不到四個世紀，非但在此之前人類已經累積了數千年的互動經驗與典範傳承，即便所謂主權觀念試圖宣揚某種「平等」想像，事實是神聖羅馬帝國雖為此一新觀念最

52 Jan Nijman, "The Limits of Superpower: The United States and the Soviet Union since World War II," *Annals of the Association of American Geographers*, 82:4(1992), pp.681-695.

53 毛澤東，《毛澤東選集：第四卷》（北京：人民出版社，一九九一年），頁一四七七。

54 Charles Krauthammer, "The Unipolar Moment," *Foreign Affairs*, 70:1(1991), pp.23-33.

55 Eliot A. Cohen, "History of Hyper-power," *Foreign Affairs*, 83:4(2004), pp.49-63.

56 Peregrine Worsthorne, "The Bush doctrine," *The Sunday Telegraph*, March 3, 1991.

57 Hubert Védrine, *France in an Age of Globalization* (Washington, DC: Brookings Institution Press, 2001).

初鎖定的「敵人」，它在主權衝擊下仍然存活了一個半世紀，直到一八〇六年才遭到拿破崙解散，更甚者，從一八一五年結束拿破崙戰爭的維也納會議，乃至第二次世界大戰後期從德黑蘭到雅爾達一連串討論戰後秩序之關鍵會議，現實歷歷在目，哪一個不是由極少數國家「自命代表」做出決定，絕大多數國家根本毫無發言權？更不要說，從冷戰緊接著大戰結束爆發以來，無論超級強權、霸權、兩極體系之普遍認知，抑或後冷戰時期關於頂尖強權與美國單邊主義之廣泛討論，人類世界甚麼時候真存在過「平等」這回事？若此，「主權」之意義與影響又該如何理性評估？

值得一提的是，由於國際關係不斷上演「恃強凌弱」戲碼，主權不但迄今尚無法落實其最初高舉之「平等」理想，在部分學者看來，此一觀念最起碼想達成之「排除外部干預」目標亦不無爭議，因為它暗示國內政府完全有權力依其偏好來對待人民，從而埋下侵犯人權之潛在道德危機風險。[58]當然，無論存在多少質疑，主權觀念確實存在而且被普遍接受，對部分國際關係（尤其國際建制與國際法）發展也有不容忽視之影響，只是，如同我們必須接受主權觀念真的存在的事實一般，包括此一觀念之運用限制，以及國際結構從來不存在「權力均衡」（equilibrium of power）狀態，難道不也都是明明白白的事實？於此同時，如果多數人都認知且討論著權力分配不均之事實（特別是聚焦美國），我們何以又能若無其事地習慣於從近乎虛擬之

「齊頭式體系」（head-to-head system）角度來觀察並分析國際關係？

建立合理的歷史研究起點 無可否認，戰爭乃人類此一物種漫長的社會史當中，最為惡名昭彰又難以迴避的一種負面行動模式；對此，拙著《瘋狂的年代》先以所謂「現代戰爭狂熱綜合症候群」（modern war-mania syndrome）角度，聚焦討論從十九到二十世紀一連串大規模彼此殘殺戰爭之前因後果，並指出即便瀰漫理性啟蒙思潮與進步樂觀主義，且多數國家政府確曾盡力迴避衝突，[59]依舊無法阻止大戰爆發，接著，在前作《戰爭的年代》書中，個人則試圖進一步從「歐洲例外主義」（European Exceptionalism）來回溯並反思從歐洲一隅歷史經驗所得出之邏輯框架，如何擴散至全世界並成為今日我們觀察國際關係之推論基礎。

歐洲人首先觀察到的是一種因為國家單位之間頻繁互動導致糾葛，以致必須解決之某些問

58 Andrew Heywood and Ben Whitham, *Global Politics* (London: Bloomsbury Academic, 2003), pp.171-172.

59 Annika Mombauer, *Helmuth von Moltke and the Origins of the First World War* (Cambridge: Cambridge University Press, 2001), pp.210-213.

60 Sergio Moratiel Villa, "The Spanish School of the New Law of Nations," *International Review of the Red Cross*, Vol.32, Special Issue 290 (1992), pp.416-433.

題，為了尋求共識以便處理前述挑戰，十六世紀西班牙薩拉曼卡學派（School of Salamanca）中堅人物維多利亞（Francisco de Vitoria）首先使用「國家間法律」（Jus Inter Gentes）來指稱國際法，[60]其後，英格蘭法學家蘇契（Richard Zouche）將Jus Inter Gentes翻譯成Law of Nations使其更為人所知，[61]邊沁（Jeremy Bentham）在一七八〇年《道德與立法原理導論》書中則創造了今日流通之International Law的說法。[62]儘管國際法本身發展相當遲緩有限，「國際」（international）一詞在邊沁前述著作於一八〇一年被引進法國後隨即風行一時，其結果除了為歐洲在「國家中心」之外提供了「國際關係」這個全新的視野層次，「內政」與「外交」也成為迄今各國決策者必須同時面對之兩個既對立又彼此關聯的政治問題面向。

據此，歐洲人立即發現「秩序」之有無乃前述兩大面向之根本差異，相較國內政治明顯存在中央權威，尤其在十七世紀浮現之「主權」觀念與歐洲自一六四八至一八一四年共爆發五十八場戰爭，等於不到三年便會出現一次大國衝突之激盪下，[63]英國哲學家霍布斯（Thomas Hobbes）所指稱以人類彼此競爭為主之「自然狀態」既被接受為理解國際關係的不二視角，至於狄瑾蓀（G. Lowes Dickinson）透過一九一六年《歐洲無政府狀態》與一九二六年《國際無政府狀態》兩本書首倡的「無政府」（anarchy）說法，不僅成為此後國際關係研究之核心問題意識，如同霍夫曼（Stanley Hoffman）所言，幾乎所有國際關係學者都是「無政府主義之崇尚者」，[64]其觀察重點如同摩根索指稱，「國際政治猶如一切政治，不過都是追逐權力的鬥爭，無論國家最終追求為何，權力都是其直接目標」，[65]進言之，為了在無政府狀態下「求生」以致不斷競逐權力之自然舉措，一方面讓衝突（戰爭）不可避免，也讓如何「管制權力」成為理論家苦思對象。[66]

表面上答案不難，如同克勞德（Inis Claude, Jr.）的歸納，不外乎就是權力平衡、集體安全與世界政府三途，[67]在他看來，前兩者的優點在於承認並直接面對當前國際政治體系的基本組成單位（國家），然後設法找出管制其運用權力的辦法，問題是權力平衡概念太模糊且過於

---

61 Jianming Shen, "The Basis of International Law: Why Nations Observe," *Penn State International Law Review*, 17:2, Article 3(1999), pp.309-310.

62 Jeremy Bentham, *Introduction to the Principles of Morals and Legislation* (London: The Athlone Press, 1970).

63 Kalevi J. Holsti, *Peace and War: Armed Conflicts and International Order, 1648-1989* (New York: Cambridge University Press, 1991), pp.46-48, 83-85.

64 Stanley Hoffman, "Théorie et relations internationals," *Revue française de science politique*, 11:2(1961), pp.413-433.

65 Hans J. Morgenthau, et al, *Politics among Nations: The Struggle for Power and Peace*, p.28.

66 Shunji Cui, and Barry Buzan, "Great Power Management in International Society," *The Chinese Journal of International Politics*, 9:2(2016), pp.181-210.

67 Inis L. Claude, Jr., *Power and International Relations* (New York: Random House, 1962).

屈從國家利益與自主性，相對地，集體安全與世界政府雖都接受一定程度中央集權對於管理國際關係之必要，但前者迄今主要嘗試（國際聯盟與聯合國）成效不彰，後者則看似根本之道，惟其「去國家」主張又顯得逃避現實或過於理想，所以最終依舊無解。值得一提的是，儘管羅斯克蘭斯（Richard Rosecrance）在一九八六年《貿易國家的興起》一書中嘗試描繪，國際體系中存在以軍事與貿易為主的兩個世界，在前一個傳統領域當中，各國競逐權力與地位並透過武力來征服擴張，無政府狀態乃基本設定，權力平衡則為主要調節手段，相對地以第二次世界大戰結束作為分水嶺，國家在當代貿易世界中則顯然合作大於競爭，[68]其後，隨著冷戰戛然而止，大前研一更在一九九五年《民族國家的終結》書中預測一個即將到來的新世界，尤其資訊傳佈與網路流通將至少使得經濟國界之面貌越發模糊，從而讓「無國界」成為新時代最佳寫照，[69]甚至史崔菊（Susan Strange）於翌年出版之《國家的撤退》，更直指傳統政府影響力已然明顯下降之趨勢；[70]無論如何，事實證明這些想法還是太過樂觀，尤其美國自新世紀以來專斷獨行之單邊主義，更埋下並導致目前諸多國際難解衝突之根源與背景。

嚴格來說，以歐洲經驗為出發點的西方國際關係理論雖然不能說錯，歷史經驗採擷之偏狹絕對是個問題；例如，克勞德所謂「對於世界政府途徑之分析幾乎只能從理論層面探討，無法從實踐層面獲得資料」的說法，便顯然刻意迴避「帝國」的歷史存在；事實上，西方學界並非對此一無所知，例如巴蒂斯特拉（Dario Battistella）便指出，在三十年戰爭削弱神聖羅馬帝國並於歐洲建立起一個主權國家體系之前，「帝國堪稱人類世界中最主流的政治組織形式」，在他看來，所謂帝國乃是一個透過暴力建構的中央集權體系，其內部存在某種專斷關係，此種關係並非體系內各獨立實體之間的水平聯繫，而是被整合起來之各個實體之間的垂直關係；[71] 多伊爾（Michael Doyle）則認為，帝國指稱著一種正式或非正式關係，主要突出某一「核心」國家控制了另一些「邊陲」政治社會之有效主權的現實，所使用手段包括武力、政治合作、經濟、社會與文化依賴等。[72] 除此之外，錢斯（James Chace）和里佐波洛斯（Nicholas X. Rizopoulos）則提醒，「無論是羅馬、拜占庭、哈布斯堡、鄂圖曼，抑或是英國，其治理模式在理想

---

68 Richard N. Rosecrance, *The Rise of the Trade State: Commerce and Conquest in the Modern World* (New York: Basic Books, 1986), pp.23-25.

69 Kenichi Ohmae, *The Borderless World: Power and Strategy in the Interlinked Economy* (New York: Harper Business, 1990); *The End of the Nation State: The Rise of Regional Economies* (New York: Free Press, 1995).

70 Susan Strange, *The Retreat of the State: The Diffusion of Power in the World Economy* (Cambridge: Cambridge University Press, 1996).

71 Dario Battistella, "La notion d' empire en theorie des relations internationals," *Questions internationals*, 26(2007), pp.27-32.

72 Michael Doyle, *Empires* (Ithaca: Cornell University Press, 1986), p.45.

上都不單要為自己的公民提供安全，而且要保證為那些居於其直接統治範圍之外的人們，提供一個有序的世界，這些人接受帝國的命令，同時也從帝國霸權所強制建立的政治、法律和經濟秩序中得益」。[73]可以這麼說，學界關於帝國現象之關注與議論堪稱淵遠流長，更別說自新世紀初以來美國政府與菁英針對「帝國」之反覆辯證與政策施行。

顯而易見，當前國際關係研究無法為「管制權力」提供合理解答之故，或許並非缺乏想像力，而是我們的視野受制於「某種原因」，無法從更宏觀歷史基礎中去篩選和提煉可供邏輯驗證之資料基礎所致。

本書寫作目的　接續《瘋狂的年代》與《戰爭的年代》兩本拙著，本書將嘗試從更為浩瀚長遠之歷史當中，尋求面對「國際秩序」此一問題之可能視角，至於所謂「帝國」則為此處觀察、歸納與分析之重點所在。

問題是：帝國究竟是甚麼？我們該如何去界定並理解帝國？研究帝國歷史對未來國際秩序之意義為何？進一步來說，無論對美國在新世紀初期一度追求成為「帝國」之想法有何正反不同議論，[74]作為冷戰以來公認之全球「霸權」或「超級強權」，已然充分說明其擁有之明顯權力優勢，加上蘇聯瓦解，更使美國成為睥睨一切之「無敵」存在，在此種情況下，成為帝國之目的與意義是甚麼呢？即便它至少暗示帝國是「高於」霸權之另一種政治存在，這種存在對美國自身未來發展與相對地位，國際體系結構，乃至於世界秩序之影響又可能是甚麼？

除了設法去理解華府之思考邏輯之外，暫且不論如同布勞特（J.M. Blaut）所深刻描繪的，西方擁有「某種自視具備獨特歷史優勢，以及種族、文化、環境、心智或精神特質，致使其永久優於其他人類社會」此一中心迷思，[75]抑或法蘭克（A.G. Frank）企圖將此種中心主義形塑成某種解釋世界運作方式之「理論模型」，[76]例如芬比（Jonathan Fenby）便認定所謂帝國或可稱之是一種「亞洲現象」，他一方面將它們與近代歐洲殖民強權對比，甚至預言「……隨

73 James Chace and Nicholas Rizopoulos, "Toward a New Concert of Nations: An American Perspective," *World Policy Journal*, 16:3(1999), pp.2-10.

74 Charles-Philippe David, *La Guerre et la Paix: Approches et enjeux de la sécurité et de la stratégie* (Paris: Sciences Po, 2013), pp.11-13.

75 J. M. Blaut, *The Colonizer's Model of the World: Geographical Diffusionism and Eurocentric History* (New York: The Guilford Press, 1993), p.1.

76 A. G. Frank, *ReOrient: Global Economy in the Asian Age* (Berkeley: University of California Press, 1998), p.32.

著全球局勢分崩離析而非西方霸權不容挑戰成為常態，世界在許多方面似乎重回過去，也就是那個帝國崛起與繁榮的時代」，並強調即便過去與現在看來大相逕庭，一定有相似之處；[77]個人始終認為，西方中心主義當然是種誤導迷思，但根據拙著《戰爭的年代》的「歐洲例外主義」看法，西方發展相較全球其他區域雖確實存在差異性，此種差異之內涵仍必須以深入地客觀整理分析其他區域歷史作為基礎，才能被真正地指出並加以釐清。

無論如何，說明歐洲與其他區域歷史發展差異並非此處重點，畢竟「關於世界是如何走到人類活動竟能影響全球環境發展此一地步，其原委非常複雜，至少歷史可以幫助我們去理解這個大家共同生活的世界，以及它如何及為何演變至目前模樣」，[78]基於類似看法，本書撰寫真正的目的乃是希望透過「帝國」去理解「世界秩序」之前世、今生與未來；據此，我們將分成三個部分來進行歸納分析：首先，卷一部分將重返並探究人類之社會與政治發展歷程，藉此延伸聚焦整理、批判並反思至今關於帝國之觀念辯證與理論演進，以便建立一個從「空間性」（spatiality）出發，[79]並由此觀察人群產生衝突與締造秩序之邏輯過程；其次，基於所謂「帝國」所需之廣袤土地與龐大人口特徵，卷二部分將以歐亞大陸（Eurasia）地緣環境作為背景，從地理與歷史脈絡爬梳迄今在人類群體歷史當中，曾經存在過之主要帝國個案，藉此追索人們曾經嘗試過的一系列類似政治實驗；最後，卷三則無可避免地將視野拉到現在與可能的未來，目的在確認究竟帝國乃是一個「已逝之歷史現象」，抑或可能以某種嶄新型態捲土重來，提供我們可供前瞻明日世界之參考依據。

更重要的是，相對所謂「帝國」一詞幾乎成為大家討論「大國」時被極度濫用之某種概念詞彙，[80]由於使用者經常隨意揮灑且往往不無混淆，其結果導致我們的確無法找到一個「具共識性之操作性定義」，在此，儘管或許無法說服所有人，本書仍舊希望尋找並至少提供自己某種「一以貫之、是非分明」的衡量「尺度」，亦期盼藉此就教並與各位切磋。

---

77 Jonathan Fenby, "The Legacy of Empire," in Jim Masselos, ed., *The Great Empires of Asia* (London: Thames & Hudson, 2010), pp.8-14.

78 Robert B. Marks, *The Origins of the Modern World: A Global and Environmental Narrative from the Fifteenth to the Twenty-First Century* (Lanham: Rowman & Littlefield, 2015), p.2.

79 Sanjay Chaturvedi and Joe Painter, "Whose World, Whose Order? Spatiality, Geopolitics and the Limits of the World Order Concept," *Cooperation and Conflict*, 42:4(2007), pp. 375-395.

80 For example: Robert Aldrich, ed., *The Age of Empires* (London: Thames & Hudson, 2007).

本書重要概念名詞解釋

文明軸心（civilizing axis）：位於大河流域中下游之農業化城市網路人口中心。

文明載體（civilization carrier）：具同時代較高發展程度，且具遠程投射移動能力之政治社會結構。

世界（world）：在「世界邊緣」構成之隱形邊界線環繞下，通常包含至少一個文明軸心之人類群體主要活動投射之地理範疇，一般為可數概念，亦即可能存在同時並立但彼此互動有限之幾個獨立運作且彼此區隔的世界，近期在全球化影響下，用法趨於單數化。

世界邊緣（world edge）：前工業時代人類技術能力難以跨越之自然屏障，例如大洋、平均海拔四千至五千公尺以上高地、廣域沙漠、低溫凍原等。

中間地帶（middle area）：位於文明軸心與世界邊緣之間的半農半牧邊陲區，一般為平均高度一千至兩千公尺左右之乾燥高地。

游牧通道（nomad channel），約北緯四十五至六十度之間，以歐亞草原為主之非農業區。

貿易樞紐（exchange hub）：位於「世界」之間，負責提供交易公共財之地區。

戰略走廊（strategic corridor）：可通往某一世界或位於世界之間的關鍵戰略要衝。

帝國潛在區（potential imperial zone）：位於歐亞大陸北回歸線與北緯四十度之間，涵蓋至少一個文明軸心之世界核心地帶。

帝國（empire）：在掌握至少一個文明軸心之特定地緣環境下的「世界」當中，除擁有絕對不對稱之權力外，同時可透過制度化途徑影響體系秩序之單一政治實體。

邊緣動力學（rim-land dynamics）：在帝國形成過程中，位居邊陲行為者經常扮演之關鍵角色。

帝國體系（imperial system）：單一世界中由帝國主導之層級性國際體系，包括核心（帝國政權本身）與附庸（帝國核心投射能力所及之周邊地區）兩部分。

世界秩序（world order）：其嚴格定義乃由帝國維持之體系穩定狀態，亦為帝國提供之最主要公共財，但廣義上有時亦泛指某種「穩定性現狀」。

世界擴張效應（world-enlarge effect）：由於特定政治單位之投射能力超越世界邊界，甚至導致不同世界因邊界消弭以致在一定時間內被結合起來之地緣現象。

游牧半帝國（nomad semi-empire）：由游牧勢力在遊牧通道地區建立之統一性廣域政治單位。

王朝（dynasty）：具一定區域投射能量與世系延續性之政治單位，具備建立帝國或游牧半帝國之潛力。

世界與被忽略之空間性

World and the Ignored Idea of Space

農業革命及人類社會之形成　可以這麼說，人類的歷史不僅是一段以跳躍與突破作為特徵之「演化」歷程，更是充滿篳路藍縷的「發展」結果。根據自十九世紀中期以來考古研究累積的結論，大約在七百萬至五百萬年前，人類開始因為基因突變導致與其他猿類動物產生分歧差異，[81]在接下來約三百萬年的時間裡，人類的發展只發生在非洲地區，其後，首先在兩百萬年前左右出現一群善於運用雙手的巧人（Homo habilus），接著是一百八十萬年前的直立人（Homo erectus），正是他們開始離開非洲，並由此向地球其他陸地區域擴散；歷經漫長征途與自我突變，智人（Homo sapiens）出現於距今四十到二十五萬年前，據稱地點還是在非洲，[82]這是人類物種迄今最後一次重大演化事件，智人也被認為是現代人類的祖先；最後，大約在十萬至五萬年前，智人又從非洲出發開始了另一場全球遠征，結果不但陸續取代（或滅絕）了其同類前輩，[83]包括了從美洲大陸到南太平洋各處偏遠島嶼之足跡涵蓋面，更堪稱無遠弗屆。

當然，前述說法僅供參考，畢竟以迄今區區近兩個世紀的研究累積，我們對於地球和人類的理解還在「大膽假設」階段，儘管某些成果已經被充滿歐洲中心主義之自大精神「更大膽」地稱之「理論」並作為教科書內容，這些說法往往經不起更新考古發現連番衝擊，例如，二〇一七年在保加利亞及希臘一帶發現的歐蘭猿（Ouranopithecus）化石，年代便可追溯到七百二十萬年前，比目前主流理論中的非洲始祖早上二十萬年，當然，這也絕對不是結論。更甚者，如同布朗（Cynthia S. Brown）的類比，[84] 倘若我們把從大霹靂（Big Bang）誕生宇宙至今的時間壓縮為十三年左右，地球的存在只有五年光景，最早的智人出現在五十分鐘之前，而現代工業化更僅存在了六秒鐘；[85] 如果單單聚焦地球，將其歷史換算成一條大約兩千八百四十公尺的長度，則直立人將出現於終點線前三點二公尺，智人亦只有十二點七公分，農業革命迄今更不過零點六公分而已；又或者我們也可以將迄今地球歷史換算成二十四小時制，如此，則人類不過誕生在倒數兩分鐘之前，農業與城市的出現僅短短幾秒鐘。[86] 同樣地，前述趣味性說法也僅供參考，主要目的不過希望強調，只有隨時保持視野之宏觀性，才可能掌握所有「藏在細節

81 Colin Renfrew and Paul Bahn, *Archaeology: Theories, Methods, and Practice* (London: Thames and Hudson, 1991).
82 Chris Stringer, "Human Evolution: Out of Ethiopia," *Nature*, 423:6941(2003), pp.692-693, 695.
83 Paola Villa and Wil Roebroeks, "Neanderthal Demise: An Archaeological Analysis of the Modern Human Superiority Complex," *PLoS One*, 9:4(2014): e96424.
84 Cynthia S. Brown, *Big History: From the Big Bang to the Present* (New York: The New Press, 2007), pp.39-41.
85 David Christian, "World History in Context," *Journal of World History*, 14:4(2003), p.440.
86 Bill Bryson, *A Short History of Nearly Everything* (New York: Broadway Books, 2003), p.336.

中的魔鬼」，至於我們試圖在本書中掌握並分析者，就是最後短短幾秒瞬間。

話說人類在七百萬年前與猩猩和猿猴分家後，在接下來的漫長時間裡其實與一般大自然動物無異，都是以狩獵和採集野生植物維生，直到西元前九五〇〇至八五〇〇年左右，突然在今日土耳其東南部、伊朗西部和地中海東部丘陵地出現了一場徹底顛覆人類生活方式的運動，史稱「農業革命」（Agricultural Revolution）；[87]其實，若稱之為「馴化革命」（Revolution of Domestication）或許更為適切，因為除了植物之外，部分後來成為家畜的動物也是重要馴化對象，目前研究顯示，共有超過兩千五百種動植物受到人類馴化，其中約二百五十種被完全馴化。[88]自此到了西元一世紀前後，也就是距今約兩千年前左右，全球大多數地區的大多數人類都已仰賴農業為生。

關於人類為何「放棄」漁獵和採集，或「選擇」務農度日之原因並無定論，氣候變遷或人口壓力都是常見的理由，其邏輯大致回應目前以「物競天擇」為主之危機轉型演化理論，雖然並非沒有道理，難免有「想當然爾」的嫌疑；無論如何，我們更關切的是此種選擇的結果，亦即定居生活型態和「社會」（society）的成形，這也是人類邁向與自然環境絕對切割之完全終極演化（final and ultimate evolution）的關鍵時刻。為了便利農耕、收穫與儲存活動，農業革命首先帶來了定居聚落，且隨著人口增長與相關技術進步之正向循環，聚落之擴張則接續創造出城市，並引發愈發複雜之社會結構。更加重要的是，如同休斯（J. Donald Hughes）指出的一般，基於保護目的出現的「城牆」不但是城市的象徵，亦成為人類與自然環境之間的明顯分界線，[89]自此，征服自然屢屢成為人類自我宣示之榮耀，至於「世界」則無異揭示了人類此一物種在地球上圈地割據之痕跡。

文明與世界之建構　所謂「文明」（civilization）一詞自十八世紀末起首先風靡啟蒙運動時期之法國宮廷，且隨即成為各國統治菁英階層慣用詞彙，主要目的在於定義歐洲自我形象並作為其自信心、集體榮耀與文化優越感的基礎；[90]暫且不論在文明以及「文化」（culture）之

---

87 Yuval Noah Harari, *Sapiens: A Brief History of Humankind* (New York: HarperCollins, 2015), pp.77-78.

88 Rachel S. Meyer and Michael D. Purugganan, "Evolution of Crop Species: Genetics of Domestication and Diversification," *Nature Reviews Genetics*, 14:12(2013), pp.840-852; Xinyu Cai, Xiaowei Mao and Yiqiang Zhao, "Methods and Research Progress on the Origin of Animal Domestication," *Biodiversity Science*, 30:4(2022), p.21457.

89 J. Donald Hughes, *An Environmental History of the World: Humankind's Changing Role in the Community of Life* (London: Routledge, 2009), pp.33-34.

90 Andrew Linklater, *The Idea of Civilization and the Making of the Global Order* (Bristol: Bristol University Press, 2021), preface.

間的概念爭辯，[91]此一名詞背景源自希臘時代以來與「野蠻」（barbaric）相對之二分法社群概念，一方面受到十五世紀鄂圖曼擴張與地理發現運動雙向刺激，同時不啻是十七世紀科學革命激盪下自我證明的產物。[92]其後，隨著歐洲擴張在十九世紀對全球各地帶來壓力，所謂「文明」也等同「歐洲標準」，成為各國西化運動中的核心概念指引，例如中文裡的「文明」一詞便引介自日本明治時期啟蒙思想家福澤諭吉在一八七五年《文明論之概略》書中civilization之漢字翻譯，其論述目的乃期盼以「文明開化」之歐洲經驗作為社會轉型努力目標。[93]無論如何，當代研究仍試圖為文明提供一個較為客觀之定義：它經常指稱一個具備廣泛經濟（貿易）關係、文化發展程度與書寫系統之特定社會，此社會有能力產出基本生存所需之外的剩餘，使其得以促成某些職能專門化、創造社會差異，藉此成為區域性乃至遠距離貿易網路核心，同時在內部建立起具一定治理能力之官僚架構。[94]更重要的是，如同本章開頭提及，所謂文明也是人類歷史從相對被動演化（evolution）進入更主動發展（development）階段之關鍵象徵；由於提供了更為強大的學習與累積機制，正是「文明」讓人類生活內涵在短短瞬間締造了超速度躍進之成就。

萬事起頭難，至於前述農業革命則是第一步。

農耕帶來了定居型態；事實上，馴化（domestication）的拉丁字根domus，原意就是「房子」，文明（civilization）的字根civitas則是「城市」，這也是人類新生活的重要標誌，由此，首先出現的是建築物功能之複雜多元化，除了提供居住與儲存便利性，為妥善保護生產剩餘（surplus），牆壁也從單純房舍組成部分，外移成為區隔彼此的防禦工事並逐漸增高加厚；於此同時，就像其他自然界中的社會性動物（social animal），人類群體不僅也會透過各種標記系統延伸圈定自己的生活領域（地盤），[95]前述主觀性領域一旦重疊，暴力衝突亦將隨之出現。就在人類走入農業革命之際，據稱西元前七五〇〇至三五〇〇年迎來一段「全新世最佳氣候期」（Holocene Climate Optimum, HCO）的漫長溫暖階段，[96]從某一角度來看，暖化自然是

---

91 Fernand Braudel, *A History of Civilization* (New York: The Penguin Press, 1993), pp.3-4.

92 Bruce Mazlish, *Civilization and Its Contents* (Stanford: Stanford University Press, 2005), chapter 1.

93 Uemura Kunihiko, "Fukuzawa Yukichi and Eurocentrism in Modern Japan," *Kansai University Review of Economics*, 14(2012), pp.1-16.

94 Peter N. Stearns, Michael Adas, Stuart Schwartz, and Marc J. Gilbert, *World Civilizations: The Global Experience* (New York: Pearson, 2010), introduction.

95 Elliot Aronson, *The Social Animal* (New York: Palgrave Macmillan, 2007); "Evolution of Sociality," in Neil Smelser and Paul Baltes, eds., *International Encyclopedia of the Social and Behavioral Sciences* (New York: Elsevier, 2001), p.14506.

96 Shaun A. Marcott, Jeremy D. Shakun, Peter U. Clark, and Alan C. Mix, "A Reconstruction of Regional and Global Temperature for the Past 11,300 Years," *Science*, 339:6124(2013), pp.1198-1201.

有助農耕的，但也有人認為，暖化帶來海平面上升導致耕地縮減同時進一步刺激了農業社會的競爭與衝突，或許，戰爭便是其帶來之最重要的後遺症。[97]

雖然考古結果經常濫用「文明」一詞，用以指稱幾乎所有「具積累性之人類集體生活紀錄」，此處仍希望予以稍微嚴格些的界定。個人認為，定居生活帶來剩餘與知識的累積雖極為自然，其表現層次往往參差不齊且有時天差地遠，倘若簡單一概而論將難以有助於歸納分析人類社會發展脈絡，因此，本書將文明載體（civilization carrier）定義為「具同時代相對較高發展程度且具遠程投射移動能力之政治社會結構」，其中，投射能力（delivery capability）大致與發展程度成正比，後者一方面與剩餘資源累積能力密切相關，與人口聚居規模亦呈現正向聯繫，至於人口規模則往往同時扮演激勵與壓力來源之雙重角色。進一步來說，就農業革命時代而言，人口規模既涉及耕作面積以及灌溉能力，基於河川大小與流域規模之明顯影響力，如同史密斯（Laurence Smith）所言，「人類最早幾個龐大的社會型態，便是沿著底格里斯－幼發拉底河、印度河、尼羅河和黃河流域而相繼興起的」，[98] 針對前述早期河谷文明（river valley civilization）帶動之巨大歷史加乘效應，[99] 此處嘗試將位於這些大河流域中下游之農業化人口稠密區稱之「文明軸心」（civilizing axis），由擁有至少一個文明軸心之政治單位所能投射涵蓋之極限地理範圍便是「世界」（world），「帝國」（empire）則是位居世界之中、具備絕對不對稱能量之主導性政治單位，帝國及其周邊附庸（主動或被動臣服）單位將共同組織一個「帝國體系」，至於帝國體系之存在將為世界提供一段時間相對穩定之「秩序」。

必須指出，根據前述操作性定義，所謂世界範圍之客觀存在雖然理論上為帝國延伸的結果，首先，帝國擴張除了決定於其主觀意願，同時受制於一定客觀地理條件，其次則歷史事實指出，某些特定區域由於經常成為帝國搖籃，堪稱「帝國潛在區」（potential imperial zone），大致可分為以下四個地理區塊：首先是歐亞西部世界（Western Eurasian World），其範圍東起波斯高原與阿富汗接壤處，北部為鹹海、裏海至黑海邊緣山地，西部直抵小亞細亞、地中海東岸與北非東側，南方則為阿拉伯沙漠與波斯灣，其中包含兩河流域（美索不達米亞）與尼羅河流域兩個文明軸心，從人類歷史來看，這也是第一個發展起來之具意義的「世界」；其次是歐亞南部世界（Southern Eurasian World），嚴格來說就是印度次大陸北半部，其北方

---

97 Gregory K. Dow, Leanna Mitchell, and Clyde G. Reed, "The Economics of Early Warfare over Land," *Journal of Development Economics*, 127(2017), pp.297-305.

98 Laurence Smith, *Rivers of Power: How a Natural Force Raised Kingdoms, Destroyed Civilizations, and Shapes Our World* (New York: Little, Brown Spark, 2020), p.7.

99 Roger B. Beck, et al, *World History* (New York: Houghton Mifflin, 2005), pp.26-57.

圖：歐亞大陸之世界分布

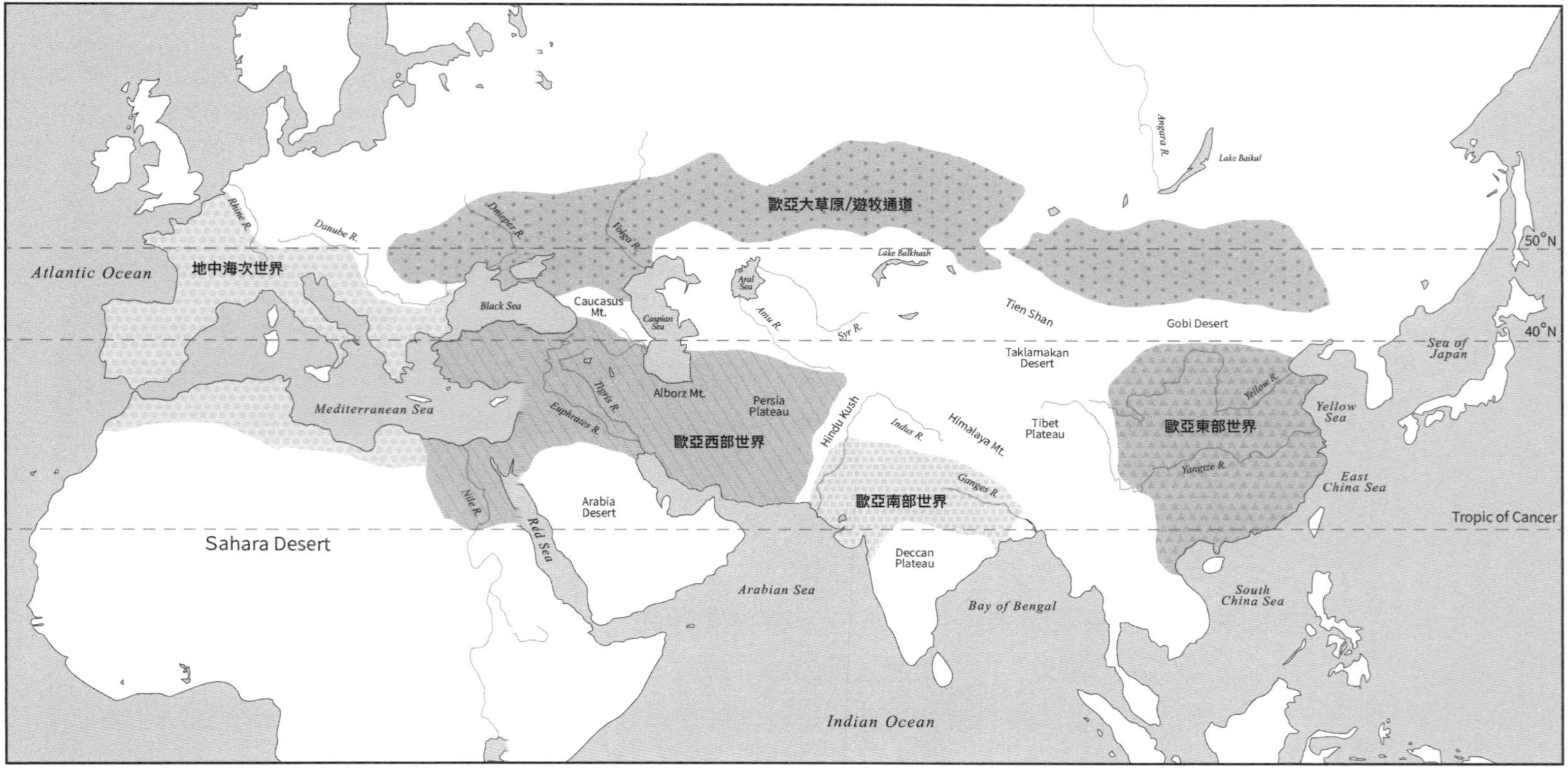

歐亞大草原/遊牧通道
地中海次世界
歐亞西部世界
歐亞南部世界
歐亞東部世界
Atlantic Ocean
Rhine R.
Danube R.
Dnieper R.
Volga R.
Lake Balkhash
Aral Sea
Caspian Sea
Black Sea
Caucasus Mt.
Amu R.
Syr R.
Tien Shan
Gobi Desert
Angara R.
Lake Baikal
50°N
40°N
Sea of Japan
Taklamakan Desert
Mediterranean Sea
Tigris R.
Euphrates R.
Alborz Mt.
Persia Plateau
Hindu Kush
Indus R.
Himalaya Mt.
Tibet Plateau
Yellow R.
Yellow Sea
Yangtze R.
East China Sea
Nile R.
Arabia Desert
Ganges R.
Tropic of Cancer
Sahara Desert
Red Sea
Deccan Plateau
Arabian Sea
Bay of Bengal
South China Sea
Indian Ocean

為有「世界屋脊」之稱的喜馬拉雅山與青藏高原，左側是由高原延伸的興都庫什山脈，南邊則是德干高原，內含印度河流域與恆河流域兩個文明軸心。

第三是歐亞東部世界（Eastern Eurasian World），其西側為青藏高原往中南半島延伸之一連串高地，北方是戈壁沙漠，東部則面對西太平洋，其中包含黃河流域與長江流域兩個文明軸心（兩者亦可合稱為東亞兩河流域）；最後則是地中海次世界（Mediterranean Sub-World），作為其地緣核心之地中海，名稱本即意指「夾於大陸之間的海洋」或「陸間海」，非但環境特色與其他三個以陸地為核心（land-centric）的世界大相逕庭，主要文明發展區域希臘半島也以貿易為主，與其他文明軸心均為農業中心迥異，因此本書僅將其定義為「次世界」。

顯而易見，由於所謂「世界」乃是以農業化文明中心為主，這意味是否存在有利農耕環境乃其先決條件，包括充足水源、足夠耕作面積與適中之溫濕度等，結果是它們多半環繞文明軸心（大河流域）並約略位於北回歸線與北緯四十度之間的歐亞大陸上；[100]進言之，除了原始自然環境，氣候變遷或也是影響人類發展之重要變數，例如，儘管尚未獲致最終共識，發生於距今一萬兩千八百年至一萬一千五百年間，因疑似彗星撞擊事件所帶來之「新仙女木乾燥期」（Younger Dryas），[101]便被推論是人類放棄採集轉向農耕之推力來源；另一個案便是撒哈拉沙漠化，一般認為撒哈拉在西元前八五〇〇至八〇〇〇年左右進入「非洲濕潤期」（African

Humid Period）或「早期全新世濕適階段」（the early Holocene humid optimum），一度因前述新仙女木期結束而由乾旱轉為濕潤，但西元前五三〇〇至五〇〇〇年左右又因季風降雨退出，再度進入乾旱階段，[102]致使北非地區人類開始往尼羅河流域集中，從而締造了埃及文明，不過，撒哈拉與埃及多數地區終究於西元前三五〇〇至二五〇〇年左右全面沙漠化，[103]當然也有學者認為，人為濫墾破壞而非自然演化乃促成沙漠化擴大之真正原因；[104]總而言之，撒哈拉沙漠化不僅削弱尼羅河之文明軸心效應，也為西非與地中海世界之間帶來隔絕效應。

最後，關於「世界」之地理認知還有兩點需要說明：第一，在前述四個各自存在但彼此連接的世界以北，約莫在北緯三十五度至五十度之間，從東歐多瑙河（匈牙利）往東延伸近八千公里至大興安嶺，橫亙著廣袤的歐亞大草原區（Eurasia Steppe），據稱自西元前六〇〇〇年起便開始農耕與畜牧並行，但大約在西元前五〇〇〇年後氣候之逐漸溫暖化，由於提供更方便之放牧環境，一方面讓黑海至裏海北岸原先從事「農耕－畜牧－狩獵」複合經濟的群體更加傾向游牧化，西元前三五〇〇年左右車輪的發明，加上經歷長期馴化致使西元前二〇〇〇年左右成功學會騎乘馬匹，不僅大大提高人類移動能力與距離，「馬匹時代」（Age of Horse）來臨也為世界歷史與國際政治發展帶來長達近四千年之深遠影響，[105]直到十九世紀伴隨工業革命而來之「蒸汽時代」（Age of Steam）憑空而降為止。[106]值得注意的是，前述草原區雖因遠離文明軸心而難以創建帝國，仍憑藉地利之便沿著四個世界北側構築了一條可稱游牧通道（nomad channel）的交通路徑，位於此通道之群體往往藉由馬匹提供之快速移動性，透過控制或穿越戰略走廊，為帝國體系之穩定帶來最大之外部變數；第二，位於相對平坦之文明軸心與地形險要之世界邊緣之間，有時會存在一些平均高度約一千到兩千公尺的乾燥高地，此處將其稱之為

100 摩里士（Ian Morris）將北緯二十至三十五度稱為「幸運緯度帶」（luchy latitudes）之看法與此類似；Ian Morris, "Latitudes not Attitudes: How Geography Explains History," *History Today,* 60:11（2010）, pp.147-149.

101 O. Bar-Yosef and A. Belfer-Cohen, "Facing Environmental Crisis: Societal and Cultural Changes at the Transition from the Younger Dryas to the Holocene in the Levant," in R.T.J. Cappers, ed., *The Dawn of Farming in the Near East* (Berlin: Ex Oriente, 2002), pp.55-66.

102 Rudolph Kuper and Stefan Kröpelin, "Climate-Controlled Holocene Occupation in the Sahara: Motor of Africa's Evolution," *Science*, Vol.313, 11 August 2006, pp.803-807; Stefan Kröpelin, et al., "Climate-Driven Ecosystem Succession in the Sahara: The Past 6000 Years," *Science*, Vol.320, 9 May 2008, pp.765-768.

103 Labelle Prussin, *Hatumere: Islamic Deign in West Africa* (Berkeley: University of California Press, 1986).

104 David Wright, "Humans as Agents in the Termination of the African Humid Period," *Frontiers of Earth Science*, 5:4(2017), doi: 10.3389/feart.2017.00004

105 Iver B. Neumann and Einar Wigen, *The Steppe Tradition in International Relations: Russians, Turks and European State Building 4000 BCE-2017CE* (Cambridge: Cambridge University Press, 2018), pp.198-250.

106 Thomas Crump, *A Brief History of the Age of Steam* (London: Robinson, 2007).

中間地帶（middle area），例如平均高度九百至一千五百公尺的波斯（伊朗）高原，平均高度一千至兩千公尺的黃土高原，以及平均高度八百至一千兩百公尺的安納托利亞高原等，經濟多為半農半牧型態，往往與位居文明軸心的帝國核心區存在極其敏感微妙之互動聯繫，亦經常是締造帝國之政治動能來源。

關於前述游牧通道與中間地帶對於世界演進之影響，將在後面篇幅詳述。

移動能力限制下的行為範圍　前述所謂移動投射能力與發展程度成正比之說法，必須深入說明；例如在農業革命之前，從直立人至智人時代之人類雖發展程度低，卻仍可進行全球性移動，甚至可跨越大洲與大洋，其主要差異在於，相較早期人類屬於在「無時間限制下之單向移動」，猶如後世之移民舉措，動機由（避險求生）本能驅使，且基本上沒有回頭規劃，農業革命後之投射衡量則屬「從世界核心出發之具目的性之往復移動」，除了依循本能反射，動機也包括後天邏輯思考結果（維持世界秩序穩定運作），更重要的是往復概念，亦即目標是在單一世代時間內多次往返，無論征戰或貿易，都以「回家」作為前提，正是此一不同過往的條件提高了投射之技術性前提，從而後天限制了多數人們的移動範圍。

進一步來說，帶來「限時往返」（timed round trip）此一條件之背景，當然是農業革命下的定居生活型態，尤其是城市的興起，由於城市提供之各種安全與經濟公共財明顯提高了人們對其資源之依賴度，[107]如同哈拉瑞（Yuval Noah Harari）所稱「人類以為自己馴化了植物，其實是植物馴化了智人」的說法，[108]可以這麼說，不只是小麥，人類也被自己所創造出來的複雜城市系統所馴化了。

根據迄今考古成果顯示，在所謂農業革命於西元前九五〇〇至八五〇〇年左右爆發之後，約莫到了西元前七五〇〇至六五〇〇年前後，從安納托利亞、敘利亞到伊朗開始出現定居農業聚落之痕跡，此後又過了五百年，農業已成為歐亞西部世界之主流經濟模式，一方面在村落中出現某種職能分工，生活之複雜化在帶來貿易需求之餘，城市單位亦於西元前三五〇〇至三二〇〇年左右應運而生。[109]必須指出，需求帶來之改變大致與規模成正比，人口總數乃關鍵所在，至於大規模農業經濟發展區自然也是主要的人口累積地區，其形式以生活圈（social circle）為基礎，一般是具有氏族聚居特色之村落，或因貿易功能而聚集更多人並築牆自保的城邦

---

107 David Christian, *Map of Time: An Introduction to Big History* (Berkeley: University of California Press, 2004), p.248.
108 Yuval Noah Harari, Sapiens: *A Brief History of Humankind*, pp.78-79.
109 Philip Lee Ralph, Robert E. Lerner, Stadish Meacham and Edward McNall Burns, *World Civilization: Their History and Culture* (New York: W.W. Norton & Co., 1997), chapter 1.

（city-state）。[110]總而言之，隨著定居型態愈來愈普遍，人類亦愈發習慣以各個定居聚落作為起點，劃出半徑各異之移動範圍與地盤認定，從而浮現出所謂「邊界」（boundary）概念。

關於人類在農業時代中的移動（mobility），以下三點值得注意：第一，移動之主要目的有五，分別是採集（特定植物或礦產）、交換（資源與產品）、定點短距放牧（例如羊等家畜但與游牧不同）、爭奪（例如水源等關鍵資源）與防禦（逐離競爭者以維持邊界安全），後兩者往往與戰爭相關，至於為了維持城市運作與日常生活需求（尤其非生產性的統治階層），也需要不斷輸入各種必要資源；第二，無論目的內涵為何，（透過擴張征服土地）爭取更大之邊界圈定範圍經常被正面看待，且相較文明發展作為擴張之正面推力來源，戰爭則主要扮演著負面動能，至於投射所能獲致之最大邊界範圍，或可稱之「世界—體系」（World-System），[111]這也是具備核心性、互動性與邊界性之最大人群活動範圍；第三，無論具備多大移動能量，邊界都必然存在，從而展示出不同時期的投射限制條件，至於其形態與內涵又可分為兩大類，首先是自然邊界，包括高度在三千至三千五百公尺以上，難以步行穿越之險峻山脈與高原區域、缺乏水源支援之廣袤沙漠地帶，以及難以克服之遼闊海洋（南太平洋的玻里尼西亞人、北大西洋的維京人與十五世紀末地理發現運動後的歐洲人為少數例外），其次則是人為邊界，除了源自投射與移動技術限制所致，此類邊界之存在還可能有兩種來源型態，包括非對立場域（nonconfront field，例如位於若干鄰近勢力之間的貿易性中立地帶或緩衝區）以及權力真空（power vacuum，相關競爭勢力基於各種理由各自暫時後撤所形成）等。

世界範圍變遷

世界之連結與互動 不能否認，目前我們有文字可考並據以分析之素材，九成以上都是農業社會的歷史。隨著人類農業生產發展到可儲存剩餘糧食，一方面定居生活藉此獲得穩定基礎，西元前八五〇〇年前後，人口約數百至一千左右之聚落開始出現，至西元前七〇〇〇年規模逐漸達到五千至一萬人，具更複雜社會功能之城市則在西元前五〇〇〇至四〇〇〇年出現，於此同時，人類總體數量也在西元前八〇〇〇至三〇〇〇年間，估計從六百萬增至五千萬。[112] 其中最值得關注者，當然是城市的興起；儘管所謂「城市的存在乃由剝削村落而來」的說法稍嫌偏激，相較以生產並儲存糧食為主要日常功能之村落，城市居民雖也包含部分農民，多數組

110 Arjan Zuiderhoek, *The Ancient City* (Cambridge: Cambridge University Press, 2016).
111 A.G. Frank, "A Theoretical Introduction to 5,000 Years of World System History," *Review,* 13:2(1990), pp.155-248.
112 Cynthia S. Brown, *Big History: From the Big Bang to the Present* (New York: The New Press, 2007), p.94.

成份子若非被賦予「保護和管理村落生活穩定性」之職能（統治者、官吏與武士），便是負責提供前述非農耕生產性群體之「生活服務」（工匠與商人），且因「未來」（future）對人們的重要性來到史上新高，再加上所謂未來本即充滿了不確定性，宗教信仰及其附屬組織跟著應運而生，這些都讓人類以城市為中心創造出一整套全新的觀念體系與「供需」架構。

尤其在「文明軸心」地區，適於農業之自然環境孕育了愈來愈多人口，從而在創造出更多農耕性村落之餘，為了「管理」村落而浮現之前述城市單位也慢慢串聯形成複數性連動網路，每一個網路都可稱是某種準政治單位。[113]城市不僅人口相對密集且組織遠比村落複雜許多，更仰賴可提供剩餘之農業經濟作為發展基礎，至少為了供養不從事耕作生產之管理階層與服務業人口（或後續為了滿足管理階層之私慾），不斷擴張耕地與提高產能來增加剩餘成為某種可見政策方向；[114]至於因為各個網路之間彼此競爭所衍生出來的衝突及其後續效應，我們會留到下一章節詳敘。

總而言之，隨著人口規模與聚落單位之正向互動、持續擴張與彼此互動，經過數千年漫長年月演進，終於形成了前述四個大致的「世界」範圍。必須指出，首先，雖然所謂世界邊緣暗示了某種投射極限，存在於歐亞大陸之各個世界絕非互不來往，更重要的是，所謂農業革命如前述亦堪稱一場馴化革命，除了小麥等糧食作物，包括一萬五千年前的狗類、一萬一千年前的綿羊與九千至八千年前的豬與牛等，[115]家畜的出現對於豐富人類的食物儲備內容不僅極為重要，進言之，畜牧行為既源自於狩獵傳統，伴隨追逐獵物過程而來的馴化一方面讓游牧成為畜牧最古老的型態，[116]在馴養種植技術有限的情況下，兼顧農耕與畜牧也是早期人類生活寫照。只不過，農耕與畜牧之比例當然會因地制宜，例如在文明軸心所在的大河流域，顯然農耕居於主流，至於在主要世界（帝國潛在區）以北，橫亙數千公里之歐亞大草原區，則由於自然條件限制而必須選擇「農耕—畜牧—狩獵」複合經濟型態，有時在某些森林區甚至以「狩獵為主、畜牧為輔」，也因為如此使其聚落更具游動性而非定居性，接下來的關鍵是，相較西元前三〇〇〇年前後農業地區城市的出現，歐亞氣候的乾燥化在消滅了黑海北岸的闊葉林，並於哈薩克形成草原與半沙漠帶後，游牧生活乃愈來愈成為大草原區的普遍選擇。

113 Nathan McClintock, "The Politics of Urban Agriculture: Sustainability, Governance and Contestation," in Kevin Ward, et al. eds., *The Routledge Handbook on Spaces of Urban Politics* (New York: Routledge, 2018), pp.361-374.

114 J. Donald Hughes, *An Environmental History of the World: Humankind's Changing Role in the Community of Life* (London: Routledge, 2009), p.31.

115 Jonathan Silvertown, *Dinner with Darwin: Food, Drink, and Evolution* (Chicago: The University of Chicago Press, 2017), chapter 2.

116 林俊雄，《草原王權的誕生》（台北：八旗文化，二〇一九年），頁四二至四三。

最後，隨著經歷長期馴化致使「馬匹時代」（Age of Horse）在西元前二〇〇〇年左右來臨，[117]一條影響歐亞漫長歷史之主軸線自此隱約成形。

由於無法像農耕中心一般建立足夠之糧食儲備系統，也缺乏城市環境可提供多樣化工藝服務，為補足相關需求並去化多餘之畜牧產品，「交換貿易」既成為游牧群體與農業聚落之「經濟共生」模式，[118]根據杭廷頓（Ellsworth Huntington）的氣候脈動（climatic pulsations）理論，他認為兩千年來地球氣候始終在乾燥期與濕潤期之間輪進，一旦乾燥期來臨導致草原沙漠化，便會周期性地驅使游牧民被迫離開原先牧地向外移動，尤其侵入農耕世界並引發雙方衝突；[119]儘管前述理論未必具有共識，位於多瑙河下游以東、鴨綠江以西、北極圈針葉林地帶以南、青藏高原以北的「中央歐亞」（Central Eurasia）草原區確實是游牧民的搖籃，[120]這些騎馬民族之高度移動性與交易需求非但成為「世界」之間最佳溝通媒介，藉由他們經年累月踩踏，一條西抵敘利亞，往東穿越中亞進入中國的長程陸地游牧通道（nomad channel），也是在歐洲創造出海上通道之前，地球表面人類世界之間最漫長的一條貿易路線。

在德國旅行家兼地理學者李希霍芬（Baron Ferdinand von Richthofen）於一八七七年首度稱之「絲路」（Silk Road）並將其繪製在地圖集當中，[121]赫定（Sven Hedin）在一九三六年出版的中亞探險紀錄繼之發揚光大後，「絲路」一詞雖廣為人知，卻充滿誤導之嫌：首先，這條路上完全也從來沒有道路鋪設，而是百分之百由高山隘口、山谷和綠洲等自然景觀斷斷續續連接而成，其次，經由此一通道交易之商品五花八門且種類繁多，絲綢絕對不是其中主流對象，更甚者，在從中亞往東之路徑浮現之前，由美索不達米亞穿越波斯高原，直達中亞河中地區的「呼羅珊大道」（**Khurasan Highroad**），早自西元前三〇〇〇年便逐漸成為一條不可忽視之貿

---

117 Pablo Librado, et al, "The Origins and Spread of Domestic Horses from the Western Eurasian Steppes," *Nature*, 598(2021), pp.634-640; T.T. William, et al, "Understanding Early Horse Transport in Eastern Eurasia through Analysis of Equine Dentition," *Antiquity*, 95:384(2021), pp.1478-1494.

118 蕭啟慶，〈北亞遊牧民族南侵各種原因的探討〉，收於陳國棟，羅彤華主編，《經濟脈動》（北京：中華大百科全書出版社，二〇〇五年），頁二三〇至二三二。

119 Ellsworth Huntington, *The Pulse of Asia: A Journey in Central Asia Illustrating the Geographic Basis of History* (Boston: Houghton Mifflin Company, 1919), pp.282-344.

120 Peter B. Golden, "The Stateless Nomads of Central Eurasia," in Nicola Di Cosmo and Michael Maas, eds., *Empires and Exchanges in Eurasian Late Antiquity: Rome, China, Iran, and the Steppe, ca. 250-750* (Cambridge: Cambridge University Press, 2018), pp.317-332.

121 Richthofen, *China, Ergebnisse eigner Reisen und darauf gegründeter Studien* (Berlin: D. Reimer, 1877), p.500.

122 Henri-Paul Francfort, "Iran and Central Asia: The Grand' Route of Khorasan (Great Khorasan Road) during the Third Millennium BC and the 'Dark Stone' Artefacts," in Jan-Waalke Meyer, Emmanuelle Vila, Marjan Mashkour, Michèle Casanova and Régis Vallet, eds., *The Iranian Plateau during the Bronze Age: Development of Urbanisation, Production and Trade* (Paris: MOM Éditions, 2020), pp.247-266.

易通路，[122]最後，不管滿足多少需求，貿易活動對於以農業生活為核心之世界或帝國而言，都僅僅具有邊緣補充性價值。

無論如何，即便往往因缺乏管理而呈現「公共財悲劇」，前述貿易路線仍由游牧民與商人胼手胝足維持其存續運作，並在主要世界之間創造出兩個「貿易樞紐」（exchange hub），最重要者乃位於阿姆河與錫爾河之間的「河中地區」（Transoxiana），此處可連結歐亞西部、東部與南部世界，歷來便是兵家必爭之地，事實上，這裡早在西元前二四〇〇至二一〇〇年便形成一個被稱為「巴克特里亞—馬吉亞納文明體」（Bactria-Margiana Archaeological Complex, BMAC）之人類活動區域；[123]其次，則是位於地中海東部的「愛琴海圈」（Aegean circle），此地區坐落於歐、亞、非三洲交界陸海輻輳之處，貿易活動自古以來便相當熱絡。

除了透過貿易行為與「世界」正向互動，位於中央歐亞草原區的游牧民與農耕區之衝突面向及其效應亦不容小覷。例如，麥克尼爾（J.R. McNeill）便指出在草原與農耕群體之幾個歷史性互動里程碑：首先是遍布歐亞大陸，由游牧民主導在西元前一七〇〇年臻於高峰的戰車革命，其次是農耕民族在西元前一二〇〇年透過冶金革命強化防禦與反擊能力，第三是西元前七〇〇年左右游牧民藉由弓箭技術再次打破平衡，[124]此後雙方則陷入持續拉鋸狀態。

世界之擴大與縮小　一個常被忽略的現實是，「空間」除決定了人類活動範圍，也是人類從認知自我、發展理解邏輯，並藉此建構一套處理問題機制之來源，如今人類慣常以「地球人」（Earthling）自居便是一例。顧德曼（Nelson Goodman）認為，對於人類來說，周遭的「世界」不但是他們持續發現的，也是他們透過各種價值建構出來的，由於永遠存在多種意義體系，「若真有世界存在，必然同時存在著很多世界」；[125]當然，本書目的並非涉入前述難以釐清的意識空間，而是從事活動的物質空間，對此，如同阿諾德（David Arnold）指出，「約略在一四〇〇年時，整個世界其實被區隔成數十個各自獨立的社會與文明，彼此之間根本沒有或僅僅維繫著微不足道的接觸與溝通」，[126]這種說法雖大致屬實，不過，此處所謂「整個世界」應指「地球表面上」，至於「各自獨立的社會與文明」在歷史常態中則是指長期「同時並存的不同世界」。

---

123 Henri-Paul Francfort, "The Central Asian Dimension of the Symbolic System in Bactria and Margia," *Antiquity*, 28:259(1994), pp.406-418.

124 J.R. McNeill and William H. McNeill, The Human Web: *A Bird's-Eye View of World History* (New York: W.W. Norton & Co., 2003), pp.55-58.

125 Nelson Goodman, *Ways of Worldmaking* (New York: Hackett, 1978); "Realism, Relativism and Reality," *New Literary Review,* 14(1983), pp.269-272.

126 David Arnold, *The Age of Discovery, 1400-1600* (London: Routledge, 2013), p.10.

必須說明，本書前述四個「世界」區域雖然來自特定自然環境設定，其具體範圍往往仍受到歷史事實之後天影響。進言之，世界之「最適」邊界基本上乃帝國核心投射能力極限與自然條件重疊造成，此處暗示某種一旦建立帝國之潛在「最大範圍」；由於帝國興衰乃歷史常態，理論上其「實際邊界」將隨著支配力下降而向內退縮，此處暗示帝國影響所及可能小於世界邊界，一旦帝國崩解致使世界秩序頓失管理者，權力流散下的混戰將使所謂邊界變得模糊不清，甚至出現碎片化（fragmentation）現象；相對地，世界邊界儘管指出帝國影響力之最大可能地理涵蓋面，並不具備絕對性質，此一慣性地緣藩籬可能在某種特定或例外情況下被打破，亦即特定政治力量之活動範圍可能具備「跨世界」特徵，從而帶來世界擴張效應（world-enlarge effect），使得存在於各個世界中的傳統平衡法則暫時或長期失效，導致無法重建帝國的結果。

歷史上最著名之「世界擴張」例證至少有四：首先是西元前三三六至三二三年貫穿了尚未完全成形之地中海次世界（希臘與愛琴海圈）與歐亞西部世界（波斯），甚至直接進入歐亞南部世界（北印度），帶來某種全面性結構震盪的亞歷山大東征；其次是七至十世紀由歐亞西部世界（阿拉伯半島）向西沿著地中海南岸推進，終究將地中海次世界一分為二，往東亦途經中亞進入歐亞南部世界之伊斯蘭擴張，事實上，此波擴張亦幾乎將整個環印度洋地區成為某種「伊斯蘭圈」；接著是十三世紀的蒙古西征，除了打通歐亞東部（中國）與西部世界（阿拔斯），擴張最遠處甚至侵入地中海次世界邊緣（匈牙利平原），同樣一度引發了顛覆性衝擊；最後，則是起自十五世紀末的歐洲人地理大發現，其結果則形塑了當前我們身處的單一性世界。

當代世界之特殊性

從地理發現到工業革命：全球化終極擴張 關於歷次「世界擴張」之過程、結果與影響，在此暫不贅述，且留到後續篇幅再細細論之。無論如何，目前全球正處於迄今最近一次世界擴張效應之深刻影響下，猶如日耳曼詩人席勒（Friedrich Schiller）早在一七八九年所勾勒之烏托邦願景，「如今人們已經穿越了各個國家與民族出於其敵意與自私而設下的邊界，每一位反求諸己的人們都團結起來成為全世界的公民」，[127]儘管二十世紀上半葉兩度世界大戰差一點埋葬了此種天真樂觀，隨著全球化（globalization）概念在一九七〇年代萌芽，以及全球史（global

127 Friedrich von Schiller, "The Nature and Value of Universal History: An Inaugural Lecture, 1789," *History and Theory*, 11:3(1972), pp.321-334.

history）書寫自一九九〇年代以來不斷普及化，[128]「世界」已然合而為一不僅成為某種共同想像，如何詮釋「世界融合」也有其必要，如同十九世紀末俄羅斯東方學者梅契尼可夫（Leon Metchnikoff）將人類歷史分成河流階段（包括四個主要的大河文明）、海洋階段（地中海史），以及大洋階段（十六世紀地理大發現以來）等三個發展時期，[129]俄羅斯中亞研究先驅謝苗諾夫（Pyotr Semyonov）則著眼於從赤道到北緯四十五度之間的三片海域（首先是地中海與黑海，其次是從日本海、黃海到東海與南海，第三是加勒比海與墨西哥灣），並聲稱只要控制任何一片海域都將成為「世界主人」，[130]很明顯地，這些推理不過回應了歐洲透過海洋擴張形塑當前世界的歷史現實，至於結論猶如馬漢（Alfred Mahan）所稱：「控制了海洋，就能統治全世界」。[131]

只不過，歐洲人帶來第四波世界擴張效應並打造出今日之「單一世界」固然絕不容否認，更重要的是，相較前述所謂「目前我們有文字可考並據以分析之素材，九成以上都是農業社會歷史」的說法，此波歐洲海上擴張的起點固然源自一四二〇年代葡萄牙王子恩里克（Henrique）的一系列探險嘗試，英國在十八世紀末逃脫「農業桎梏」（agrarian constraints）並奠下日後「工業革命」（Industrial Revolution）基礎，[132]無疑提供了一個更為關鍵的變數與里程碑，堪稱「英國奇蹟」乃至「歐洲奇蹟」，進言之，此種革命非但讓人類（或使先是歐洲）社會的生產力首度擺脫了前工業時期之結構束縛，由此獲致之更強大的（武器）破壞與遠程投射能力，既是人類可以打破所有傳統世界邊界，第一次將足跡遍布地球表面之原因（甚至隨太空競賽來臨，浮現了踏出地球進行宇宙競逐的念頭），也給了人們某種「無遠弗屆」且認定過往之歷史與地理條件已無法制約人類未來行為的想像。

事實真是如此嗎？至少卡普蘭（Robert Kaplan）不完全認同；他首先以一九四二年史派克曼（Nicholas Spykman）的一段話來提醒大家，「地理是國家外交政策最根本的因素，因為它最為永久，部長們來去更迭，獨裁者也會死，但山脈屹立不搖」，[133]至於他自己的想法則是，即便想像的變化或許是逐步成形的，「要恢復我們的地理意識，必須先整理好歷史上我們喪失

---

128 Maxine Berg, ed., *Writing the History of the Global: Challenges for the Twenty-First Century* (Oxford: Oxford University Press, 2013).

129 Leon Metchnikoff, *La Civilisation et les grands fleuves historiques* (Paris: Hachette, 1889).

130 Jaroslav Kurfurst, "Shades of Grey in Russian Pre-Soviet Geopolitical Traditions," *Studies in East European Thought*, 69:2(2017), pp.177-197.

131 H. Kaminer Manship, "Mahan's Concepts of Sea Power," *Naval War College Review*, 16:5(1964), pp.15-30.

132 麥克法蘭（Alan Macfariane），《現代世界的誕生》（上海：上海人民出版社，二〇一三年），頁一一。

133 Nicholas J. Spykman, *America's Strategy in World Politics: The United States and the Balance of Power* (New York: Harcourt, Brace and Co., 1942), p.41.

此一意識的最深刻之際，解釋我們為什麼喪失它，並說明它如何影響我們對世界的假設」。[134]嚴格來說，或許人們從來沒有真正忽視過地理環境之重要性，例如麥金德（Halford Mackinder）在一八八七年撰文區分陸權與海權兩種征服型國家，並指出工業革命對建立大規模現代化國家之可能貢獻後，[135]一九〇四年的〈歷史的地理樞紐〉一文隨即提醒歐洲國家注意，憑藉海權而來之「哥倫布時代」雖然看似宰制世界，在歷史上或許不過是一段插曲，因為海洋凌駕陸地成為人類移動之首要管道只是暫時而非永久性發展，主宰世局的力量不久後將重回歐亞大陸（世界島），未來若非控制心臟地帶及其鐵路網之歐亞帝國將把對手驅趕至海洋邊陲，便是歐洲國家由於再無空間可供擴張，於是被迫在「重新封閉的政治制度」中彼此對抗；[136]當然，歷史發展所以沒有印證麥金德前一預言，主要乃美國崛起成為霸權之故，但後者顯然直接命中了兩次世界大戰的爆發。

達爾文（John Darwin）試圖呼應麥金德並強調，「必須將歐洲的擴張時代，牢牢放進歐亞世界裡探討」，儘管歐洲透過地理發現強行進入「外圍世界」（outer world）且提供了一個歷史發展轉捩點，「現代世界史的重心依舊在歐亞」，其地理範圍意指從歐洲所處的「遠西」綿亙至亞洲「遠東」之廣袤大陸地帶，[137]至於歐洲勢力對於歐亞大陸展開包圍（例如英國的大博弈），乃十九世紀鮮明之地緣政治現實，充分顯示新興海權觀念並未顛覆其傳統之地理與歷史想像，甚至如同前述，美國將前進阿富汗視為建立帝國之關鍵步驟，其核心思考又何嘗不是某種「麥金德想像」？

無論如何，目前地球表面只剩下「一個世界」厥為現實，問題是：此一現象究竟帶來何種意義或暗示？其發展是否如同過去世界擴張個案，僅為階段性例外現象，抑或將永久如此？未來的人類世界是否將與過去歷史經驗徹底切割？過去歷史將如何影響當前此一充滿質變的新世界？更重要的是，我們該如何去想像一個美國霸權（必然）結束後的世界格局？

---

134 Robert D. Kaplan, *The Revenge of Geography: What the Map Tells Us About Coming Conflicts and the Battle Against Fate* (New York: Random House, 2013), p.3.

135 Halford Mackinder, "On the Scope and Methods of Geography," *Proceedings of the Royal Geographical Society and Monthly Record of Geography, New Monthly Series,* 9:3(1887), pp.141-174.

136 Halford Mackinder, "The Geographical Pivot of History," *Geographical Journal,* 23:4(1904), pp.421-37.

137 John Darwin, *After Tamerlane: The Rise and Fall of Global Empires, 1400-2000* (New York: Bloomsbury Press, 2008), p.35.

從局部多元性到全球單一性 在過去的歷史與世界當中，「異質性」乃顯而易見的日常特徵。以波斯帝國締造者居魯士（Cyrus II）為例，根據文獻記載，他所穿著之外袍風格來自波斯高原西部的埃蘭人，王冠是埃及樣式，繩結充滿亞述與腓尼基特色，服飾上面所綉翅膀則來自波斯自己的傳統，[138]在此種多樣化外貌之下，未必不存在歧視，例如將周遭社群定義為「野蠻」本即文明軸心地區經常有的自我認同基礎，但此種刻意為之的象徵性混同展示，依舊顯示出一定程度的「包容」與「尊重」，至少對帝國與自視文明者而言，主動推動同化（cultural assimilation）極少是種有意識的政策選擇。

當然，在不同文明程度的行為者之間，尤其相對落後文明對較進步文明進行之「涵化」（acculturation）或「採借」（cultural borrowing）並不罕見，[139]首先，它往往是在兩個以上文化主體在持續互動接觸的過程中，其中一方決定接受另一方文化內涵之轉型歷程和結果，其次，其轉型方向既可能是單向的，也可能出現雙向交互影響，第三，儘管存在少數受脅迫案例，決定進行學習轉型一方多半呈現自願性正面接受；例如日本在七世紀以漢化（唐化）為主的「大化革新」與十九世紀以西化（歐化）為目標的「明治維新」運動等，都是前述過程之最佳範例，至於無論是亞歷山大東征之後「希臘化」與「波斯化」之同時浮現，抑或者中國在五至六世紀南北朝時期，北方民族「漢化」與中原民族「胡化」雙向融合並進等，也都是另一些典型案例。

必須指出，即便存在前述文化採借之「理性選擇」，絕大多數單位除了依舊保留明顯之自我特色，一方面被接受之內涵往往透過「在地化」（localizing）過程而充滿當地特色，例如源自印度的佛教在傳播至西藏、東南亞、中國與日本等地後，均呈現出不同之面貌與詮釋途徑（西藏密教與中國禪宗），甚至可能利用引入之文化內涵創造出具自我獨特性之新發展，例如過去中國周邊之契丹、女真、西夏乃至日本等，都借用漢字創造出自己的書寫系統，又如從印度梵文轉化之西藏文字，或十三世紀源自中亞粟特文字的傳統蒙古文在十七世紀又衍生出滿文等，也是一些重要個案。

其次，更值得注意的是，儘管曾經存在許多自視為普世帝國（universal empire）之政治力量，與自視為普世宗教（universal religion）之思想力量，事實是它們都無法真正達成普世化目標，不只知曉「人外有人」（亦即同時存在其他世界與不同之哲學邏輯途徑），而且如同前述，對於內部之異質性也多半抱持包容態度；在此必須指出，西歐基督教世界或許是極少數例

138 Ilya Gershevitch, *The Cambridge History of Iran* (Cambridge: Cambridge University Press, 1985), p.392.

139 Michel de Coster and Valerie Brasseur, "Acculturation," *Diogenes,* 19:73(1971), pp.21-38.

外之一，[140]例如托克維爾（Alexis de Tocqueville）便曾經如下坦率指出，「……歐洲人對待其他種族，就如同人類之於低等動物，不僅慣於奴役以供己用，如果無法制服，就予以殺掉」。[141]

無論如何，由於歐洲帶來之第四波世界擴張效應逐漸打破傳統藩籬，加上傳統帝國讓位給新興的民族主權國家，[142]致使在目前「後空間戰爭」（the post-space-war）的新世界中，移動性（mobility）已然成為最強有力之階級化要素，頻繁且更無遠弗屆之移動在不斷重構國內外政治、經濟與文化層級之餘，同時創造了掌握此一優勢之新的上層階級。[143]與過去相較，尤其資本主義經濟全球化為人類活動帶來了一連串絕大衝擊，首先是創造出一群「非政治性」權勢者（資本家不同於過去多半受制於政治框架之商人），其次是「空間」的變形，例如對於某種個人中心之「理性快樂」（rational happiness）之倡導，似乎逐漸帶來空間之「去物質化」，亦即不再受限於我們眼中之物理陸地平面，第三是「治理主體」之轉型，特別是長期以來作為權力中心之國家單位正當性持續受到嚴重侵蝕，甚至政商關係之複雜糾葛更模糊了政策之公共財角色，最後則影響尤其巨大的是，某種「主流意識」（mainstream thinking）在主導力量刻意為之與媒體帶來加乘效果之催化下，陡然成為有史以來最強大之普世思想，其結果是，相較過去世界四處割裂但仍可維持明顯之多元文化發展可能，如今隨著全球化來臨，非但大量湧現之跨國議題缺乏有效之跨國機制負責處理，在強勢主流文化攻勢下，多元聲音陡然削減，人類世界各處長期存在之因地制宜多元獨特發展傳統亦跟著面臨斷裂挑戰。

問題是，且不論目前這波全球化浪潮之內涵究竟為何，現階段「空間」概念面臨之衝擊與質變（去世界化、去國家化、去物質化）可能持續多久？影響有多大？是否將帶來永久性改變？或未來仍不排除浮現「復古式」回潮？這些都有待我們去努力地持續觀察與反覆辯證。

---

140 Paul N. Anderson, "The Universal Light, or the Only Way to the Father? Universalism and Exclusivism in John's Provocative Christology," *Religions*, 15:2(2024), 204.

141 Alexis de Tocqueville, *Democracy in America, Vol. I* (London: Everyman's Library, 1994), p.332.

142 Ankie Hoogvelt, *Globalization and the Postcolonial World* (Basingstoke: Palgrave, 2001).

143 Zygmunt Bauman, *Globalization: The Human Consequences* (London: Polity Press, 1998), p.9.

權力、衝突源起及其治理

Power, Origin of Conflict and Its Governance

生存、均衡困境與權力

衝突作為人類本性　無論人類是否存在道金斯（Richard Dawkins）所稱「自私的基因」，[144]人類的行為既離不開「生存」思考，衝突與暴力行為亦堪稱是我們日常生活中的常態，只不過，這種現象究竟是如何邏輯地發生呢？有些學者主張，若非由於爆發農業革命，致使人們在開始累積之後產生私有財產，並由此衍生出爭奪、衝突乃至戰爭行為，遠古的採集與狩獵社會其實是個「和平天堂」，當然，此種論調並無確切證據，何況早在農業革命之前，隨著我們的祖先智人在十萬至五萬年前從非洲出發開始另一次全球遠征，無論在四萬五千年前首度離開亞非大陸生態圈抵達澳洲，抑或一萬六千年前抵達更遙遠的美洲，伴隨而來的都是人類以外的大規模物種滅絕；除此之外，儘管若干學者試圖證明，由於晚期智人（early modern human, EMH）體內的低睪固酮含量可能導致其減少暴力行為並提高社群合作程度，從而造就「人類時代」之降臨，[145]此種觀點並不否認暴力之持續性，也無法掩蓋他們「消滅」了更早期人類族群（例如尼安德塔人）的考古事實。

於此同時，更有部分學者嘗試以黑猩猩此一人類遠親為例，結果發現它們不僅相當好鬥且具明顯侵略性，同時很容易分裂成規模不大但彼此競爭激烈的游團，一方面各自以雄性成員為中心鞏固自我地盤，並在巡邏領地邊界時與鄰近社群爆發衝突，甚至經常侵入併吞併其他群體地盤；根據迄今針對超過四千種以上哺乳類動物研究結果顯示，只有兩種存在前述行為，除了黑猩猩，剩下的就是人類。[146]

當然，絕非所有人都同意前述這種自然決定論，何況如果爭鬥有其理性基礎，合作亦然；例如，盧梭（Jean-Jacques Rousseau）在其「社會契約」觀點中便曾如下舉例推論，他假設一群飢餓者若想一起帶大量鹿肉回家，第一個條件便是不能自相殘殺，其次是必須合作完成追蹤，最後則是必須克制離群自行尋找小型獵物的誘惑。[147]人類學家米德（Margaret Mead）也

---

144 Richard Dawkins, *The Selfish Gene* (Oxford: Oxford University Press, 1976).

145 Robert Cieri, Steven Church, Robert Franciscus and Jingzhi Tan, "Craniofacial Feminization, Social Tolerance, and the Origins of Behavioral Modernity," *Current Anthropology*, 55:4(2014), pp.419-443.

146 Joseph H. Manson and Richard Wrangham, "Intergroup Aggression in Chimpanzees and Humans," *Current Anthropology*, 32:4(1991), pp.369-390; Richard Wrangham and Dale Peterson, *Demonic Males: Apes and the Origins of Human Violence* (New York: Houghton Mifflin, 1991), pp.20-25.

147 John T. Scott, trans., *The Major Political Writings of Jean-Jacques Rousseau: The Two Discourses and the Social Contract* (Chicago: University of Chicago Press, 2012), p.93.

認為，戰爭其實是一種後天「發明」，而非與生俱來且無法割捨地潛藏在人類本性之中。[148]問題是，就算否定了人類具有衝突的天性或本能（這點確實很難被「科學地」證明），任誰也沒辦法無視人類群體之間的衝突事實，關鍵只在於如何推論其環境背景罷了。雖然由於考古資料依舊非常有限，致使我們無法完整勾勒早期採集與狩獵社會之生活內涵並測量其「暴力指數」，從目前尚存之少數類似部落活動考察可知，即便因為群體之較高移動性使其有時可避免直接對抗，突發性自然現象以及爭奪珍貴之資源與地盤等生存壓力，仍然讓暴力被保留成為必要選項。

如同多數共識，農業革命帶來了更關鍵的變數。

雖然革命的正向成果（更穩定之糧食生產量與儲存能力）對於人類生活內涵之明顯改善與提升不容質疑，另一個嚴酷的現實是，直到十九世紀工業革命前夕約莫一萬一千年間，漫長之集約化耕作的結果是八成至九成的農業人口即便辛勤勞動，依舊普遍營養不良且死亡率極高，正因為此一弔詭發展，迫使哈拉瑞（Yuval N. Harari）得出「農業革命乃歷史上最大騙局」與「其實是小麥馴化了我們」的瘋狂結論，[149]尤有甚者，在受到馴化的農民被緊緊綑綁在耕地之上，以及缺乏移動性選項致使幾乎沒有妥協餘地的情況下，在以小規模村莊與部落為主的社會結構中，來自其他人類的暴力行為往往佔據致死原因百分之十五以上。[150]正如鄂蘭（Hannah

Arendt ）指出，儘管現代社會充斥從國際戰爭乃至人際齟齬等各種衝突現象，以致「任何關心歷史和政治的人，都不可能對於暴力在人類生活中扮演的角色毫無知覺，但人們確實很少真正重視暴力並予省思」，[151] 無論背景為何，我們都應當由此進行嚴肅的觀察與推論。

資源分配爭議與心理安全困境 必須指出，一般考古認為，定居形式並非農業革命的結果，早在一萬五千年前的舊石器時代晚期到農業出現前的中石器時代裡，資源密集型定居生活早已是人類社會主流，據此，農業革命發揮的效應主要是進一步割裂人類與自然環境之間的互動，隨著多數農民選擇附著於永久性聚落，人類的活動範圍隨即大幅限縮，其證據是，在總計超過五億平方公里的地球表面積當中，陸地大約占一點五億平方公里，但人類真正使用部分不

148 Margaret Mead, "Warfare is only an Invention, not a Biological Necessity," in L. Bramson and G. Goethals, eds., *War: Studies from Psychology, Sociology and Anthropology* (New York: Basic Books, 1968), pp.269-274.

149 Yuval Noah Harari, *Sapiens: A Brief History of Humankind* (New York: HarperCollins, 2015), pp.79-81.

150 Azar Gat, *War in Human Civilization* (Oxford: Oxford University Press, 2006), pp.130-131.

151 Hannah Arendt, *On Violence* (New York: Harcourt, 1970), p.8.

過區區一千一百萬平方公里，連十分之一都不到；[152]於此同時，透過砍伐森林、整地引渠、建造屋舍、搭建圍籬，並且有計畫驅離其他哺乳類物種，人類不僅創造了一個明顯「違反自然規律」之封閉性人工島嶼，更與此一特殊環境建立了密切之依賴關係。

毫無疑問，此種依賴性帶來了遠較農業革命更大的後續效應。

人類聚落成形固然也是「演化」過程的一部分，相較最初以「物種」為單位之群體演化論，漢米爾頓（William Hamilton）一九六四年著重親緣選擇（kin selection）之個體演化論或許更有說服力，[153]以此為基礎，特里弗斯（Robert Trivers）首先透過博弈途徑說明並強調互惠利他主義（reciprocal altruism）在人類社會中的關鍵作用，[154]一九八〇年代致力研究複雜理論的聖塔菲學派（Santa Fe School）則試圖藉由強互惠（strong reciprocity）及其衍生之利他懲罰（altruistic punishment）概念，來說明人類選擇團體合作並不惜花費個人成本去懲罰破壞合作規範者的理由，並描述它如何抑制背叛、逃避責任與搭便車行為，[155]從而解釋為了排除「外來者」所建構並維持之族群邊界，如何有助於藉由鼓勵合作行為激發之成功演化，以及情感效應如何削弱個體與群體利益之間的矛盾衝突等。

從前述小型依賴性聚落出發，正如麥克尼爾指出，文明崛起建立並鞏固了人與人之連結，儘管此種連結往往是間接且或許非日常的，卻是關鍵又無法切斷的，從而使其逐漸超越人類最初建構的小生活圈，包括城鎮居民、四處遷徙的游牧民，以及日益邊緣化的採集者等，不但愈來愈習慣於頻繁交換商品和服務，[156]此種生活糾葛亦深深影響了人際關係之設定與演進。首先，儘管耕作、灌溉與儲存技術進步，讓農業社群存在某種不虞匱乏之可能，自然災害衝擊與人口增長仍舊不時帶來「分配」壓力，甚至誘發鄰近社群進行劫掠，其次，如同拉爾夫（**Philip Lee Ralph**）等人指出，西元前三千五百年左右出現的「城市」單位，雖然經常自詡其保護功能，實則其存在乃以剝削村落為基礎，除了滿足少數城市統治者私慾往往成為爆發戰爭的真正原因，統治階層自我宣示之優先性也成為「分配不均」的真正根源，換言之，歷史上所謂資源不足引發之生存危機並非「總量」問題，而是由於不合理之分配機制所致；只不過，諷刺的

152 Robert B. Mark, *The Origins of the Modern World: A Global and Ecological Narrative* (Lanham: Rowman & Littlefield Publishers, 2002), p.24.

153 William Hamilton, "The Genetical Evolution of Social Behaviour," *Journal of Theoretical Biology*, 7:1(1964), pp.1-16.

154 Robert Trivers, "The Evolution of Reciprocal Altruism," *The Quarterly Review of Biology*, 46:1(1971), pp.35-57.

155 Herbert Gintis, Samuel Bowles, Robert Boyd, and Ernst Fehr, "Explaining Altruistic Behavior in Humans," *Evolution and Human Behavior*, 24:3(2003), pp.153-172.

156 J.R. McNeill and William H. McNeill, *The Human Web: A Bird's-Eye View of World History* (New York: W.W. Norton & Co., 2003), p.41.

是，戰爭每每乃技術與貿易飛躍進步之刺激來源，甚至有時還被視為文明產生與升級之重要步驟。[157]

由於城市所誕生之新的觀念體系中，最重要的便是後設性集體意識。無論來自於互惠利他主義下聚居行為之慣性思考，抑或源自統治階層主觀設定之身分標籤，相互交流的人類群體逐漸產生了我群（we group）與他者（the other）之對立視野，一方面藉此奠下自我認同（self-identity）的基礎，透過公開宣示而非集體默認下的身分建構則埋下激化社會暴力之某種伏筆。

如前所述，暴力的理性源頭經常與「生存」有關，不管此一判斷來自於客觀（資源稀少不足以分配之現實）或主觀（受說服力驅使之資源爭奪）環境使然，又或者未必來自客觀現實，僅僅不過是預防性作為，只要涉及生存議題，就很難避免被從「零和」角度切入，也很難不觸發自我防衛性的「自私」思考，最終結果往往如同李維史陀（Claude Lévi-Strauss）在《憂鬱的熱帶》（*Tristes Tropiques*）書中指出的，「交換是以和平方式解決的爭鬥，戰爭則是交易失敗的結果」，甚至克拉斯特（Pierre Clastres）更認為，戰爭之爆發並非交換失敗所致，且往往先於交換行為而存在，因為在原始社會中，事實是權力主導之政治關係往往先於剝削性經濟關係且為後者之基礎，政治關係之異化也早於經濟異化，可以這麼說，從左派角度看來，權力先於勞動，經濟源自政治，至於國家的形成既決定了階級的到來，亦不斷讓人們在後設性集體意識（例如後來的國族主義）驅使下持續進行彼此鬥爭。[158]

最終，猶如「雞生蛋，蛋生雞」的邏輯困境，究竟是透過集體意識激發之共同危機感導致暴力不時爆發，抑或常態性的暴力現象促進並強化了社群集體意識，在人類社會演進之漫長過程中，已然是個無法被清楚追溯證明的問題了。

政治之源起與演進　雖然恩格斯（Friedrich Engels）所稱以共產公有制為主的原始社會（Urgesellschaft）無法證明是否曾經普遍存在，[159]多數人依舊接受，至少以血緣親族為基礎之集體共有制，在早期社會（primitive society）中應該屬於某種普遍現象，[160]如同前述，在互

157 Philip Lee Ralph, Robert E. Lerner, Stadish Meacham and Edward McNall Burns, *World Civilization: Their History and Culture* (New York: W.W. Norton & Co., 1997), chapter 1.

158 Pierre Clastres, *Society Against the State: Essays in Political Anthropology* (New York: Zone Books, 1987), p.198.

159 Friedrich Engels, *The Origin of the Family, Private Property and the State* (1884/1942).

160 Adam Kuper, *The Invention of Primitive Society Transformation of an Illusion* (New York: Routledge, 1988); David Goddard, "The Concept of Primitive Society," *Social Research*, 32:3(1965), pp.256-276.

圖：人類社群與政治單位演進

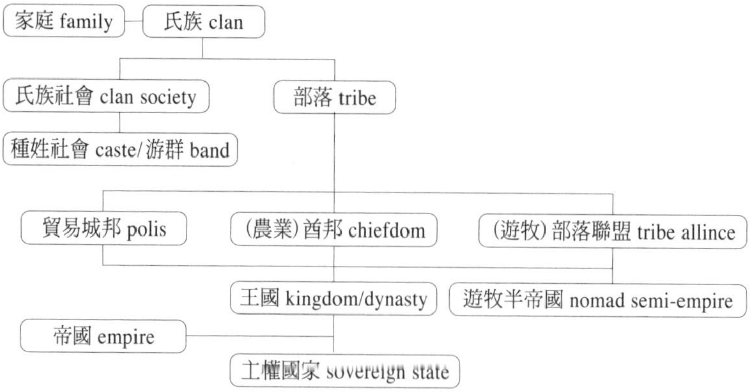

惠利他概念支撐下，人類逐漸從家庭此一最基本親族關係（kinship）出發並基於繁衍事實而形成所謂氏族（clan），其關鍵差異在於，相較家庭規模較小，且可能因為離異或遷徙等因素遭到拆散，由具親近血緣關係之家庭所共組的氏族，則是一個規模稍大且相對固定之社會單位。[161]

上圖試圖針對人類社群演進及其政治化過程作一簡單勾勒。首先，無論以母系或父系作為組織原則，氏族都是核心家庭（nuclear or atomic family）透過血緣關係判別所擴大組織起來的一個親緣單位，由此出發，隨著人類團體互動頻率提高與聚落規模漸次發展，氏族之間可能出現共居現象，至於型態有二：其一是依舊以血緣鄰近性為主形成較大之氏族社會（clan society），或進一步由若干親近氏族共同組成之游群（band），後者組織相對鬆散，生活方式通常仍舊以狩獵採集為主，規模約數十人不等，成員彼此關係趨於平等，唯有在共同行動時存在臨時領導者；[162]其二則可能結合兩個以上不同氏族共同組織所謂部落（tribe），由於親緣關係或稍稍疏遠，致使共同「利益」取代血緣成為合作之正當性基礎，領導者地位往往較為固定並擁有愈高權威，更重要的是，部落之出現無疑乃人類踏上「政治」生活的第一步，同時埋下「權力」概念浮現之伏筆。[163]

部落堪稱人類社會歷史最悠久之政治單位，迄今足跡猶存，隨著相關經濟與社會演進刺激，其後慢慢迎來一段被統稱為「國家」（state）之人類政治單位發展，根據至今仍難取得共識之概

表：國家單位之演進與類型

演進階段	子形態	單位分類	歷史個案
早期國家 early state	不完全早期國家 inchoate early state	部落聯盟 tribe alliance	阿茲特克、馬利、查理曼法蘭克
	典型早期國家 typical early state	酋邦 chiefdom	埃及、巴比倫、西周
	過渡性早期國家 transitional early state	貿易城邦 trade polis	腓尼基、希臘、絲路綠洲城邦
傳統國家 tranditional state / pre-modern state	局部性政權 locally regime	王國 kingdom	
	普遍性政權 universal regime	世界帝國 world empire	波斯、秦漢中國、羅馬
	非典型形態 non-typical style	游牧半帝國 nomad semi-empire	匈奴、突厥、蒙古
現代國家 modern state	早期現代國家 early modern state	開明王權 enlightened monarchy	十五至十八世紀歐洲
	當代國家 contemporary state	主權國家 sovereign state	

* 政治制度史內涵並非本書重點，此處粗略分類僅供概念討論，王國與主權國家因普遍化不另舉例。

念爭辯，此處嘗試將其區分成早期國家、傳統國家與現代國家等三個歷史演進階段。

克賴森（H. J. M Claesse）和斯卡爾尼克（Peter Skalník）除了首倡所謂早期國家（early state），並將其細分為不完全早期國家（inchoate early state）、典型早期國家（typical early state）和過渡性早期國家（transitional early state）三類，[164]若部分借用其概念，並配合經濟生活選擇現實，則可如上圖衍生三種單位選項，其一是在農業聚落中浮現之具較高集權性之酋邦（chiefdom），其統治仍強調親緣關係基礎，由此建立一個被特定家族壟斷領導權的階層性政治制度，[165]其次是具備某種軍事民主制（military democracy）色彩的遊牧部落聯盟（nomadic tribe alliance），由推舉程序產生的領袖以及由資深者組成的諮詢會議一般咸認乃其主要特徵，最後則是在陸地（例如絲路沿線）和海岸（例如地中海周邊）因位處貿易要衝應運而生之城邦單位；大體來說，這些早期國家多半制度結構鬆散且動員能力有限，且除了貿易城邦外，籠罩濃厚泛靈論信仰之神權統治（theocracy）經常是酋邦與部落聯盟之另一特徵。

無論如何，在接下來的演進當中，隨著農業生活成為多數人類選項，在所謂現代國家（modern state）首先成為歐洲獨特現象且最終遍及全球之前，[166]具備更高度集權性與制度化治理程度之傳統國家階段，既佔據了人類農業時代政治史的多數時間，也是本書嘗試聚焦追蹤並進行深入探討之重點所在。

假若將歷史上的傳統國家視為狹義的「國家」，則其特徵如同斯特雷耶（Joseph R. Strayer）指出，[167]首先必須存在一群在空間與時間上都存在持續性的群體，簡單來說就是必須在某一固定地域中進行聚居生活形態，其次是必須出現一個具永久性且非人格化的政治制度，也就是更多地透過客觀甚至一定程度成文規範來解決問題，而非依賴少數菁英進行個案式裁量；與在此之前的早期國家相較，其結果非但將使公、私領域範疇逐漸明顯分化，更重要的是，忠誠（loyalty）對象將由氏族、地方團體或宗教組織轉向國家象徵，亦即統治者寶座及其頭上的冠冕；於此同時，由於群體人口總量暴增，從數百或數千瞬間增至數萬乃至上百萬，涵蓋土地範

---

161 Robert H. Lowie, *Primitive Society* (New York: Liveright Publishing, 1970), p.112.

162 Jordan Zlatev, "The Co-Evolution of Human Inter-subjectivity, Morality and Language," in Daniel Dor, Chris Knight, and Jerome Lewis, eds., *The Social Origins of Language* (Oxford: Oxford University Press, 2014), pp.249-266.

163 農業馴化革命雖有利並刺激了人類的定居習慣，但定居行為並不直接帶來政治國家的出現，以美索不達米亞為例，在此處出現馴化行為與永久定居點大約四千年後，才開始誕生早期國家單位，參見：James Scott, The *Art of Not Being Governed* (New Haven: Yale University Press, 2010).

164 H. J. M. Claessen and Peter Skalník, *The Early State* (Hague: Mouton, 1978)

165 Petr Skalnik, "Chiefdom: A Universal Political Formation?" *European Journal of Anthropology,* 43(2004), pp.76-98; Mary Helm, *Access to Origins: Affines, Ancestors, and Aristocrats* (Austin: University of Texas Press, 2010), p.4.

166 Gianfranco Poggi, *The Development of the Modern State* (Stanford: Stanford University Press, 1978).

167 Joseph R. Strayer, *On the Medieval Origins of the Modern State* (Princeton: Princeton University Press, 1970), pp.4-7.

圍更可能由數十平方公里擴張至近百萬平方公里，統治規模之飛躍成長一方面帶來更具分工專業性之官僚機制，由於俗世事務複雜度遠超過曖昧宗教儀式之解決能力，王權（kingship）獨大且排除宗教祭司之分享權力也是自然而然的政治結果。

最後，關於現代國家此一嶄新形態如何從歐洲歷史中萌芽，又怎樣影響此地區國際關係並外溢至全球各地之歷程，個人於拙著《戰爭的年代》已有詳盡描述，且如同前段所述，由於本書焦點乃傳統國家階段之國際關係，對於其後發展暫且略過不表。

秩序：人類社會的核心挑戰

戰爭與作為暫時選項的和平

隨著部落單位啟動了人類社會的「政治化」進程，早期國家階段亦因地制宜地進行了若干「制度性」嘗試之後，農業時代之普遍來臨終於將主宰人類社會之核心政治單位「國家」推至所謂傳統國家之漫長演進道路。值得一提的是，雖然在演化過程中隨處存在著明顯「小異」，多數學者仍舊慣於聚焦其「大同」之處，例如根據韋伯（Max Weber）的看法，所謂（傳統）國家除了擁有一套固定行政官員作為代理人，更必須證明它能在既定地理範圍內堅持「合法壟斷暴力」（monopoly on the legal use of force）此一規範。[168]

關於此種「不平等地」合法壟斷暴力的來源，盧梭的闡釋堪稱經典：[169]他認為在人類當中存在著兩種不平等，其一是基於年齡、健康與智力差異之天生或自然不平等，其二則是來自「人們同意」下基於特定制度安排之後天的不平等；進言之，「文明社會的奠基者乃是第一個圈起特定土地，並宣告自己可排他性加以使用的人」，至於當原始人們開始「依賴」於自然形成之合作互動且無法割捨時，不僅平等隨之消失，私有制也應運而生，至於其關鍵，盧梭特別指出農業革命帶來的巨大影響，正是為了強化農業產出且愈發適應以農業為主的聚居生活，人類既需要更複雜之分工安排，耕種本身亦必然因引發土地分配爭議而誕生私有制，並產生最初的「公正」（justice）法則，只不過，此種後天不平等在與先天不平等交錯作用後，私有制導致貧富差距拉大的結果，將不可避免帶來統治與奴役，其後，無論富人之無節制強取豪奪，抑或窮人為求生存之反擊，最終只能讓這場社會衝突經常以戰爭和殘殺收場。即便如此，「國家」成為正式之人類社會政治單位乃是事實，至於與部落相比，其明顯差異包括存在更為不平等之等級制度，統治者擁有明顯集中之權力且受到合法壟斷武力之保護，治理對象乃土地範圍內之

168 Max Weber, *Economy and Society* (Berkeley: University of California Press, 1978), p.54.
169 Jean-Jacques Rousseau, *A Discourse on Inequality* (London: Penguin Classics, 1985).

人群而非特定親緣網路等，至於宗教信仰往往成為正當性重要支撐來源。[170]

不過，除了從社會「內部」階層分化來想像政治與國家的出現，至少在後續演進中不能排除「外部」力量介入之可能，對此，除了前述拉爾夫（Philip Lee Ralph）等人指出城市對村落「以保護為名之剝削」，奧本海默（Franz Oppenheimer）亦不無啟發地指出，歷史上的國家幾乎毫無例外都是在征服之下創造出來的社會制度，也就是由戰勝集團強加於戰敗集團，並用以預防內部叛亂與外來襲擊的一套設計，[171]更甚者，儘管多數認為遊牧族群由於居無定所，因此很難創造狹義的國家單位，奧本海默仍舊特別強調此一族群作為「人對人經濟勒索」之奴隸制度的發明者，不但提供了國家強制力雛形，相較具有一定移動能力之狩獵群體，農民由於被迫附著於土地進行慣性勞動，在遊牧民劫掠下往往傾向選擇投降並向征服者繳納賦稅，從而揭示了最初國家誕生的歷史真相，這種觀點一般也稱之「游牧造國論」。

雖然前述說法不無以偏概全之嫌，卻非完全偏離事實。例如，里特（Gerhard Ritter）指出，「在歷史上，無論國家出現在何處，其最初型態都是集中戰鬥力，政策則始終圍繞著權力鬥爭而運作」，儘管戰鬥並非國家行為的全部（它們從未遺忘自己作為和平與秩序保衛者之身分），隨時準備好與任何不可調和力量進行戰鬥仍屬最高「美德」，[172]韋伯也認為，所有政治集團的共通本質是，無論對外或對內都努力訴諸強制手段下的純粹暴力，所謂國家不過是一個要求獨佔「合法暴力」的集團，[173]曼恩（Michael Mann）對此具有同感，他認為不管想明顯提農業勞動集約性，或為了貫徹對暴力之合法壟斷，暴力與征服都是不可避免的殘酷手段，其次，相較十九世紀以來以合作為主流之進步主義社會演化理論，至少從具平均主義色彩之無國家原始社會，邁向由政治權力主導之等級社會（rank society），乃是一個不爭的人類歷史事實，於此同時，以農業生活為主之人類社會不僅內部持續受到所謂「馬爾薩斯循環」（Malthusian cycles）挑戰，[174]農業剩餘本身亦難免受到周邊群體所覬覦，其結果是「戰爭對於有組織的社會生活而言，即使並非普遍，也絕對無處不在」，甚且「根據比較人類學研究指出，戰爭的頻率、組織與屠殺程度，更與永久居住點及其文明程度成正比」，事實是「任何有歷史記載的文

170 Francis Fukuyama, *The Origins of Political Order: From Pre-human Times to the French Revolution* (London: Profile Books, 2012), chapter 5.

171/ Franz Oppenheimer, *The State* (New York: Free Life, 1975), p.8.

172 Gerhard Ritter, *Sword and the Sceptre, Vol. 1: The Prussian Tradition 1740-1890* (Florida: University of Miami Press, 1969), pp.7-8.

173 Max Weber, *Sociologic des religions* (Paris: Gallimard, 1996), p.425.

174 Andrey Korotayev, "Malthusian Cycle," in Fathali M. Moghaddam, ed., *The SAGE Encyclopedia of Political Behavior* (Thousand Oaks: Sage Publications, 2017), pp.458-462.

明群體都擁有從事有組織戰爭的慣例」。[175]

當然，如同拙著《戰爭的年代》試圖闡述一般，此種過度重視戰爭存在及其必要性之觀點顯然充滿「歐洲例外主義」（European Exceptionalism）色彩，反映出西方學者對於自身歷史經驗之深刻反思，但過度強調前述例外性亦不啻過猶不及；誠然，戰爭確實是人類社會當中迄今無法被排除之政策選項與負面歷史證據，然而唯有更理性客觀地加以看待，才能在釐清過去之後更篤定地邁向未來。如同蘭厄姆（Richard Wrangham）的看法，即便人類最初或許確如其近親黑猩猩一樣充滿暴力對抗傾向，就像在其漫長演化過程中學會馴化各種動植物，人類同樣藉由各種社會與政治制度展開自我馴化，[176]只不過有時候難免「道高一尺，魔高一丈」，無論如何努力自我管制，事實擺在眼前，人類終究無法停止彼此攻擊且殺戮能力更與文明增長呈現絕對之正相關。因此，許多人將沒有戰爭的和平視為不過是戰爭之間的「暫時選項」，或許無可厚非。

國際關係之成形與發展 就算從各種視角切入，都證明暴力行為在人類社會中的必然存在，貫徹此類「命定論」並非本書重點，猶如同樣無法否定「合作」在歷史演進中不可撼動之角色與地位一般，即便無法根絕暴力，如何加以「管制」相信是縈繞於無數世代人類心中顯然重要無比的關鍵議題。[177]

不過，在此之前，必須對暴力之源起、延伸與擴散再作一些考察。

且讓我們再次細說從頭，隨著農業革命逐步強化聚居耕種作為人類之主要經濟生活模式，其影響主要如下：首先，相較於狩獵採集時期（此一階段約占人類歷史百分之九十以上），人類因為需求下降以致移動範圍明顯縮小；其次，人類活動開始集中於極少數具備特定條件（例如充足水源與相應土壤環境）之區域，第三，農業化程度除了與人口增長成正比之外，聚落規模擴大既讓原始氏族社會朝向政治化部落轉型，集約勞動在帶動技術發展與更細部分工之際，愈發複雜的治理需求與人際天生能力不均衡也帶來了一個全新的等級制社會；[178]第四，雖然最

---

175 Michael Mann, *The Sources of Social Power, Vol.1: A History of Power from the Beginning to A.D. 1760* (Cambridge: Cambridge University Press, 1986), pp.35-37, 46-47.

176 Richard Wrangham, *The Goodness Paradox: The Strange Relationship Between Peace and Violence in Human Evolution* (New York: Vintage Books, 2019).

177 Christopher Finlay, "The Concept of Violence in International Theory: A Double-Intent Account," *International Theory,* 9:1(2017), pp.67-100.

178 Morton H. Fried, *The Evolution of Political Society: An Essay in Political Anthropology* (New York: Random House, 1967), pp.108-112.

初之農業積累狀況未必穩定，一定之剩餘產出仍可能引發分配競爭，同時在群體內外埋下透過暴力進行競爭之變數。

農業生活雖可能帶來了「較為」暴力之行為發展，其影響仍必須分成內外部兩方面來觀察：在內部方面，雖說暴力可能反饋統治權威（假使結果佔據上風）從而強化了政治等級制度，至少在早期國家階段當中，領導者還是經常受到氏族長老與宗教祭司之雙重制約。至於在外部方面，首先，由於經濟支撐有限，最初之團體間暴力往往規模甚小且持續時間不長，其次，由於人類活動範圍雖大幅縮小但仍屬「地廣人稀」，生活領域重疊性有限也使得衝突頻率其實不高，第三，無論如何，暴力衝突之事實存在必然強化了彼此群體意識之敵對性設定（甚至引發「世仇」爭端），最後，經濟生活主體之差異各自帶來不同之戰鬥能力強項方向，例如狩獵部族著重投擲與射箭，農耕聚落強化圍牆防禦並運用磨利之鋤頭來反擊，游牧者則透過馴服動物（馬或駱駝）來強化機動性，從而帶來了戰爭型態之不斷推陳出新。[179]

進言之，受限後勤能力與攻擊能力不足，既使有限戰爭（limit war）成為人類社會暴力衝突之常態與主流，由此帶來之堪稱權力平衡（balance of power）狀態，也讓新興國家單位在各自維持獨立性之餘，形成了某種「國際關係」之現象與雛形，法國學者阿隆（Raymond Aron）稱之國際體系，並指出其第一個特徵在於呈現出某種「力量關係格局」（configuration of the relation of force），[180]換言之，亦即在一定鄰近地理範圍之內，同時林立著若干具互動性（無論交流、合作或敵對）但「力量」不一之政治實體；必須指出，約莫浮現於西元前三〇〇〇年前後之最初的國際環境，充斥著性質大異其趣的不同團體，除了屬於早期國家類型之農業酋邦、游牧部落聯盟與貿易城市之外，還散佈著狩獵部落、小型農業村落，以及零星之採集民等，其中，擁有最高產出與儲存能量之農業區無異「懷璧其罪」，被各單位視為強化自身「力量」的來源；如同歷史事實昭示，許多戰爭與衝突的起源均並非飢寒起盜心，根本就是惡意掠奪，其結果是「無辜」的農民經常夾在游牧民、狩獵者與城市專職軍人帶來的組織性暴力之間，透過屈服與偶爾形成多重附庸（multiple vassal，同時對複數單位透過繳納貢賦表達臣服忠誠）身分來暫渡難關，但這種不穩定平衡往往埋下安全困境（security dilemma），終究無法提供結束爭奪之理性解方。

179 Michael Mann, *The Sources of Social Power*, p.48.

180 Raymond Aron, *Peace and War: A Theory of International Relations* (New Brunswick: Transaction Publishers, 2003), p.95.

社會結構演進、轉型及其挑戰　無論如何，人類在演化道路上總是能「關關難過關關過」，隨著人口規模不斷增加帶來分殊化更加複雜之治理制度，構造簡單的早期國家也慢慢朝向傳統國家邁進。在此一過程當中，若干特徵尤其值得加以關注：首先是位於幾條大河流域中下游之「文明軸心」地區呈現了人口暴增現象，例如西元前五〇〇〇至四〇〇〇年左右，在兩河流域肥沃月彎可能出現聚集達萬人的城市，西元前三一〇〇年首度統一下尼羅河谷的埃及轄下估計人民已達數十萬人，至於在西元前二二五〇年建立之阿卡德蘇美王朝號稱擁眾百萬，接著，在歐亞西部世界陸續出現的亞述、巴比倫乃至波斯等大型勢力，統治人數都超過數百萬，甚至在西元前二二一年統一歐亞東部世界的秦帝國，總人口估計更接近三千至四千萬人之譜。根據粗略計算的結果，人類總量在農業革命浮現的八千年後從一千萬增加到了三億左右，雖然耗時甚久，其規模在自然界當中已全然不可小覷。[181]

當然，人口規模的增長條件乃是由適當自然環境、耕作技術進步，以及更有效之動員與勞務分工模式共同帶來足夠剩餘所致，威爾斯（H. G. Wells）所謂「文明的進程同時也是奴役的進程」之說法未必誇張，[182]事實是，如同暴力成為驅使人們「過勞」地從事集約耕作之壓迫來源，隨著新石器時代農業革命到來，社會分層、不平等、菁英與相對剝削等現象亦紛沓而至。[183]克博（Harold R. Kerbo）便曾坦率直言，「文明的歷史等同是一頁社會不斷階層化的歷史」。[184]

階層化首先來自經濟貧富不均的影響，但更重要的還是少數管理階層嘗試「合法壟斷暴力」或直截了當訴諸「槍桿子出政權」的結果，其背景如同拙著《政治啥玩意》的描述，在最初原始階段中，由於人類必須不斷應付來自於自然環境甚至同類之生存挑戰，擁有蠻力、膽識與作戰技能者自然脫穎而出，成為部落首腦，從而帶來「力權」的階段，不過，隨著思辨能力與文明不斷演進，社會複雜性與人類對自然力量之不可知恐懼，逐漸使人們傾向認知某種更高階但不可見力量之支配性，同時相信與這股力量接觸之密切程度將是能否生存的關鍵，由此，一些自稱擁有與超自然力量接觸特質者便成為關鍵人物（一般被稱為祭司），他們一度享有之崇高社會地位帶來了「神權」階段，也成為不平等另一個來源。[185]值得一提的是，儘管宗教經常扮演

181 Richard Leakey and Roger Lewin, *Origins: The Emergence and Evolution of Our Species and Its Possible Future* (New York: Dutton, 1977), p.176.

182 Herbert G. Wells, *The Outline of History* (New York: Doubleday, 1971), p.193.

183 Richard Pfeiffer, *The Emergence of Society: A Pre-history of the Establishment* (New York: McGraw-Hill, 1977), p.20.

184 Harold R. Kerbo, *Social Stratification and Inequality: Class Conflict in Historical, Comparative, and Global Perspective* (New York: McGraw-Hill, 2009), p.53.

185 蔡東杰，《政治啥玩意》（台北：暖暖書屋，二〇二四年），頁五四。

凝聚社會並緩和衝突的角色，某些人依舊試圖指出，宗教往往也是暴力、衝突與社會不協調的重要來源；[186]實則這兩個論調並不矛盾，因為宗教確實有助於團結，但目標乃是一致對外。

尤為關鍵的是，技術進步在拉高耕作效率同時，亦提升了人群的投射能力，在人口密度增加以致土地分配愈發緊繃的情況下，無論為尋求更多可耕地，抑或因經濟剩餘明顯增長引發劫掠之誘惑，相較早期國家時期結構鬆散且互動有限之國際關係，從城牆變得愈高愈厚可見，一方面政治單位之間軍事衝突頻率漸次上升，[187]暴力之制度化（特別是出現專業軍事貴族）讓人類社會首次存在一批人「擁有」另一批人的現象，一般被稱為奴隸制度（slavery），很明顯地，這群被剝奪生活自主性的奴隸無論對於提供無償農業勞動，或者戰鬥後勤支援等都具有高度價值，且由於奴隸身分多半來自因戰敗以致被迫受支配的結果，奴隸多寡既成為權力與財富象徵，戰爭又是奴隸最重要生產來源，衝突之常見也就不難想像。[188]

進一步來說，正是由於衝突頻率上升，除了導致國際關係從「相對靜態」朝「相對動態」發展，可以這麼說，除非文明停止轉動，此種動態性非但等同不歸路，無法重回靜態相對寧和生活狀態，也讓人類產生了對「和平」（peace）的自然渴求，當然，真正與最終和平或許只能存在於邏輯想像，或者現代宗教試圖勾勒並引導人們追尋的「另一個世界」（天堂或樂園）之中，某種退而求其次堪稱大致穩定之現世「秩序」（order）則是否存在可供求索之道？

征服之主觀與客觀要素 試引屈原〈離騷〉中的一段話，「路漫漫其修遠兮，吾將上下而求索」，承上所述，面對農業革命帶來文明進步與衝突對立之兩面性，除了單純被動地接受此一現實，與其沉浸於幻想最終理性情境，進一步深入觀察其發展與轉型脈絡不啻更加重要。非常清楚地，在獲勝賭注（不斷增加之剩餘總量）、籌碼工具（更有效之組織分工經驗與武器技術進步）與環境情境（更趨動態之國家互動乃至目睹愈來愈多之衝突個案）之刺激與誘發下，加上統治菁英基於掠奪慾望（如前所述，其正當性往往與剝削鎮壓能力成正比）或自保同理心

186 Richard Dawkins, *The God Delusion* (Boston: Houghton Mufflin, 2006); Christopher Hitchens, *God Is Not Great: How Religion Poisons Everything* (New York: Twelve, 2007).

187 Richard Redman, *The Rise of Civilization: From Early Farmer to Urban Society in the Ancient Near East* (San Francisco: Freeman, 1978), p.266

188 Peter Hunt, "Slavery," in Craig Benjamin, ed., *The Cambridge World History, Volume 4: A World with States, Empires and Networks 1200 BCE-900 CE* (New York: Cambridge University Press, 2015), pp.76-100.

（見證一旦戰敗之負面結果）驅使，雖然投入戰爭有時必須付出高昂成本（尤其是被迫投入作為勞動主力的青壯年人，將直接減損其自身累積剩餘能力）且甚至結果不排除零和競賽（在最極端情況下，失敗一方將被迫投降歸零）的可能，衝突依舊一而再，再而三地爆發。

正因為在人類的短暫記憶當中，戰爭幾乎是間歇降臨又難以終結的，以致許多人最終決定從物種本能或社會結構宿命角度切入作為結論，但克勞塞維茨（von Clausewitz）的說法無疑相當客觀透徹，「在任何情況之下，都不能把戰爭視為獨立的事務，而應當把它看作政治工具，亦唯有採取此種觀點，才不致得出與軍事史背道而馳的答案」，[189]換言之，戰爭的存在必然是為了完成某種政治目的，只是其目的真如同麥克米倫（Margaret MacMillan）所言，戰爭的廣義目標乃是總有一方試圖削弱或永遠摧毀對方發動下一次戰爭的能力？[190]顯然，前述想法由於過度依賴歐洲「當代」經驗，並無助於我們回溯戰爭背後的人類政治演進脈絡。

暫且將視野拉回較早的遠方。如同前述，即便人類社會衝突頻率上升，早期多數仍屬「有限戰爭」型態，理由很簡單，發動戰爭絕非一場隨心所欲的行動，除了不可確知的潛在成本，人類很早便學會利用自然環境據險以守，而且為了理性防止影響農業剩餘累積，戰鬥經常具某種共識地集中在與耕作和收獲無關的季節，時間往往極其短暫，更別說農民對於遠離耕地進行具生命危險的博鬥有著本能性的抗拒，[191]相對地，統治階層亦未必願意犧牲珍貴的勞動力；因此，可以想見早期戰爭猶如拳擊賽一般，主要由訓練有素的專業軍事代表參加，過程充滿點到為止之儀式性質，當然意外死傷難免，至少「理性選擇」（rational choice）不啻貫穿了整場雖看似無可避免的對抗。

無論如何，歷史發展帶來了某種質變轉捩點。首先是農業生活對於自然條件之篩選限制，在現代科技帶來改造能力之前，讓地球表面占一點五億平方公里的陸地僅有一千萬平方公里左右，亦即大約百分之五可供直接利用，一旦人口增長導致過度分割（這還不包括政治力介入下的分配不均），將使產能剩餘無法負擔耕作單位所需，爭奪與兼併勢所難免，歷史事實證明，人口增長速度與戰爭頻率及其破壞性絕對呈現正相關，[192]從而將文明軸心地區帶進某種「戰國時代」（Warring States Period）。

---

189 Carl von Clausewitz, *On War* (Princeton: Princeton University Press, 1976), p.25.

190 Margaret MacMillan, *War: How Conflict Shaped Us* (New York: Random House, 2020), chapter 2.

191 John Keegan, *A History of Warfare* (New York: Vintage Books, 1993), pp.66-76.

192 Robert J. Walker, "Population Growth and its Implications for Global Security," *The American Journal of Economics and Sociology,* 75:4(2016), pp.980-1004; Daron Acemoglu, Leopoldo Fergusson, and Simon Johnson, "Population and Conflict," *Review of Economic Studies,* 87(2020), pp.1565-1604.

面對可耕地不足的嚴峻挑戰，除了透過彼此爭奪來解決，另一種途徑則是退而求其次選擇條件較差但仍有利用性的周邊土地，以歐亞東部世界為例，如同拉鐵摩爾（Owen Lattimore）以及馬伯樂（Henri Maspero）等人指出，[193]在西元前二〇〇〇年至前五〇〇年左右，從黃河中游到蒙古草原之間，無論草原部落抑或平原聚落，其實都維持著某種程度農耕與畜牧同時並行的混合經濟型態，彼此生活差異並不大，但在西元前一〇〇〇年前後，由於以西周體系為主文明地區農業技術顯著進步，再加上人口繁衍與持續分封帶來更大的土地需求，為了緩解自身發展壓力以致對體系邊緣展開武裝移民的結果，最終迫使草原民族向北遷徙且專營游牧生活，此種邏輯一般被稱為「逐離理論」（theory of displacement）；必須指出，中原勢力為了鞏固前述逐離結果所建造的「長城」，約略與四百毫米（或十五英吋）等雨線重疊，[194]同時是森林與草原植被之大致分野，此種「巧合」顯然具有不容忽視之暗示。

前述逐離發展的結果首先帶來了某種雙重安全困境（dual security dilemma），亦即位居農業區的文明軸心政治單位不僅陷入彼此爭鬥，由於被迫遷徙之游牧民也可能企圖反撲，原本戰鬥能力便居於弱勢的農耕群體將因內外交迫以致壓力沉重；於此同時，氣候變遷帶來了另一個變數，根據目前研究顯示，地球在西元前八〇〇年左右可能迎來一波迅速寒冷化階段，一般被稱為鐵器時代寒冷期（Iron Age Cold Epoch），[195]受到嚴酷氣候惡化生存環境所致，更驅使草原部落有著南下的正當性。猶如湯恩比（Arnold Toynbee）所謂「挑戰—回應」（challenge-response）提示之歷史演化路徑，[196]前述發展之總和必然是以衝突為主之更加動態的國際關係，幾乎等同霍布斯（Thomas Hobbes）想像之「人人為戰，人人為敵」的自然環境。雖然我們迄今無法設定某種客觀「衝突指數」（index of conflict），前述環境壓力導致此種潛在指數暴增，乃可以想見之自然結果。

從邏輯來看，戰國狀態之未來只有三種發展可能：持續衝突，均衡與征服。

第一種選擇是不言可喻的，畢竟生存乃人之所欲，只要沒有人有理由「理性地放棄生存」，戰鬥只能如同惡性循環一般永無止境，但其最大挑戰來自「成本」，畢竟天下沒有白吃

193 Owen Lattimore, *Inner Asian Frontiers of China* (Oxford: Oxford University Press, 1988); see also Henri Maspero, *La Chine antique* (Paris: P. DE Boccard, 1927).

194 Yonaton Goldsmith, et al., "Northward Extent of East Asian Monsoon Covaries with Intensity on Orbital and Millennial Timescales," *PNAS*, 114:8(2017), pp.1817-1821.

195 John Gribbin and H.H. Lamb, "Climate Change in Historical Times," in Gribbin, ed., *Climatic Change* (Cambridge: Cambridge University Press, 1978), pp.68-82; Kenneth J. Hsu, "Sun, Climate, Hunger, and Mass Migration," *Science in China Series D; Earth Sciences*, 41(1998), pp.449-472.

196 Arnold Toynbee, *The World and the West* (London: Oxford University Press, 1953).

的午餐，戰爭背後本即一場殘酷的經濟競賽，問題是誰有用不完的資財呢？第二種發展來自另一個理性選擇，也就是各自拉幫結派形成同盟對抗，反映出人類從氏族社會以來持續採用的合作演化路徑，但主要挑戰是人性（自利）與制度設計（如何分擔成本並分配所得），如同十九世紀英國政治家巴麥尊（Palmerston）「沒有永遠的敵人，也沒有永遠的朋友」的名言，[197]致使所謂均衡（僵持）的最大特色就是不穩定。

最後，不能否認，如同蘭斯基（Gerhard Lenski）指出，或許來自農業經濟發展與戰爭壓力的雙重效應，軍事階級與國家組織之迅速演化讓「軍事技術差異在人類社會中成為一個基本事實，從而使人類在歷史上首度擁有大規模開疆拓土的機會」，[198]雖然多數戰爭本質上未必尋求絕對零和競賽，征服（conquer）之根本目的就是發動一場「結束所有戰爭的戰爭」，正如孟子所謂「定於一」的邏輯，[199]或者像但丁（Dante Alighieri）的看法，「為了給塵世帶來幸福，一個統一的世界政體絕對必要」，[200]就政治制度而言，其邏輯終點就是建立一個「大一統帝國」，例如梅爾（Charles Maier）便直接聲稱，「就其古典意涵而言，帝國被認為通常藉由征服與脅迫來擴大其控制，目的在取得被征服領地之忠誠」，[201]所謂忠誠，一般便是對既存秩序之承諾。

儘管對被征服者而言很難不是一場悲劇，從歷史事實看來，透過征服創建帝國確實是人類社會中獲致宏觀秩序之重要來源。

邊緣動力學 話說回來，要建構帝國談何容易，就算只是成為「強中最強者」（the strongest among the all strong）已然困難重重，因為客觀上這個單位「實力必須明顯優於同時代所有對手，在經濟與軍事實力方面不能低於任何一個國家，除了統治著數量巨大的人口，甚至可將影響力輻射至既有區域之外」，[202]暫且不論得用甚麼方法、途徑或秘方來提供飛躍進步以拉開與競爭者距離，單單過程便可能存在兩大障礙：首先是「政治性結構挑戰」，正如摩根索（Hans J. Morgenthau）所言，「所謂權力平衡乃是權力鬥爭過程自然且不可避免的結果，其歷史與政治鬥爭同樣久遠」，由於多數國際成員都希望維持自己的獨立，因此勢將傾向聯合起

---

197 其原文是：We have no eternal allies, and we have no perpetual enemies. Our interests are eternal and perpetual, and those interests it is our duty to follow.

198 Gerhard Lenski, *Power and Privilege* (New York: McGraw-Hill, 1966), p.194.

199 參見《孟子》〈梁惠王上〉：梁襄王……卒然問曰：「天下惡乎定？」吾對曰：「定於一」。

200 Dante Alighieri, *The De Monarchia* (Boston: Houghton Mifflin, 1904/ Ulan Press, 2012), p.24.

201 Charles Maier, *Among Empires: American Ascendancy and Its Predecessors* (Cambridge: Harvard University Press, 2006), pp.24-25.

202 Amy Chua, *Day of Empire: How Hyper-powers Rise to Global Dominance-and Why They Fall* (New York: Anchor Books, 2009), p. xxi.

來，共同反對並挫敗另一個企圖建立普遍性統治的國家單位；[203]無論戰國時期東方各國針對秦國發動四次合縱戰爭，抑或歐洲拿破崙戰爭時期先後出現七次反法大同盟等，都是明顯例證。

不過，更關鍵的無疑是「地緣性結構挑戰」；如同前述，戰國時代來臨之主要背景乃文明軸心地區農業進步導致人口增長與土地分配不均之「馬爾薩斯陷阱」所致，只是這點暗含某種矛盾，亦即最強者理應佔有生產力最高地區，但此地區又必然因懷璧其罪而為兵家必爭，擁有者往往成為眾矢之的與權力平衡之最佳對象，在面對群起攻之的壓力下，此一強者將難有餘暇兼顧發展，更別說還得拉開與其餘競爭者差距。對此，多數歷史事實指出，在激烈對抗中最終勝出的單位經常是在體系結構中位於相對邊陲者，例如麥克尼爾（William H. McNeill）便以西元前二三〇〇年左右控制了兩河流域蘇美地區的阿卡德（Akkad）為例指出，此一勢力位於高度文明與野蠻邊疆之間的過渡地帶，使其得以將蠻族的英勇與文明的技術進行有機結合，藉此組織一支強大的軍隊，最終橫掃各國建立霸業。在其後的各地歷史當中，未來確有更多許多邊疆領主都利用此種過渡性戰略地緣位置來成功建立帝國，阿卡德只是最早的一個例證；同樣情況亦可以中國為例，除了周朝便是利用其邊疆位置並結合蠻族征服了商朝文明中心，秦國同樣如此，至於接下來幾世紀的中國政治史都不斷說明此一地緣優越性，因為崛起成為列強的諸侯無一例外都位於邊疆地帶。[204]

從另一角度來說，尤其在政治動盪混戰時期，柯林斯（Randall Collins）也試圖強調位於邊陲位置（marchland position）之有利性，至少相對位於地緣中央的國家，其受到攻擊之機率與損失都較低，當然，一旦它開始擴張乃至控制中央位置，戰爭成本也會跟著明顯提升。[205] 值得注意的是，邊陲之優勢不僅在於競爭最初階段可利用其地理位置承受較低外部壓力，更重要者或許是由於較遠離文明軸心，使其具備挑戰傳統並以某種嶄新獨特性來提供拉開差距的動能；以近代來說，例如特納（Frederick Turner）在其「邊疆學說」（frontier thesis）中便指出，美國制度的特點乃是在其不斷西進拓展荒野中所形成的，它不斷被迫適應土地擴張與人民結構複雜化帶來之壓力，最終造就了美國與歐洲的不同，也成為其霸業基礎之一。[206]

---

203 Hans J. Morgenthau, Kenneth Thompson and David Clinton, *Politics among Nations: The Struggle for Power and Peace* (New York: McGraw-Hill, 2005), p.188.

204 William H. McNeill, *The Rise of West: A History of the Human Community* (Chicago: The University of Chicago Press, 1992), pp.46, 224, 228.

205 Randall Collins, "Prediction in Macro-sociology: The Case of the Soviet Collapse," *American Journal of Sociology*, 100(1995), pp.1552-1593.

206 Frederick J. Turner, *The Frontier in American History* (New York: Henry Holt, 1921).

總結來說，個人試圖將此邏輯歸納稱之「邊緣動力學」（Rim-land Dynamics），其具體發展步驟如下：前提是一個交戰頻繁的混亂國際狀態，其次是在體系邊陲存在一個或許擁有某種天然屏障（非必要條件）之行為者，此單位將推動軍國主義制度變革，並在遠離文明軸心區擴大腹地藉此累積競爭力，然後於某位具野心領導者帶領下，以各個擊破方式展開長途征服之旅。至於此一邏輯過程是否確切反映於人類的帝國政治史，我們將在下一階段的個案研究中逐一加以檢視。

帝國與長期性秩序

Empire as a Long-term Project of World Order

帝國之政治意義

差異政治作為核心特徵 首先必須指出，目前一般所用 empire 一詞源自拉丁文中用以描述羅馬權力的 imperium，意指「無遠弗屆之有效統治」，至於中文所謂「帝國」並非傳統用語，而是近代將來自西方之概念漢譯之後，結合中國原有皇帝制度所產生的新名詞，最早由梁廷枏在一八五〇年的《夷氛聞記》書中運用，其後則因為嚴復之譯介而逐漸普及化。[207] 無論如何，針對原有概念本身，正如吉爾平（Robert Gilpin）指出的，「儘管就當代國際關係內涵而言，民族國家具有關鍵地位，但在前現代時期當中，佔據主流地位之政治組織形式無疑是帝國；儘管陸續存在過城邦、封建主義，以及其他形式的社會型態，國際關係大體上堪稱是一部帝國更迭史」。[208]

若聚焦觀察制度特徵，孟德斯鳩（Montesquieu）早就指出，為了彌補在遙遠距離中迅速傳達並落實指令之需要，「偉大的帝國必然是個獨裁政體」，如同艾森台德（Shmuel Eisenstadt）的說明，「帝國這個詞彙常用以指稱一種政治體系，它地域廣闊，權力相對高度集中，以皇帝個人或中央政治機構為代表的中央，自成一個政治實體，進言之，帝國存在的基礎雖然常是傳統的合法性，但鼓吹重點是一種更廣泛、暗含統一性之政治和文化導向，此一導向往往與組成帝國之個別部分大相逕庭」，[209]其關鍵在於，相較個別單位為維持獨立而奮戰，帝國則如同圖爾欽（Peter Turchin）的描述，它「意味著歷經數個世代戰鬥，並擊潰最後一個敵人之後，最終統一了所有文明，從而暗示著帝國人民將有機會看到長期和平繁榮降臨」，儘管帝國興衰同樣是另一個歷史常態，[210]從結構面向來看，帝國乃是一個由農民、執政菁英階層、軍隊與商人等子系統共同組成的一個政治系統，除直接控制之疆域外，帝國也跟周邊一些相鄰政體共同形成了一個更高級的元系統（meta-system），[211]這也是本書所稱之帝國體系（imperial system）。

事實上，所謂「帝國」此一詞彙的定義迄今依舊眾說紛紜，唯一共識是它通常作為大量積聚財富、權力與文化的象徵；[212]一般來說，多數針對「帝國」之定義均聚焦在其建立壟斷性統

---

207 中國官方首次使用「帝國」自稱乃是在一八九五年《馬關條約》文本當中。

208 Robert Gilpin, *War and Change in World Politics* (Cambridge: Cambridge University Press, 1981), p.109.

209 Shmuel Eisentadt, “Empire,” in David Shills, ed., *International Encyclopedia of Social Science* (New York: Macmillan and Free Press, 1968), p.41.

210 Peter Turchin, *War and Peace and War: The Rise and Fall of Empires* (New York: Plume, 2007), introduction.

211 Peter Turchin, *Historical Dynamics: Why States Rise and Fall* (Princeton: Princeton University Press, 2003), p.3.

212 Gopal Balakrishnan, ed., *Debating Empire* (London: Verso, 2003), p.vii.

治、擁有廣大地理面積幅員，與內含複雜之組成份子等特徵上，[213]尤其凸顯其擁有權力比例相對同時期其他政治單位之絕對優勢，不過，這種聚焦「權力」之概念每每導致無法清楚區隔乃至混淆「帝國」與「強權」（Power）之差異。[214]例如，羅馬帝國主義（*imperium Romanum*）雖然是現代帝國主義研究與概念的源頭，近代西方論述中帝國主義（imperialism）與帝國（empire）兩個概念並存仍具有某種象徵意義，因為與近代一連串自稱「帝國」之（尤其是歐洲）單位相較，羅馬顯然是一個全然不同的政治經濟單位，[215]特別是相較關於帝國主義之討論往往著重描述其落實「擴張野心」之政治思考，羅馬之降臨不啻更接近「國家建造」（state building）。[216]

例如，根據《牛津詞典》的「帝國」定義，它意指「由一個統治族群團體透過政治與軍事手段，將其權力加諸於擁有不同文化與族群脈絡的人民身上」，[217]此一角度基本上符合本書前述論點，亦即帝國乃是國際環境動盪下追求秩序之某種政治產物，正如豪威（Stephen Howe）指出，「帝國必須擁有龐大規模，也必然經由合併先前存在之分立單位而來，因此內部存在明顯差異性乃是其基本特徵」；[218]波本克（Jane Burbank）和庫柏（Frederick Cooper）在區隔帝國與其他政治實體時，除了規模之外，同樣強調其「差異政治」（politics of difference）之治理特徵，[219]亦即帝國將「預設用不同方式來治理政體內的不同民族」，從而使其主權表現呈現「分散、分層與重疊」之特色，凸顯出與當前主流民族國家之顯著差異。杜瓦傑（Maurice Duverger）的看法與此類似，他指出帝國經常是個「多民族實體」，且由於考慮到經濟與政治代價高昂的緣故，雖然核心單位經常自視為文明核心，多半不傾向推動類似「文化標準化」的政策，甚至被迫選擇較接近聯邦概念的政治制度。[220]

---

213 J.S. Richardson, "Imperium Romanum: Empire and the Language of Power," *Journal of Roman Studies*, 81:1(1991), pp.1-9.

214 Anthony Pagden, *People and Empire* (London: Weidenfeld & Nicolson Book, 2000), preface.

215 David J. Mattingly, *Imperialism, Power and Identity: Experiencing the Roman Empire* (Princeton: Princeton University Press, 2011), p.5.

216 Armin Eich and Peter Eich, "War and State-Building in Roman Republican Times," *Scripta Classica Israelica,* 24(2005), pp.1-33.

217 *The Oxford English Reference Dictionary* (Oxford: Oxford University Press, 2001), p.461.

218 Stephen Howe, *Empire: A Very Short Introduction* (Oxford: Oxford University Press, 2002), p.15; see also Anthony Pagden, *The Burdens of Empire* (Cambridge: Cambridge University Press, 2015), p.1,

219 Jane Burbank and Frederick Cooper, *Empires in World History: Power and the Politics of Difference* (Princeton: Princeton University Press, 2010).

220 Maurice Duverger, *Le concept d'empire* (Paris: PUF, 1980).

總而言之，在複雜多元政治單位之間創造一個長期秩序，乃帝國最大特徵。例如，加爾通（John Galtung）便將「帝國主義」（意指由帝國推動之政策）視為位居中心國家（帝國）與邊緣國家（體系內帝國附庸）取得利益一致之過程，儘管其思考基礎依舊是十九世紀的歐洲國家；[221]至於莫特（Alexander Motyl）則試圖將帝國描述為某種具備軸輻（hub-and-spoke）特徵之差序性結構，其中，佔據主導地位之核心菁英與國家傾向擔任其餘邊陲單位之溝通媒介，並引導資源在結構中流動。[222]

帝國之來源、構成與運作　必須指出，本書雖使用empire乃至其拉丁語源imperium作為討論基礎，絕對無意追隨其視野引導與概念侷限，因為「秩序」而非「帝國」乃此處真正聚焦之處，[223]更何況在前述提及之四個帝國潛在區域當中，作為地中海次世界幾乎唯一帝國例證的羅馬，其本身便具有必須解決之歷史例外性，對此，暫且留待後面篇幅再行敘述。

且讓我們再次重回論述核心。亦即自農業革命以來，包括文明進步、剩餘累積、人口增長、土地分配侷限與社會分層發展之綜合結果，便不斷在推進人類社會正面演進之餘，同樣埋下幾乎難以避免之衝突與紛爭，無論制度或人性之不完美，一再成為引爆對抗並帶來重大歷史分水嶺之轉捩點。如同前述，一旦衝突指數升高成為某種「戰國」狀態，其發展只有持續戰鬥，均衡與征服等三種可能情境，至於「帝國」便是征服的終點形式；也因為所謂征服意味著原先多數政治單位都遭到帝國建造者消滅，其結果將浮現出湯恩比（Arnold Toynbee）提及之所謂「普遍性國家」（universal state），[224]這類國家「從主觀角度看來，反映出整個文明被統攝在單一政體之下」的現象，事實上，在過去的數千年當中，人類歷史確實呈現以大型帝國及其主導之國際體系興衰為核心特徵，從而使得國際關係內涵跟著某種帝國周期產生變化。[225]

例如，萊特（Quincy Wright）試圖指出一個歷史事實，「在歷史上的權力平衡體系個案當中，大國通常會透過兼併小國來降低行為者數量，但最終往往會有單一國家併吞了所有國家，然後建立一個普遍性帝國」；[226]懷特（Martin Wight）的看法相當類似，「多數國家體系的發展

---

221 John Galtung, "A Structural Theory of Imperialism," *Journal of Peace Research,* 8:2(1971), pp.81-117.

222 Alexander Motyl, *Imperial Ends: The Decay, Collapse and Revival of Empires* (New York: Columbia University Press, 2001), p.4.

223 James Muldoon, *Empire and Order: The Concept of Empire, 800-1800* (London: Macmillan,1999).

224 Arnold Joseph Toynbee, *A Study of History*, Vol.2 (Oxford: Oxford University Press, 1987), pp.2-3.

225 Barry K. Gills and Andre Gunder Frank, "World System Cycles, Crises, and Hegemonial Shifts, 1700 BC to 1700 AD," *Review* (Fernand Braudel Center), 15:4(1992), pp.621-687.

226 Quincy Wright, "On the Application of Intelligence to World Affairs," *Bulletin of the Atomic Scientists*, 4:8(1948), p.250.

都以締造普世帝國作為結束，後者終將吞噬體系內所有國家；此種現象帶來兩個問題，首先，是否曾經存在任何最終沒有出現普世帝國之國家體系？假使真有此種例證，它是否能夠帶領國家體系臻於高峰？由於國家體系只能依賴權力平衡來維繫，本質上並不穩定，因此各種緊張與衝突將難以避免引發權力壟斷」。[227]

哈特（Michael Hardt）與內格里（Antonio Negri）進一步闡述，「就帝國而言，我們所認識者與帝國主義可謂全然不同」，差異關鍵並非在治理實體本身，而在它反映出來的「一個由法律構成之既存世界秩序」，其中，帝國乃是一個去中心化（decentered）與去地域化（de-territorializing）統治工具，目的是將廣袤領域併入其開放與擴張的整體當中；相較於近世僅僅代表歐洲民族國家企圖向外延伸其主權疆界之帝國主義，「關於帝國，首先取決於一個單純的事實，亦即世界秩序是存在的」，根據此一邏輯，所謂帝國指稱著一個環繞「被文明化之世界」（a civilized world）的有效統治方式，據此，帝國不但是「實際規範目前全球交換的政治主體，也是統治這個世界之至高無上的力量」，其重點在展現某種「靜止式歷史秩序」，從另一角度看來，帝國之目的除了用以管理某個特定地域中的大量人群，亦創造出它所存在的世界本身；一言以蔽之，「帝國的概念核心乃是和平，亦即超越歷史之外，某種永久與普遍的和平」。[228]

科羅莫（Joseph M. Colomer）接著指出「帝國」之四個特徵，亦即擁有非常龐大之土地與人口規模、由具多樣化之單位共同構成、缺乏一個固定或常態性邊界，以及經常存在重疊管轄權現象等，[229]可以這麼說，前述定義一方面極為關鍵，同時也需要加以詮釋：第一，既然帝國乃是普遍性征服的政治結果，擁有無遠弗屆土地與難以計算之臣民數量乃再自然不過的現象；其次，亦如同前面提及，人類社會之發展本即因地制宜且由於自然環境不同致使發展結果各自歧異，據此，特定世界範圍在同一時間當中存在諸多差異明顯單位，且在征服過程中成為同一帝國核心附庸，既不難想像，為了妥適均衡處理其間分歧也是所謂「差異政治」之必要性來源；無論如何，第三個定義必須關注，如同明克勒（Herfried Munkler）特別指出的，我們有必要「將帝國與一般主權國家區分開來」，因為，相較現代主權國家彼此承認對等地位且擁有涇渭分明的邊界線，傳統帝國則存在不全然封閉且難以精確劃定之邊界，更重要的是，帝國

227 Martin Wight, *System of States* (Leicester: Leicester University Press, 1977), pp.43-44.
228 Michael Hardt and Antonio Negri, *Empire* (Cambridge, Mass.: Harvard University Press, 2001), pp.xii-xiv.
229 Josep M. Colomer, *Great Empires, Small Nations: The Uncertain Future of the Sovereign State* (New York: Routledge, 2007), p.3.

核心並不承認存在與其平起平坐的政治實體，對體系內影響力也有從中央到邊陲逐漸遞減之趨勢。[230]

明克勒的說法相當精確，他認為「帝國疆界並非用以區隔彼此平等的實體，而是更多地體現權力與影響之等級差異」，這使得邊界具「單向」性質，亦即通往帝國之單一方向不僅具有地理意義，更象徵著對某種政治與文化中心之認同；儘管此種說法指出了帝國的另一特徵，亦即它往往代表了同一時期人類社會政治、經濟與文化發展之最高程度指標，如同華勒斯坦（Immanuel Wallerstein）指出，所謂帝國在過去數千年間即便是世界舞台之永恆特徵，其集權既帶來力量，也是弱點所在，[231]根據華勒斯坦的看法，帝國雖能憑藉其壟斷性暴力，以貢賦和稅收方式讓周邊地區經濟剩餘流向中央，但運作此一機制之官僚組織往往因難以避免貪腐誘惑，致使其過度剝削在引爆政治反抗之後，埋下帝國終結伏筆。

根據以上林林總總的看法，我們可將帝國之政治特徵歸納如下：首先，帝國核心將以軍事征服為主要手段，控制特定「世界」明顯多數之地理比例，並將該世界中剩餘之其他政治單位置於其階層性結構下方，使帝國統治者擁有「世界領導者」之公認最高威望地位；其次，帝國內部政治運作將設計為「集權」框架，儘管落實不易，中央政府仍在法律面擁有壟斷性之最高權力位階；第三，帝國雖一般被公認為「文明中心」，[232]無論對內或對外，文化異質性都將受到尊重甚至以法律加以保障，「同化」甚少成為政策選項（但不排斥附庸主動學習模仿）；最後，除了因為擁有絕對權力優勢帶來之嚇阻效果，帝國往往同時透過其他強制或平衡手段來維持世界「秩序」之持續性。

帝國崩解之邏輯詮釋　除了做為面對國際混戰之理性回應，形成帝國之第一個要素，不啻是擁有足夠的能力去征服並控制整個「世界」。[233]理論上，世界範圍愈大則所需要之控制與創造秩序的能量也愈大，儘管如此，闢建帝國者的最初能量與世界規模之間並不具備絕對比例關係，無論從義大利半島上的羅馬城邦共和國到環地中海的羅馬帝國，從春秋初期還僻居一隅的半游牧秦國到建立東亞體系雛型的秦帝國，從色雷斯半島北方山區邊陲的馬其頓王國到橫掃歐亞西部世界，甚至在滅亡波斯帝國後持續將兵鋒直抵印度河流域的亞歷山大東征壯舉，這些氣吞牛斗之偉大歷史例證再再顯示了創造帝國的無限可能性，事實證明，只要具備必要之領導素

---

230 Herfried Munkler, Imperien: *Die Logik der Weltherrschaft* (Berlin: Rowohlt, 2005), pp.4-5.

231 Immanuel Wallerstein, *The Modern World System*, Vol.1 (New York: Academic Press, 1974), p.15.

232 William Eckhardt, "Civilizations, Empires, and Wars," *Journal of Peace Research*, 27:1(1990), pp.9-24.

233 Stephen Howe, *Empire: A Very Short Introduction*, p.30.

質與制度支撐，能量之爆炸性釋放並非太大問題，無論起點如何看似機率低微，歷史發展之最終結果往往遠遠超出人們「理性」想像之外。

重點在於「世界」，[234]在本書中意指一個環繞於特定文明軸心，並由此軸心地區人類活動延伸出去之地理範圍；如同前述，人類活動與地理環境不僅互動密切，至於兩個前提絕不能忽視，亦即「人們不僅逐利而居，活動範圍也不可能真正無遠弗屆」，換言之，人類移動具有非常明顯之目的性（交換與累積），而且因為距離與利潤在多數情況下呈現反比關係（若計入交通成本與低治理程度下之環境風險），不可能漫無目的四處遊蕩。不可否認，世界之實際範圍經常隨著帝國核心之政治穩定性與文明興衰（暗示投射能力）而可能擴大或縮小，但歷史亦昭昭在目，即便征服者不斷締造擴張奇蹟並帶來帝國煌煌盛世，世界體系最終崩解乃至只能由後世考古學家來追尋發掘其遺跡，也是難以迴避重複上演的殘酷事實，究竟問題出在何處？既然一度擁有足以創建帝國之超級能量，此種能量又如何突然消融無蹤以致帝國終歸塵土？

個人認為，因為「真正的世界」（能被有效管理且存在一定秩序，非僅僅指特定地理區塊）往往是由帝國形塑建造的，其耐久性自然與帝國制度效能成正比。進言之，帝國既透過征服而擴大版圖，能否存在固然與主要行為者（征服者及其後續管理者）如何克服地理障礙（世界規模）有關，事實是它往往不選擇試圖全面同化被征服者，而是以提供秩序公共財（當然免不了還有脅迫）來交換服從，由此，「世界—帝國—秩序」之關聯不啻昭然若揭。正如柄谷行人指出的，「現實中明明是帝國的交替，卻被看作是王朝的交替，因此喪失了作為帝國的觀點；……所以，在以中國史為思考基礎的同時，也必須超越王朝史的觀點來思考帝國，如果這樣做的話，中國史將呈現出不同面貌」；[235]不能否認，「帝國不是光靠軍事征服就可以形成，也不是單靠暴力的強制便可以維持，必須要有眾多國家的服從」，至於獲致他人服從的關鍵，如同前述，關在於能否提供秩序與穩定之交換體系。

從這個角度來說，帝國崩解的第一個原因當然是核心衰退的結果，也就是它無法繼續提供秩序公共財；只不過，此種衰退現象又有三種背景，其一是由於權力大幅集中誘發貪腐動機，在人謀不臧與缺乏有效監管設計下，「政府失靈」（government failure）終究帶來反叛與結構瓦解；[236]無論如何，更重要的原因來自另一個現實，亦即帝國所以在征服之後維持被統治個體

---

234 Jerry R. Hobbs, "World Knowledge and Word Meaning," In Proceedings of the 1987 workshop on Theoretical Issues in Natural Language Processing, pp.20-27.

235 柄谷行人，《帝國的結構》（台北：心靈工坊，二〇一五年），頁一六〇。

236 Julian Le Grand, "The Theory of Government Failure," *British Journal of Political Science*, 21:4(1991), pp.423-442; Barak Orbach, "What Is Government Failure?" *Yale Journal on Regulation Online*, 30(2013), pp.44-56.

之一定自主性，[237]或維持所謂「差異政治」特徵，其原因未必來自「寬容乃實踐世界統治之必要條件」之故，[238]而是「非不為也，乃不能也」，畢竟在缺乏現代科技輔助支援之前工業時代當中，單單靠某種爆發力建造帝國已然堪稱政治奇蹟，若想如同現代國家一般以高素質之官僚組織、綿密戶口登記與警察制度去落實壟斷統治，無異緣木求魚也完全不可能，正因如此，帝國統治往往在高舉「絕對階級」原則且以種種繁文縟節儀式來建構並強化象徵性威望之餘，在實際統治上顯現猶如「紙老虎」般之「虛擬」性質，例如中國先秦時期《擊壤歌》所謂「日出而作，日入而息，鑿井而飲，耕田而食，帝力於我何有哉」，正是最佳寫照。最後，正如甘迺迪（Paul Kennedy）所稱大國往往受困於「樹敵過多、戰線太長」，由此指出不斷累積的軍事成本可能壓垮帝國財政之隱憂。[239]

正因帝國統治之某種「虛構性」，一旦統治階層累積愈多「負面形象」，群眾經情緒性集體動員後勢將展開反噬（發動叛亂）；必須指出，理論上群眾反叛很難敵得過帝國武裝鎮壓，問題是，世界秩序既是帝國提供之最重要的公共財，秩序的存在又必然降低軍隊使用頻率與強化武裝之正當性，其結果致使軍備　廢成為「和平的悲劇」，最終帝國在雙拳難敵四手下土崩瓦解也不難想像。

值得一提的是，湯恩比雖然提及所謂「普遍性國家」之統一性，同時也指出存在於其發展歷程之三個特徵：首先，它往往生成於「文明衰落之後」，儘管表面上帶來政治統一，本質上只是種「印地安之夏」（Indian summer），[240]接踵而來的乃是寒冬，其次，它一般由少數富創造力之統治者所締造，且此種創造力多半隨著締造者一代離世而消失無蹤，最後，它暗示一種在解體過程中的「重組」努力，除了以鄂圖曼與蒙兀兒作為說明前述概念的主要範例，湯恩比認為人們所以對帝國存在信仰，乃是由於創建者或其後繼偉大統治者給人民一種強有力印象所致，不能否認，帝國提供的秩序公共財確實有所貢獻，[241]但他特別關注若干蠻族在帝國後期逐漸移至帝國境內荒地之「內部殖民」發展，並指出這些地區之人口稀少正象徵著帝國社會之某種退化性徵候。

---

237 Shmuel Eisentadt, *The Political Systems of Empires* (New York: Routledge, 1993), pp.317-318.

238 Amy Chua, *Day of Empire: How Hyper-powers Rise to Global Dominance-and Why They Fall* (New York: Anchor Books, 2009), p. xxi.

239 Paul Kennedy, *The Rise and Fall of the Great Powers: Economic Change and Military Conflict from 1500 to 2000* (London: Unwin Hyman, 1988), p.48.

240 此名詞源自十八世紀形容北美洲秋天可能存在之反暖乾燥季節，類似「秋老虎」用法。

241 Arnold Joseph Toynbee, *A Study of History,* Vol.2 (Oxford: Oxford University Press, 1987), pp.21-74.

必須指出，湯恩比的說法顯然忽略了帝國的「循環再造」（cycling）現象，歷史事實指出，所謂「文明衰落之後」其實意味著前一階段帝國瓦解後的混亂情境，至於創造力衰退則是任何帝國中晚期之普遍現象；不過，此處指出蠻族之內部殖民頗堪關注，因為「禍起邊陲」往往是帝國衰落之重要前兆。如同本納爾（Ludwig Benner, Jr.）針對「安全性」研究提出之擾動理論（Perturbation Theory, P-theory），他認為生產系統之外界影響不僅經常變化，且隨時可能發生偏離正常或預期情況之「事件」（或可稱之擾動），進言之，事件的發生必然是由特定人或物引起，如果將其源頭稱為「行為者」，其動作或運動稱為「行為」（帝國邊陲漸趨頻繁之蠻族活動），一旦原先系統內行為者（帝國核心統治階層）無法適應此種擾動，自動平衡（帝國秩序）將被破壞，由此不僅造成某種「事故」（accident，例如邊陲蠻族發起進攻），且可能依傷害程度引發連鎖能量釋放（為反制蠻族進行之動員遭致內部社會反彈），當然，如果行為者能夠承受衝擊而最低程度降低損害，則系統仍可恢復平衡從而結束擾動（暫時維持世界秩序運作）。[242]

最後，除了帝國統治核心囚主觀與客觀因素產生衰退，以及因為位於邊陲之蠻族動能上升導致動搖既有世界秩序結構，前面曾提及之「世界擴張效應」亦可能帶來超出帝國核心壓力負擔，從而導致帝國崩解的結果，對此，後文將透過實例來解釋。

政治手段之經濟根源　從某個角度來說，帝國乃是擴張的結果，擴張則往往主要用來滿足以「壟斷」為主之政治思考，如同雷恩（Frederic Lane）指出，帝國「意味著稅收，稅收之目的理應是保護納稅人，但帝國徵收的稅收數量往往超過防衛所需」，[243]多出來之目的明顯簡單，就是用以供養上層統治階級。儘管如此，我們還是得回到一開始描述的，因為農業革命所帶來的一連串變化，包括人類最終確認走向社會化、積累能力之飛躍進步、城市的出現，以及尤其是人類對自身定居點之高度依賴性。曼恩指出，或許由於灌溉技術進步的結果，人口相對稠密的永久性居民點大約在西元前三〇〇〇年於美索不達米亞出現，連同書寫系統、城邦國家、宗教寺廟、社會分層等文明特徵也一併進入歷史，更重要的是，他接著以某種「社會牢籠」（so-

242 Ludwig Benner, Jr., “Accident Investigations: Multilinear Events Sequencing Methods,” *Journal of Safety Research*, 7:2(1975), pp.4-15.

243 Frederic Lane, “The Economic Meaning of War and Protection,” in Lane, *Venice and History* (Baltimore: The Johns Hopkins University Press, 1966), p.389.

cial cage）隱喻來形容此後人們被包圍在明確、固定且有限社會地域範圍之內的現象。[244]

必須指出，即便戴蒙（Jared Diamond）認定，發明農業並選擇定居生活「乃人類史上最大的錯誤，而且至今未曾糾正」，[245]人們最初或許是「自願」進入這個牢籠的，主要原因是，在農業革命於西元前九五〇〇至八五〇〇年左右浮現之大約三千年後，犁和灌溉系統逐漸取代最初的鏟棍與耒耜，從而大大提高了農業產量，在得以養活更多人口之餘，一方面釋出更多非農業人口並導致職業分化更加複雜，更高之聚居性在創造出城市單位後，[246]管理需求陡增亦讓官僚與軍隊跟著興起；[247]如同前述，包括農業積累之明顯提高與城市當中多樣化工匠技術提供之便利性，不但加深了人們對聚居社會之依賴程度，日益高聳之城牆與相關工事演進不啻同時暗示著愈發頻繁之競爭衝突。[248]面對這些新的社會特徵，假使人類不可能非理性地選擇倒退回去原始狀態（猶如我們當前面對環境惡化與氣候變遷等眾多致命性工業革命後遺症，但難以想像大家願意放棄科技生活一般），結論便只有一個，就是想盡辦法繼續提高農業產量，並解決「因為進步不斷引發的競爭性衝突」。

曼恩曾進一步從「強制性合作」（compulsory cooperation）角度，指出帝國統治可能帶來之經濟效應：[249]首先是透過軍事擴張創造秩序，為貿易體系與交換行為提供之保護性作用，其次是藉由軍事性需求（維繫部隊運作與建構軍事目的之基礎建設）帶來的消費乘數效果，第三是由官方所保障之「價值」穩定性，接著是藉由帝國展現之統治強制性，透過奴隸制或義務性勞動榨取更多剩餘勞動力，最後，則是在征服過程當中提升了技術傳播與交換可能性與效率。

從全世界人口總量估計從西元前八〇〇〇年約五百萬，至西元前五〇〇年便突破一億大關看來，[250]人類的努力應該是成功的，只是不免同時帶來若干政治外溢效果。例如魏復古（Karl A. Wittfogel）便試圖結合馬克思與韋伯兩者的觀點，提出所謂「東方專制主義」（Oriental

---

244 Michael Mann, *The Sources of Social Power, Vol.1: A History of Power from the Beginning to A.D. 1760* (Cambridge: Cambridge University Press, 1986), pp.38, 41-42.

245 Jared Diamond, "The Worst Mistake in the History of the Human Race," *Discover Magazine*, May 1987, pp.64-66.

246 此處所指「城市」指具備一定防禦工事（特別是城牆）之聚居點，事實上，人類聚落出現早在農業革命之前，一般被稱為「原城市」（proto-city）；Jane Jacobs, *The Economics of Cities*（New York: Random House, 1969）.

247 Harold R. Kerbo, *Social Stratification and Inequality, p.68; Kenneth Hall, "Economic History of Early Southeast Asia," in Nicholas Tarling, ed., The Cambridge History of Southeast Asia, From Early Time to c. 1500, Vol.1* (Cambridge: Cambridge University Press, 1999), pp.183-275.

248 Charles Redman, *The Rise of Civilization: From Early Farmers to Urban Society in the Ancient Near East* (San Francisco: Freeman, 1978), p.266.

249 Michael Mann, *The Sources of Social Power,* pp.148-155.

250 *World Population Prospects, Vol. III* (New York: United Nations Population Division, 2000), p.171.

Despotism）說法，[251]將中國與印度視為「水力帝國」（hydraulic empire）或稱「水利官僚國家」（hydraulic-bureaucratic official-state）典型，從環境決定論角度聚焦觀察灌溉工程以及維繫其運作之官僚系統之社會影響。儘管曼恩對前述魏復古的推論之普遍解釋力多所批判，例如無法解釋城邦個案等，[252]並不妨礙我們從農業經濟公共財需求角度來觀察並理解「政治的興起」。不能否認，在政治制度基於經濟與社會共同需要而出現後，負責「操作」制度者由於尋求「控制」公共財，以致開始出現諸如社會分層、強制性溢收稅賦與奴隸制度等「非理性選擇」發展，甚至菁英還從衝突解決者成為主動挑起爭端的來源，由此帶來迄今無解之安全困境（security dilemma），關鍵是，即便出現這些「意外性異化」（accident alienation）結果，我們亦不應倒果為因地否定或忽視前述人類社會演化過程，以及經濟（解決生活需求）因素迄今仍作為人類活動最主要動能（dynamics）之根本角色。

帝國與經濟社會秩序　無論源自農業革命誕生之人類社會，在原始經濟需求與後續政治創造之間存在何種矛盾與衝突，如同前述，隨著農業技術傳播與積累提高，在人口總量不斷上升之餘，早期國家單位亦跟著因地制宜地以眾多面貌如雨後春筍一般各處林立，於此同時，暴力行為也從社會內部外溢至族群間，並隨著國際關係出現，其規模與破壞力逐漸擴大而被稱之為

「戰爭」。[253]根據基萊（Lawrence Keeley）的看法，超過九成的史前部落曾經參與戰爭，且戰場致死率有時高達五成以上，[254]即便此一論斷不無誇大之嫌，衝突的存在確為事實，更重要的是，一旦爆發戰爭，經濟積累蒸發與生產過程延宕將是人類必須付出的最大代價。

必須說明，個人不擬介入是否存在「經濟決定論」之爭辯，單純從社會演進現實角度視之，如何設法增進剩餘以及避免或解決剩餘分配衝突，確實是人類社會生活中的核心焦點議題。例如，柄谷行人便從定居革命（sedentary revolution）出發，觀察人類在提升儲存與累積能力之餘，面對不平等與戰爭之必然後遺症，如何透過社會結構之演化與抉擇來解決問題；相較馬克思主義著重詮釋「生產」與「分配」過程，他則以所謂「交換模式」作為起點，指出歷史上曾經或目前存在之幾種模式，分別是A模式（透過互酬形成之微型世界系統，亦即由游獵

251 Karl August Wittfogel, *Oriental Despotism: A Comparative Study of Total Power* (New Haven: Yale University Press, 1957).

252 Michael Mann, *The Sources of Social Power*, pp.97-98.

253 Noel D. Johnson and Mark Koyama, "States and Economic Growth: Capacity and Constraints," *Explorations in Economic History*, 64(2017), pp.1-20.

254 Lawrence Keeley, *War Before Civilization: The Myth of the Peaceful Savage* (New York: Oxford University Press, 1996)

階段進化而來的氏族社會）、[255] B模式（透過掠取與再分配形成的「世界＝帝國」體系）與C模式（以商品交換為主的「世界＝經濟」，亦即由民族國家組成之近代資本主義世界體系）；其中，主要在B模式下，隨著氣候變遷帶來定居生活與儲藏習慣，衝突、階級與國家接連應運而生，至於其極限版本就是「來自游牧民國家與定居農民國家的統合」之所謂「帝國」。[256]

值得一提的是，柄谷行人同時指出幾個關鍵重點，首先，「不管在甚麼地方，當一個帝國沒落之際，必定有其他帝國興起，所以，真正的謎不是帝國何以滅亡，而是為什麼無法重建另一個帝國」，其次，他認為「相較帝國誕生於亞洲，主權國家則誕生於歐洲」，西方學界對於亞細亞式專制國家的誤解之一，就是將專制君主等同暴君（其實這是來自歐洲自身在「後王權時期」對於王權刻板印象之類推），第三，在以近代資本主義體系作為代表之「世界＝經濟」C模式中，所謂帝國在結構上無法存在，取而代之的只能是霸權（hegemon），雖然霸權經常自稱帝國，其實兩者似是而非；[257] 關於冷戰期間出現之「霸權」概念與傳統「帝國」之比較，後文將有進一步討論，在此不擬贅述，但更重要的是，柄谷行人強調，「帝國不是光靠軍事征服就可以形成，也不是單單憑藉強制性暴力就可以成立，必須要有眾多國家積極服從才行」，就實際現象而言，形成帝國不僅將帶來和平與交易的安全，帝國往往也會提供共同貨幣、國際法、世界宗教以及世界語言（lingua franca）等共同體象徵。

儘管個人不完全同意柄谷行人的帝國理論，他列舉之若干公共財（public goods）確實指出了帝國存在最關鍵之正當性來源。非常明顯，倘若無法一定程度提供這些公共財以滿足人民（臣服者）之生活需求，尤其透過長期和平秩序提供某種「可預測之未來正面期待」，再殘酷之威嚇與暴力鎮壓都無法支撐帝國之形成與建構。

邊界及其世界意涵暗示　如同克勞福德（James Crawford）的描述，[258]現代世界乃是由一系列戰爭或一系列邊界所組成的必然結構。一般來說，英語中指涉「邊界」的詞彙包括frontier、boundary和border，根據安德森（Malcolm Anderson）的分析，frontier涵義較廣且最初意義是軍事性的，指涉面對敵人且劃分司法管轄權的界線，border指的是國與國交界附近地帶，boundary則通常指界線本身；進言之，當代邊界的形成大體具備以下特徵，首先，邊界乃是國家為了保護或促進利益之政策工具，其次，政府能否貫徹對於國境之壟斷性權力取決於其本身

255 所謂「互酬」意指由「贈與—接受贈與—回禮」構成之對等互利共生模式。
256 柄谷行人，《帝國的結構》（台北：心靈工坊，二〇一五年），頁七四、八四、一〇八至一一〇。
257 柄谷行人，《帝國的結構》（台北：心靈工坊，二〇一五年），頁一三一、二〇一。
258 James Crawford, *The Edge of the Plain: How Borders Make and Break Our World* (New York: W.W. Norton, 2023), p.88.

擁有之實力，第三，邊界乃是劃定身分的標記與建構政治信念及民族神話的象徵。[259]

固然邊界之概念與存在由來已久，如同眾所週知，當代邊界之正當性基礎乃是所謂「主權」（sovereignty），一般認為源自一六四八年結束三十年戰爭的《西發里亞和約》（Peace of Westphalia），[260]一方面自此奠定了現代國家的重要特徵之一，與傳統國家相較，主要差異在於邊界劃定更加具體，必須透過法律形式確認，以及擁有雙邊合意等。值得注意的是，帝國似乎是一個例外，無論是對《詩經》中「溥天之下莫非王土，率土之濱莫非王臣」這段話之一般詮釋，抑或是羅馬詩人味吉爾（Virgil）在《埃涅阿斯紀》（Aeneid）書中藉由朱庇特（Jupiter）之口，預言羅馬將成為「大地的主人」，從而建立一個沒有空間與時間限制之無垠帝國（imperium sine fine），至於奧古斯都亦將「擴展其帝國直到超越星星、季節輪替，乃至太陽本身軌道的土地」，這些都充分暗示了帝國無法以邊界加以束縛之「普世性」（universal）特徵。

當然，帝國統治者確實經常強調前述無遠弗屆之普世性，藉此建構自身獨一無二之絕對正當性身分，儘管如此，這並非意味帝國完全放棄具體標定邊界的作法，無論西元前二一五年秦始皇決定大規模修築北方長城，羅馬皇帝哈德良（Hadrian）自西元一二二年起開始在不列顛（英格蘭）北方建構一條防禦工事，以及薩珊波斯在西元四世紀沿著高加索山建造的戈爾幹長城（Gorgon Wall）等，[261]都顯示在安全考量下，即便帝國亦不可免俗地必須透過若干積極防禦措施來遂行自我保障目標。

無論如何，對帝國而言，所謂邊界其實可從四個角度觀察：首先，如同前述，帝國經常在概念與象徵層次自我宣稱其統治沒有任何邊界可加以束縛；其次，基於它作為一個政治單位的本質，為貫徹內部治理並保障其有形存在，透過城牆、臨檢關卡或遙遠駐軍營區來確認某種內外界線仍有必要；第三，除了似有若無之隱形「治理」邊界，帝國發揮「影響力」之地理極限也可認知為帝國體系或「世界」的邊界，如同本書前文中曾經主張，所謂的「世界島」（World Island）在農業時代曾經存在歐亞西部世界、歐亞東部世界、歐亞南部世界與地中海次世界等四個大致世界環境，每個世界都堪稱是個「帝國搖籃」，一旦條件充足便可能孕育出新的帝國並提供其主要的活動範圍；最後，邊界之存在涉及牛頓第三定律，也就是作用力（以

259 Malcolm Anderson, *Frontiers, Territory and State Formation in the Modern World* (Cambridge: Polity, 1996).

260 Peter J. Taylor, "Territoriality, State and Nation," in Taylor, et al. *Political Geography: World Economy, Nation-State and Locality* (New York: Routledge, 1985), p.96.

261 Mohammad Chaichian, *Empires and Walls* (Leiden: Brill, 2014).

農業文明為核心之帝國對外投射）以及反作用力（以游牧民為主之邊陲群體反制）之某種互動僵持現狀。

在此再次說明，世界成形之主要投射力除了來自馬匹的協助，也來自人類文明演進帶來之基礎建設（道路與橋樑）升級以及訊息傳遞系統（郵務驛站）之發明，[262]於此同時，其確切邊緣並非固定不變，可能根據帝國實際影響力及其發展之興衰起落（同時視外部力量反作用力大小而定），時而擴大或縮小，甚至偶而成為其它世界邊陲或暫時存在真空狀態。

帝國主義時代

帝國定義之必要辯證　在總結關於帝國概念之整理與論證，並正式進入歷史個案研究之前，此處有必要再次說明本書對「帝國」（empire）之定義立場。假使不考慮由於特殊殖民經驗，以致所謂帝國此一詞彙在第三世界地區可能存在之貶抑傾向，回到客觀現實與歷史定位，早在十四世紀，伊斯蘭歷史學家赫勒敦（Ibn Khaldun）便在其《歷史緒論》（*Muqaddimah*）書中描述若干帝國出現之環境要件，[263]包括較高之人口密度與持續之人口增長率、在具野心之貝都因式部落（游牧民）與定居性大河流域（農耕者）之間存在聯繫，以及能夠征服所有定居性土地之能力，其建造有賴於大規模征服行動，至於結果則是「帝國統一了所有文明的土地與配稱之文明的人們，在帝國權威之外只剩下蠻荒的土地」；[264]大體來說，文明核心地區的繁榮將刺激帝國的誕生，建造者之最終目的乃是解除臣民的武裝，從而在帝國內部推行非暴力化，以便保障生產活動與物質交換得以順利進行，至於在邊境地區，蠻族雖然不可能被解除武裝，帝國仍嘗試透過慷慨承諾來換取後者忠誠歸順。

進言之，「單一普世性」（single universe）乃是帝國核心基本原則，例如霍布森（John Hobson）所稱「帝國之基礎是隸屬於單一霸權的國家聯邦，範圍則是一個大致已知的世界」的說法，[265]不啻描繪出帝國之「正確」樣貌，維森（Robert Wesson）更直接使用「普世帝國」

262 *Tamim Ansary, The Invention of Yesterday: A 50,000-Year History of Human Culture, Conflict, and Connection* (New York: Public Affairs, 2019), pp.76-77.

263 Ibn Khaldun, trans and ed by Franz Rosenthal, *The Muqaddimah* (Princeton: Princeton University Press, 1980); Stephen Frederic Dale, "Ibn Khaldun: The Last Greek and First Annaliste Historian," *International Journal of Middle East Studies*, 30:3(2006), pp.431-451.

264 Gabriel Martinez-Gros, *Brève histoire des empires: Comment ils surgissent, comment ils s'effondrent* (Paris: Seuil, 2014), pp.24-28.

265 John A. Hobson, *Imperialism: A Study* (London: Unwin Hyman, 1988), p.8.

（universal empire）此一概念，[266]指出所謂帝國乃是一個幅員遼闊之獨立政治世界，它建立在武力征服的基礎上，只要地理條件許可便能維繫一段時間，且由於「人們對秩序的需求高於自由」，因此在帝國崩解後往往能在同一地方重新建構另一個帝國。

嚴格來說，儘管學者們對於前述帝國定義並無太大歧見，十九世紀末出現的「帝國主義」浪潮與部分國家自視為「帝國」的現象，終究帶來一定之誤導或概念轉型；例如根據多伊爾（Michael Doyle）的看法，「帝國乃一種正式或非正式的關係，在此種關係當中，一個國家可藉由武力、政治合作、經濟、社會或文化依賴等途徑，達成控制另一個政治社會實際主權之目標」，至於「所謂的帝國主義乃建立或維持一個帝國的過程或政策」，[267]此一說法的正確部分在於，所謂帝國主義其實是種未來性政策或戰略之「進行式」與「未完成式」，目的或在於最終完成帝國建構，錯誤之處則在於將「為了建立帝國所使用的手段」等同於「帝國政策」本身。

又如摩根索（Hans J. Morgenthau）雖然試圖先從反面立論，指出「帝國主義不是甚麼」，[268]包括擴張、維護既存帝國與進行經濟剝削等，尤其認定「無論細緻或粗糙，所有針對帝國主義的經濟解釋都經不起歷史檢證」，但是對於帝國主義本身，他只將其歸類為「一種旨在推翻現狀的政策」，並指出建立世界帝國、大陸帝國與區域優勢乃三個帝國主義之主要政策目標，顯然，這種詮釋甚至比「帝國主義的經濟解釋」還要粗糙且根本經不起檢證，例如他將拿破崙與希特勒歸入世界帝國目標，將拿破崙三世與威廉二世列入大陸帝國目標，然後認為彼得大帝與俾斯麥只希望追求地區優勢等，這三群之間確實政策內涵有所不同，關鍵是實際作為與目標之間完全對不上號，更甚者，摩根索從頭到尾都沒有定義究竟何謂「帝國」。

在此重申，「世界—帝國—秩序」既是本書討論核心，如同副標題「歐亞世界秩序與前現代國際關係」所示，首先，個人將帝國視為在特定世界範圍中浮現長期秩序之主要制度性來源，其次，基於前工業時代之有限投射技術，以及定居生活對於投射距離與時間之制約，歐亞大陸有機會同時並存著若干帝國，但其彼此交往非常零星，多半只存在接壤之邊境地帶，即便偶爾發生衝突，規模也不會太大。不能否認，工業革命確實對於人類社會與世界結構造成明顯衝擊，無論當下與未來針對帝國討論出現何種發展，個人希望反璞歸真努力回歸歷史原點，至少先確認其「古典型態」之樣貌本質，藉此重新奠下相對理性客觀之研究基礎。

---

266 Robert Wesson, *The Imperial Order* (Los Angeles: University of California Press, 1964), p.22.

267 Michael Doyle, *Empires* (Ithaca: Cornell University Press, 1986), p.45.

268 Hans J. Morgenthau, *Politics among Nations: The Struggle for Power and Peace*, 7th edition (New York: McGrew-Hill Co., 2005), chapter 5.

突破並超越西方帝國研究盲點　儘管期盼透過回顧過去以便展望未來，當下發展依舊是個人投注關切的起點。如同本書一開頭所舉的美國例證，自從二〇〇一年小布希政府上台以來，傾向單邊作為之「帝國主義」便成為研究並觀察華府外交政策焦點，儘管學者們多數認為其政策內涵的「霸權」特徵大於「帝國」，[269]例如安格紐（John Agnew）便認為，如果真的以「帝國」來描繪其外交政策，這個帝國無疑還是空洞了些；[270]即便美國確實存在若干殖民帝國主義現實（例如在古巴、波多黎各、菲律賓等地），其國家本質仍與傳統描繪的帝國有一段差距；[271]不過，從一九六〇年代新左派（New Left）史學家與馬克思派理論家的角度看來，則美國至少從一八七〇年代起便開始推動帝國主義政策（甚至有人認為它自獨立以來便是如此），雖然它建立的並非歐洲式殖民帝國，而是一個具例外性質之非正式經濟帝國。[272]尤其所謂帝國主義長期被用以解釋歐洲在十八至十九世紀的殖民擴張，將它全盤套用在美國經驗上確實有點挑戰，因為後者始終自稱是個反帝國、反殖民國家。

無論如何，推究學界迄今針對「帝國」所以產生定義模糊乃至部分混淆，其原因主要來自討論視角過度「歐洲化」所致，至於其內涵與影響又可從以下幾個部分來加以觀察：首先，迄今帝國研究焦點與個案不僅集中於歐洲本身乃至中世紀末期（十四、五世紀）以來的歐洲歷史發展，從而造成忽略或誤解了更早之前或歐洲之外類似帝國發展例證的結果。暫且不論西方學者腦中永遠聚焦羅馬帝國這個帝國典範，儘管從西元前三二三年亞歷山大（Alexander III of Macedon）去世到西元前一四六年羅馬征服希臘本土這段時間，一般被稱為「希臘化時代」（The Hellenistic Age），[273]實則它也是個「波斯化時代」，甚至羅馬帝國亦是某種波斯化的結果，其差別在於，亞歷山大實踐的是其地緣政治視野與結構，羅馬則繼承了其治理哲學。更甚者，如同週知，個案選擇將直接影響推論結果，非但迄今西方帝國研究多數關注歐洲自身個案，在歐洲以外頂多納入與其有所互動者（例如鄂圖曼或蒙兀兒），又如即便討論中國，亦鮮少注意到近代（滿清）與先前個案（秦漢或隋唐）是否存在差異。

269 Andrew Hurrell, "Pax Americana or the Empire of Insecurity?", *International Relations of the Asia-Pacific*, 5(2005), p.153.

270 John Agnew, *Hegemony: The New Shape of Global Power* (Philadelphia: Temple University Press, 2005), p.11.

271 Anders Stephanson, "A Most Interesting Empire," in Lloyd Gardner and Marilyn Young, eds., *The New American Empire: 21st Century Teach-In on US Foreign Policy* (New York: The New Press, 2005), p.225.

272 David Grondin, "Introduction: Coming to Terms with America' s Liberal Hegemony/Empire," in Charles-Philippe David and David Grondin, eds., *Hegemony or Empire? The Redefinition of US Power under George W. Bush* (New York: Routledge, 2006), p.8.

273 Glenn Richard Bugh, ed., *The Cambridge Companion to the Hellenistic World* (Cambridge: Cambridge University Press, 2006); Peter Thonemann, *The Hellenistic Age* (Oxford: Oxford University Press, 2016).

其次，由於近代國族主義（nationalism）與主權觀念影響，目前對人類歷史論述大多被迫陷入後設性「國族中心」（nation-centric）窠臼，雖名為全球化，無論情感、利益與視野都顯得對立零落，這非但是人類無法有效處理當前多數跨國性問題（例如氣候變遷）的背景，傾向從野心與慾望角度來詮釋國家擴張（雖然未必不是事實），忽略「世界秩序」此一公共財之需求，亦不啻是當前人類雖看似科技進步幅度突飛猛進，生存挑戰卻依舊層出不窮之矛盾根源。對此，近代歐洲帝國主義與傳統帝國的差異，或可提供某種啟發，例如鄂蘭（Hannah Arendt）指出，[274]「讓永續性世界帝國得以成立的不是民族國家，而是像羅馬共和國那樣，本質上以法為基礎之政治形態，因為只有此種權威才能在征服之後實際統合異質性極高的民族集團，只要國族根源依舊鎖定在歷史上共有領土以及國家，它就無法建立帝國」；更重要的是，只要自限於「封閉性」國族思維，邏輯上就很難體認「開放式」帝國之真諦，這也是安德森（Benedict Anderson）認定帝國與民族主義在觀念上存在根本不相容性的緣故。[275]

第三，儘管霍布斯邦（Eric Hobsbawm）將一八七五到一九一四年這段期間稱為「帝國的年代」，[276]事實是直到十八世紀末，歐洲地區只有一個「公認」的皇帝（神聖羅馬帝國皇帝）與一個「自稱」的皇帝（俄國沙皇，但並不被承認是歐洲一員），部分歐洲君主頂多自稱國王（king），「皇帝」頭銜堪稱極端稀有；即便在拿破崙於一八〇四年僭稱「法蘭西帝國第一皇帝」後，哈布斯堡法蘭西斯二世（身兼神聖羅馬帝國皇帝）隨即自稱「奧地利帝國皇帝」，[277]加上拿破崙三世在一八五二年自稱「法國人的皇帝」，乃至一八七一年在凡爾賽宮鏡廳登基的「德意志皇帝」威廉一世，以及一八七六年正式啟用第二頭銜「印度女皇」的英國女王維多利亞，直到一九一七年為止，相較多數人或許誤以為歐洲遍地都是皇帝，真正擁有並使用此一頭銜者只有奧地利、德意志、大不列顛與俄羅斯，既然皇帝並不普遍，帝國自然也就不多。[278]值得注意的是，就算前述事實如此明確，遑論帝國更絕非「自戴頭銜」便能夠成立，在西方學界的帝國論述之中，包括葡萄牙、西班牙、荷蘭等，仍舊經常被極寬容地放進帝國研究行列，此種濫用習慣當然造就並深化了定義模糊的效果。

---

274 Hannah Arendt, *The Origins of Totalitarianism* (New York: Franklin Classics, 2018).

275 Benedict Anderson, *Imagined Communities: Reflection on the Origin and Spread of Nationalism* (London: Verso Publishers, 2006), p.93.

276 Eric Hobsbawm, *The Age of Empire: 1875-1914* (New York: Vintage, 1989)

277 為確認在基督教世界中只有一個由教會賦予正當性之「皇帝」的傳統，拿破崙在一八〇四年也由教宗庇護七世（Pius VII）加冕，並在一八〇六年解散了長期壟斷「皇帝」職稱的神聖羅馬帝國。

278 蔡東杰，《遠西掠影：十六世紀以來的歐洲與世界》（台北：暖暖書屋，二〇二二年），頁一八七。

第四，在聚焦十九世紀歐洲帝國主義發展之餘，一般忽略其「擴張」並非源自於傳統政治動機，而是來自商業投機領域，並強調以民族國家身分去支配其他民族集團，例如安柏內斯（David Abernethy）便在回顧一五世紀以來歐洲擴張歷史之後，指出「發現－控制－利用」（explore-control-utilize）此一思維模式，[279]由於忽略公共財與差異政治，從重視經濟剝削之殖民政策角度看來，這乃是人類歷史在近代歐洲主導下產生之質變，至於此種變化究竟具階段性抑或有著永久性暗示，既須持續觀察，現實上則已經對既存霸權美國帶來了戰略障礙，或許也是它在新世紀初試圖追求建構帝國，卻最終遭遇頓挫的關鍵之一。

第五，聖傑羅姆（Saint Jerome）針對《舊約》〈但以理書〉的評論，[280]一方面為歐洲中世紀「帝國轉移」觀念在《聖經》中找到特定依據，也暗示了歐洲在詮釋帝國時之某種特殊背景：該篇講述猶太王族後裔暨先知但以理（Daniel）被巴比倫國王尼布甲尼撒二世（Nebuchadnezzar II）擄走後，在巴比倫接受教育並負責服侍君主，期間曾經受命為國王解讀一個異夢，夢中出現一尊有著黃金頭顱的巨像，胸膛和膀臂是銀的，肚腹和腰是銅的，腳則是半鐵半泥，在一塊石頭撞碎巨像之後，石頭本身又變成一座布滿天下的大山；根據但以理的詮釋，巨像金頭暗示了巴比倫國王，夢境意味在其王國之後會有第二、第三與第四個王國相繼興起，總之「天上的上帝必另立一國，永不敗壞，……卻要打碎滅 那一切國，這國必存到永遠」，對此，聖傑羅姆嘗試重新解讀並指出，[281]相較巨像金頭指第一帝國巴比倫，銀製胸臂指的是巴比倫之後由米底亞人和波斯人建立的第二帝國，銅質腹股指的是由馬其頓亞歷山大建立的第三帝國，至於半鐵半泥的腳則暗示了羅馬帝國，由於其堅強如鐵所以能消滅所有王國，不過泥土又代表它無比脆弱，因此終將無可避免淪於分裂。進言之，聖傑羅姆不僅透過前述詮釋建立「巴比倫—波斯—亞歷山大—羅馬」之政治正統論，更企圖證明羅馬教會將繼之支撐一個可落實永恆統治之基督國度，據此從宗教層面支撐了「西方中心」思考。

最後，隨著民主觀念成為主流政治意識形態與解殖民運動興起，一方面導致君權制度遭到自然否定，從「價值」角度評論過去與當下之帝國擴張也相當流行，[282]亦即從理想角度關注其

279 David Abernethy, *The Dynamics of Global Dominance: European Overseas Empires, 1415-1980* (New Haven: Yale University Press, 2000), pp.185-188.

280 聖傑羅姆（Saint Jerome, 342-420）為重要《聖經》研究者與早期私人圖書館創建者，他關於《舊約》之新拉丁文譯本迄今仍是天主教會最權威版本之一。

281 Ana Valdez, *Historical Interpretations of the Fifth Empire* (Leiden: Brill, 2011), pp.157-173.

282 Costas Douzinas, *Human Rights and Empire: The Political Philosophy of Cosmopolitanism* (New York: Routledge, 2007), chapter 6; Mark Selden and Alvin Y. So, eds., *War and State Terrorism: The United States, Japan, and the Asia-Pacific in the Long Twentieth Century* (Lanhan: Rowman & Littlefield, 2004), chapter 1.

過程是否伴隨著善治規劃並重視保障人權，當然，個人不否認善治的重要性，但事實是它很難放在帝國建構過程中去檢視，畢竟伴隨著武力之征服很難免於道德批判；無論如何，再次重申，相較如何打造帝國，作為其自然衍生物的「秩序」才是此處討論核心。

總而言之，如何站在巨人（西方）的肩膀上眺望遠方又避免受其誤導，乃是本書在思索帝國前世之餘，希望積極努力突破的重點所在。

卷二

帝國史

The History of Empires

世界形塑與帝國萌芽

The Making of World and Birth of Empire

第一波斯帝國：阿契美尼德（550-330 BC）

前帝國時期之歐亞西部　位於歐亞大陸西側的「世界」，東起平均高度四千五百至六千公尺之興都庫什山（Hindu Kush）向西經阿富汗延伸之餘脈邊緣，北部邊界從裏海南側之厄爾布爾士山（Alborz Mt.）連接高加索山（Caucasus Mt.）直抵黑海並涵蓋整個安納托利亞（Anatolia），[283]西側沿著地中海（或愛琴海）東岸往南，包括紅海以西之北尼羅河流域，南方則大致以阿拉伯沙漠北緣與印度洋沿岸為界。位居此一「世界」之文明軸心地帶乃是由底格里斯河和幼發拉底河共同灌溉的兩河流域，一般也被稱為「美索不達米亞」（Mesopotamia）或「肥沃月彎」（Fertile Crescent），前者意指位於兩條河流之間的「河中地帶」，後者則由美國學者布雷斯特德（James H. Breastec）在一九一四年首度提出，範圍從美索不達米亞往西北劃出一個弧度，延伸至地中海東岸今日以色列所在之迦南（Canaan）地區。[284]

迄今主要考古推測認為，隨著持續長達五千年之冰河退卻導致氣候變暖，海平面上升讓波斯灣在西元前六〇〇〇年延伸至今日科威特南部邊界，由此以北的美索不達米亞平原地帶佈滿交錯複雜之水路系統，隨著人們在淤泥中定居聚集與創造生產，由此在西元前三五〇〇年左右誕生的蘇美（Sumer）文明與「楔形文字」（cuneiform）既被認為是人類的「文明曙光」

（The dawn of civilization），也讓此地區獲致「文明搖籃」（The cradle of civilization）封號。儘管歷史紀錄相當隱晦不清，社會階層與政治組織很快便伴隨著文明而來，[285]在西元前二三〇〇年前後，除了阿卡德的薩爾貢（Sargon of Akkad）控制了兩河流域蘇美地區，[286]另一個「文明搖籃」尼羅河流域也出現了以大型金字塔為特徵之埃及古王國時期；接著，輪子車輛、[287]文字、曆法與成文法律之陸續發明，[288]在充實生活與移動便利性之餘，亦使國際關係變得愈發複雜多元化。

有兩點必須指出：首先，雖然由於時間久遠與史料散佚以致未能有統一見解，如同湯恩比將此範圍稱為「地中海—中東地區」（The Mediterranean-Middle Eastern region）並視其為人

---

283 安納托利亞一詞源自古希臘語「東方」之意，涵蓋整個土耳其半島，又稱小亞細亞（Asia Minor）。

284 Jeffrey Abt, *American Egyptologist: The Life of James Henry Breasted and the Creation of His Oriental Institute* (Chicago: University of Chicago Press, 2011), pp.193-194.

285 Samuel Edward Finer, *The History of Government from the Earliest Times, Volume I: Ancient Monarchies and Empires* (Oxford: Oxford University Press, 1999), p.100.

286 Philip Lee Ralph, Robert E. Lerner, Stadish Meacham and Edward McNall Burns, *World Civilization: Their History and Culture* (New York: W.W. Norton & Co., 1997), chapter 2.

287 M. Littauer and J. Crouwel, *Wheeled Vehicles and Ridden Animals in the Ancient Near East* (Leiden: Brill, 1979).

288 例如像《烏爾納姆法典》（Code of Ur-Nammu）與《漢摩拉比法典》（Code of Hammurabi）。

類最早的「舊世界」一般，[289]個人大致同意此見解，亦即歐亞西部世界確實提供一個讓我們得以觀察「世界」與「帝國」形成之起點；其次，儘管多數人將波斯所建立的阿契美尼德王朝視為「第一個帝國」，[290]芬納（Samuel Finer）仍試圖強調，在西元前八世紀前後崛起之新亞述（Neo-Assyria）既提供了一種全新的統治形態，從某種意義來說，也是他們啟蒙了「帝國」此一概念。[291]相較在此之前，包括從古代蘇美、巴比倫、埃及，乃至早期亞述等，主要將政治發展建築於氏族社會、神權宗教、城邦結構與部落聯盟的基礎上，新亞述雖然開始以所謂「萬王之王」（Shahanshah, King of Kings）之設定，[292]建立起某種「最高威望」以便作為進行跨部族統治之正當性基礎，終究大體上僅具備象徵意義，實際政治生活仍舊呈現明顯的「分權」特徵，直到西元前七四五年繼位之提革拉毘列色三世（Tiglath-Pileser III）建立一支直屬中央之常備部隊，並為了限制派駐地方總督割據潛在性，決定以設置「直轄省份」來管理被征服地區之後，才首度浮現出作為帝國基本特徵之「集權」制度設計；於此同時，君主不僅身兼最高神權與軍事領袖，其地位在法律上也具有絕對性。[293]

除了迄今考古成果依舊無法提供相對完整詳盡之資料外，無論如何，想法與實際是兩回事。[294]首先是亞述政權君主身兼宗教領袖不啻意味「凱撒無法脫離上帝」之神權政治餘韻，也暗示了祭司階層仍有機會制約君權，其次，「偉大國王，合法統治者，巴比倫攝政者，蘇美與阿卡德之王，四方世界最高統帥，真正祭司與神的寵兒」等一大串琳瑯滿目令人目不暇給的頭銜，不但直接指出君主無法以「單一冠冕」來統治以及其結構依舊不脫分權本質之現實，更重要的是，君主威望往往以接受地方納貢（tribute）之形式呈現出來，但在缺乏專業官僚輔助且投射能力難以穩定前述形式的情況下，殘忍鎮壓而非落實法治既成為鞏固統治威望之必要手

---

289 Arnold Toynbee, *Mankind and Mother Earth: A Narrative History of the World* (London: Oxford University Press, 1976), chapter 4.

290 Friedrich Ratzel, "Territorial Growth of States," in John Agnew, David Livingstone, and Alisdair Rogers, eds., *Human Geography: An Essential Anthology* (Oxford: Blackwell, 1997), p.527.

291 Samuel Edward Finer, *The History of Government from the Earliest Times*, pp.89, 210, 215; see also Karen Radner, *Ancient Assyria: A Very Short Introduction* (Oxford: Oxford university Press, 2015), p.1; Eckart Frahm, "The Neo-Assyrian Period," in Frahm, ed., *A Comparison to Assyria* (Hoboken: John Wiley & Sons), p.161.

292 Lowell K. Handy, *Among the Host of Heaven: The Syro-Palestinian Pantheon as Bureaucracy* (Winona Lake: Eisenbrauns, 1994), p.112.

293 A. Leo Oppenheim, "Neo-Assyrian and Neo-Babylonian Empires," in Harold D. Lasswell, Daniel Lerner and Hans Speier, eds., *Propaganda and Communication in World History, Volume I: The Symbolic Instrument in Early Times* (Honolulu: University of Hawaii Press, 1979), pp.111-144.

294 Mario Liverani, "From City-State to Empire," in Johann P. Arnason and Kurt Raaflaub, eds., *The Roman Empire in Context: Historical and Comparative Perspectives* (Oxford: Wiley-Blackwell, 2011), pp.251-269.

段，亞述最終因首都尼尼微在西元前六一二年遭攻陷而瓦解，則提供了日後波斯崛起之環境起點。

值得注意的是，就在歐亞西部以蘇美政權為起點，逐漸以美索不達米亞為中心建立起一個人類史上最早之定居型文明世界之際，另一支游移於裏海北側至中亞之間，其後被稱為「印歐民族」（Indo-Europeans）之人群，則或許在氣候惡化（降雨減少）與人口增長壓力之綜合作用影響下，於西元前二〇〇〇年前後進行漫長的「民族大遷徙」，方向基本往南，至於路線大約分為三條：首先是往東南經阿富汗山谷進入印度河流域（此部分留待後續印度章節再敘），[295]其次是繞過裏海東岸往南進入波斯高原，最後一支則繼續往西進入安納托利亞，一度自西元前十七世紀起以西臺（Hittite）為名建立起一支強大的政治勢力，[296]儘管在西元前十一世紀左右逐漸衰落，這些部族終究在這個歐亞世界中生根落地，成為不可忽視的影響力來源。

總而言之，隨著前述民族遷徙帶來某種深遠之結構衝擊，以及亞述力量慢慢失去主導性，此一區域乃自西元前七世紀起浮現權力分散之競爭狀態：其中，繼亞述之後佔據文明中心美索不達米亞的是迦勒底（Chaldea）或稱新巴比倫（Neo-Babylonia），[297]一般認為在尼布甲尼撒二世（Nebuchadnezzar II）時期臻於高峰，其西北方是接替西臺盤據於安納托利亞地區並面對愛琴海的呂底亞（Lydia），此處貿易活動非常興盛，據稱是第一個使用鑄幣的國家，[298]西南方則是脫離亞述影響後處於第二十六王朝階段的晚期古埃及，至於在東方，首先是崛起於西元前八世紀並控制波斯高原的米底（Medes），[299]他們曾與迦勒底結盟一起攻入尼尼微並為亞述劃上句點，最後則是與米底人共同從中亞南遷的波斯，他們在米底的強大壓力下，一度只能繼續南移至札格羅斯山（Zagros Mt.）東南側與波斯灣以北地區，作為此際位居邊陲且力量最弱小的割據政權。

弔詭的是，最終在這個「世界」建立首個大一統帝國者，正是波斯。

---

295 John Keay, *India: A History* (London: HarperCollins, 2000), p.21.

296 O.R. Gurney, *The Hittites* (London: Penguin, 1966); Ekrem Akurgal, *The Hattian and Hittite Civilization* (Ankara: Ministry of Culture, 2001); Tayfun Bilgin, *Officials and Administration in the Hittite World* (Berlin: de Gruyter, 2018).

297 Heather D. Baker, "The Neo-Babylonian Empire," in Daniel T. Potts, ed., *A Companion to the Archaeology of the Ancient Near East* (London: Blackwell, 2012), pp.914-930.

298 P.J. Rhodes, *A History of the Classical Greek World, 478-323 BC* (Oxford: Wiley-Blackwell, 2010), pp.6-8.

299 Igor M. Diakonoff, "Media" in Ilya Gershevitch, ed., *The Cambridge History of Iran, Vol. 2* (Cambridge: Cambridge University Press,1985), pp.36-148

從居魯士到大流士　在西元前一〇〇〇年前後移居帕爾斯（Pars）的人群，後來一般便被稱為波斯人（Persian）。[300]儘管經常以阿契美尼德王朝為名的第一個波斯帝國源起自西元前七〇〇年左右的創建者阿契美尼德（Achaemenid，這個詞彙其實是家族名稱而非人名），這個國家很快就分裂成帕爾薩（Parsa）和安善（Anshan）兩個單位，直到西元前五五九年才由居魯士（Cyrus II or Cyrus the Great）透過繼承而重新結合；以此為契機，波斯也開啟了統一「世界」的長途征程。

在西元前五五三年公然對「宗主國」米底發起「叛亂」之後，居魯士首先擊潰前來清剿的米底軍隊，很快地便結合若干貴族在西元前五五〇年迫使米底投降（由於自此正式取得獨立性，這裡也將該年視為波斯元年）；接著，面對企圖利用此一政治變局侵入波斯高原的呂底亞勢力，居魯士不僅迅速擊潰了來犯者，甚至揮軍進入安納托利亞，在西元前五四六年攻入呂底亞首都並俘虜其國王，一方面將其影響力推進至小亞細亞西側的愛琴海岸，亦因此與希臘隔海相望。[301]值得注意的是，此時居魯士並不急著進入文明中心美索不達米亞，而是採取鞏固後方之保險戰略，在西元前五四一年揮師反向進入中亞，順利佔領同樣注入鹹海之阿姆河（Amu Darya）以及錫爾河（Syr Darya）之間的河中地區（Transoxiana），此處乃是連結歐亞西部世界與北亞草原地帶之間的關鍵戰略樞紐；以此為基礎，居魯士終於將矛頭指向早就因為族群與階級矛盾而動盪不堪的新巴比倫，並於西元前五三九年終結其政權。[302]自此，距離其起兵只不過二十五年，由於除埃及之外「幾乎毫無例外征服了周邊所有國家」，波斯乃大致完成統一大業。[303]在居魯士於西元前五三〇年戰死於錫爾河畔之後，由其子岡比西斯二世（Cambyses II）繼承遺志在西元前五二五年攻入埃及，終於完成了波斯人控制整個「世界」（*oikoumene*）的最後一哩路。[304]

緊接著岡比西斯繼位的是大流士（Darius）。在世界已然基本統一的基礎上，他主要致力於加固「邊界」的動作，例如，繼岡比西斯成功壓制河中地區之後，大流士繼續揮軍挺進位於此一「中亞兩河流域」上游之興都庫什山區，並由阿富汗進入北印度河流域的旁遮普（Pun-

---

300 A.T. Olmstead, *History of Persian Empire* (Chicago: Chicago University Press, 1959), pp.22-23.

301 Geoffrey Parker and Brenda Parker, *The Persians: Lost Civilizations* (London: Reaktion Books, 2017), chap 2.

302 Pierre Briant, *From Cyrus to Alexander: A History of the Persian Empire* (State College: Pennsylvania State University Press, 2002), pp.41-43.

303 John Boardman, et al, eds., The Cambridge Ancient History, Vol.4: Persia, Greece and the Western Mediterranean, c.525 to 479 BC (Cambridge: Cambridge University Press, 1988), p.170.

304 希臘詞語中的oikoumene有時也拼寫為oecoumene或ecumene，一般被理解為「目前已知之有人居住的世界」；Geoffrey Parker, *The Geopolitics of Domination*（London: Routledge, 1988）, pp.9-10.

jab）地區，在此為波斯最脆弱之處建立堅實屏障；接著，面對在西方控制愛琴海之希臘貿易城邦，波斯軍隊首先在西元前五一三年搭建浮橋渡過博斯普魯斯海峽進入色雷斯（Thrace），這也是亞洲勢力第一次「入侵歐洲」，其次在花費若干時日借助腓尼基建立起海上艦隊之後，儘管一般認為長達五十年的波希戰爭始於西元前四九九年，實則波斯在鎮壓小亞細亞叛亂後，先在西元前四九二年進攻馬其頓，兩年後才真正從馬拉松（Marathon）登陸希臘半島並直指雅典。[305]必須指出，雖然這場戰爭曠日廢時且最終未能取勝，究其本質主要在鞏固邊界安全或補足威望完整性，對統一之帝國結構本身並無影響。

馬匹、戰爭與秩序　回到「世界—帝國」概念，如同本書前面闡述，所謂世界並非自然而然存在的，而是以特定文明軸心地帶為中心，透過投射力延伸出來的一個廣域活動範圍。以歐亞西部世界為例，此處原本存在兩個大河流域文明軸心，亦即北非尼羅河流域與西亞兩河流域，其中，一度受惠於相對地理孤立性的尼羅河埃及文明，除了必須面臨撒哈拉沙漠化日益嚴重的負面衝擊，從西元前七世紀新亞述時期起，再加上來自東方力量之不斷侵擾，終究使其降格成為某種從屬性文明地區；與前者相比，兩河流域作為世界文明軸心之地位則相對較為鞏固且具持續性。

無論如何，如同其他地區一般，馬匹不啻是歐亞西部「世界化」（worldization）關鍵所在。隨著原先游移於歐亞西部北方的印歐騎馬民族，在西元前二〇〇〇年左右大舉向南方遷徙，不久便為此一地區帶來兩大效應：首先是更頻繁且破壞性更大的戰爭，例如以西臺為主，擁有強大戰車部隊與鐵器優勢的印歐民族便橫掃安納托利亞，隨即四處劫掠以古巴比倫為核心之美索不達米亞城市，[306]戰爭除了造成秩序的破壞，也引發一波尚武風氣與殘酷殺戮習性，以及一段「戰國」時期；儘管如此，其次亦更關鍵的是，衝突頻仍隨後造就了某種「破壞性建構」（destructive constructing）的結果，進言之，正是此種巨大的投射與破壞能量將體系內多數行為者「打成一片」，一方面構築出所謂「世界」，為了控制與壓抑此一能量，最終創造出「帝國」此一秩序框架。

305 Joseph Roisman and Ian Worthington, *A Companion to Ancient Macedonia* (New York: John Wiley and Sons, 2011), pp.135-138; Tom Holland, Persian Fire: *The First World Empire and the Battle for the West* (New York: Anchor Books, 2007), pp.177-178.

306 本村凌二，《馬的世界史》（台北：玉山社，二〇〇四年），頁四二至四五。

雖然如同多數人類衝突研究者，麥克米倫（Margaret MacMillan）也指出，「在石器時代晚期之前，早期人類已經可以製造武器、聚眾相殘，並盡最大努力消滅對方」，證據顯示「人類存在一種以有組織方式相互攻擊的傾向」，甚至「戰爭行為與人類社會本即同步並進的」，[307]但他們總是忽視戰爭依舊需要理由、能量與環境等三個要素；追求生存永遠是最適切的理由，不過，如果無法具備凌駕對手的破壞力，戰爭只能是不理性的冒險與賭博，絕非自詡「智慧、理性」之人類所為，相反地，如果人類果真選擇不理性地投入戰爭，唯一的解釋亦僅能是惡劣環境使然，至於如何在不得已的戰爭後重建秩序既為理性選項，亦再再考驗著人類的智慧。

當然，理性與否與智慧的展現需要學習，其對策亦常常未臻完美。

例如，亞述非常清楚「以暴制暴」的必要性，除了強化軍隊建制並透過遊行與宏偉巨型浮雕到處展現壯盛軍容，藉由酷刑與屠戮散布威嚇與恐懼感亦不可少，不過，亞述同時首度體認到建立「集權制度」之重要性，相較早期美索不達米亞地區霸主僅強調形式化威望與象徵性納貢，亞述則嘗試將部分被征服單位直接收歸管轄，由君主派遣代理人進行監管，[308]只不過此種作為並不普遍，因為直轄區之外依舊存在大量被允許維持舊貴族統治之附屬單位，更外圍也還存在著若干明顯的威脅勢力。

與慣用高壓「暴政」的亞述不同，阿契美尼德波斯王朝最為人所知的便是明顯的寬容態度；例如在宗教方面，波斯雖以瑣羅亞斯德教（Zoroastrianism）為國教，但對於其他不同宗教、風俗習慣與語言文字普遍採取開放共存政策，不僅多數各地官員被允許安居舊職，最著名歷史個案無疑是解除「巴比倫之囚」（Babylonian captivity）並承認猶太教信仰自由的舉措，[309]致使《舊約聖經》因此將居魯士神格化，指稱耶和華也為其帝國地位背書，同時期希臘哲學家色諾芬（Xenophon）更將他視為第一個理想君主典型。尤有甚者，麥葛瑞格（Neil Macgregor）將波斯視為「兩千五百年前的超級強權，……建立了人們前所未見之最龐大帝國，且永遠地改變了世界」，[310]迪克斯（Brian Dicks）則認定波斯創造了歷史紀錄上的第一個普世帝國（universal empire）。[311]

---

307 Margaret MacMillan, *War: How Conflict Shaped Us* (New York: Random House, 2020), pp.2-5.

308 Samuel Edward Finer, *The History of Government from the Earliest Times*, p.215.

309 新巴比倫君主尼布甲尼撒二世在西元前五九七年攻佔耶路撒冷後，除摧毀所羅門聖殿，並將大量猶太人劫擄回國作為奴隸，史稱「巴比倫之囚」，直到居魯士於西元前五三八年擊敗巴比倫並宣布赦令後，猶太人才被釋放並獲協助重建聖殿，儘管最終多數流亡者並未返回家園。

310 Neil Macgregor, *A History of the World in 100 Objects* (London: Penguin Books, 2010), pp.165-166.

311 Brian Dicks, *The Ancient Persians: How They Lived and Worked* (London: David & Charles, 1979), p.9.

以寬容之「差異政治」為基礎，更多人認為波斯而非亞述乃是「第一個帝國」的理由源自其治理設計，這部分主要在大流士時期完成。首先，相較亞述及更早之歐亞西部主導勢力，波斯更接近落實「上帝歸上帝，凱撒歸凱撒」目標，集權於俗世君主的事實幾乎讓宗教祭司被邊緣化，並為管理皇家組織而建立了太監制度；其次，大流士沿襲亞述創制，同樣將全國分為二十到二十三個直轄行省，先從中央任命總督（satraps）負責行政，[312]然後再派出「王之眼、王之耳」的官員前往監視以鞏固中央集權；接著，一方面宣示以法爾西語（Farsi）作為官方語言，波斯還推出統一貨幣與度量衡制度，從而讓帝國成為人類史上第一個共同市場，從而迎來前所未有之貿易盛況。

於此同時，如同亞述在前九世紀建構以「國王大道」（King's Highway）為核心之廣泛通訊系統，波斯也從居魯士時期設置的前線首都蘇薩（Susa）開闢一條全長二千三百公里，直抵小亞細亞海岸薩爾德斯（Sardis）的「皇家大道」（Royal Road，商隊走完全程需時約三個月），並在整個帝國境內一定道路區間（約四十至五十公里）設置超過了一百個驛站，每站儲備糧食和馬匹，從而建立起人類史上最早的一個驛傳制度，[313]事實上，歐亞西部在此之前本即存在許多地方通道，其中最著名者便是由美索不達米亞穿越波斯高原，直達中亞河中地區的「呼羅珊大道」（Khurasan Highroad），它不僅是此地區歷史最為悠久的貿易通道，堪稱後世

「絲路」前身，其後也成為波斯皇家大道系統的東段部分。[314]

無論如何，波斯作為「帝國」之最重要特徵，依舊是其「無敵」之客觀現實，由於擊潰並征服了「世界」範圍內所有主要行為者，並且在擁有最高威望之餘，透過行政安排確立集權中央之正當性架構，只要忠誠於帝國，所有臣民都可保有自己的宗教、語言和傳統文化機制，儘管其內涵與作為統治貴族階層之波斯人並不相同；[315] 據此，波斯成功地透過帝國架構為世界創造了「長期和平」（permanent peace）此一公共財，即便所謂長期僅僅持續了不過兩百年左右。

---

312 總督可能來自舊有統治階層或由波斯貴族選派，就任後也可能家族世襲；Matt Water, *Ancient Persia: A Concise History of the Achaemenid Empire, 550-330BC*（Cambridge: Cambridge University Press, 2014）, p.101.

313 Jerry Bentley and Herbert Ziegler, *Traditions & Encounters: A Global Perspective on the Past, Vol. 1: From the Beginning to 1500* (New York: McGrew-Hill, 2007), chapter 7.

314 Pierre Briant, *From Cyrus to Alexander: A History of the Persian Empire*, p.358.

315 Geoffrey Parker and Brenda Parker, *The Persians: Lost Civilizations*, p.183.

亞歷山大之象徵與影響 值得注意的是，帝國經濟重心雖在美索不達米亞，大流士仍選擇在居魯士時期舊都帕薩爾加德（Pasargadae，意即波斯人營帳）西南約三十公里處營造一座稱為帕爾薩（Parsa）之巨大宮殿群，此即今日經過希臘語音轉意譯後普遍流傳的波斯波利斯（Persepolis，意即帕爾薩城）。希克斯（Jim Hicks）認為，宏偉的波斯波利斯猶如「一座具有生命的紀念碑，宣示著波斯人如何從野蠻的游牧民族，一躍成為世界的主人」，[316]為展現萬王之王的無上威風，城市正面設有一座巨大階梯直抵「薛西斯門」或稱「萬族之門」（Gate of All Nations），其後便是由三十六根圓柱所支撐，天花板高達二十五公尺的謁見大廳，充分展現帝國無與倫比之威嚴。

為鞏固波斯高原作為政治重心之安全性，從居魯士、岡比西斯到大流士共三代君王均致力用兵穩定東方邊境，將其視為主要威脅來源，但或因帝國重心偏右之故，西側終究因為「天高皇帝遠」而成為叛亂淵藪。對此，雖然大流士曾嘗試壓制希臘，真正面對西方問題者還是在西元前四八六年繼位的薛西斯（Xerxes I），他在親征埃及與巴比倫鎮壓騷動後，於西元前四八〇年發動了第二次波希戰爭，宣稱「將把波斯領地擴展到普天之下，讓太陽永照吾土，為此，我將跨越整個歐羅巴，讓所有土地都臣服腳下」，[317]其後波斯軍隊雖然一度攻佔雅典衛城，終究因為不諳水性而在薩拉米斯（Salamis）海戰中遭到擊潰，從而為數十年來的帝國擴張劃上句點。

必須指出，波斯表面上雖然無法成功將希臘納入帝國版圖，實則已經透過某種安全認知為雙方建立起不可分割的地緣紐帶，例如在西元前三三六年繼任馬其頓國王的亞歷山大（Alexander），既認定馬其頓是大希臘世界的一部分，且賦予自己捍衛整個希臘世界安全之職責，至於此目標又須透過統一所有希臘城邦，並永久性地解除波斯威脅來達成，據此，他在花了短短兩年便完成前一目標後，於西元前三三四年揮軍安納托利亞大敗阿契美尼德末代君主大流士三世，接著先轉戰征服埃及，最終於西元前三三一年在美索不達米亞徹底擊潰波斯軍隊。值得注意的是，亞歷山大在翌年大流士三世死後隨即自稱成為「萬王之王」，象徵自己繼承了帝國正統，且即使視波斯為死敵，他不僅在文化與制度上予以最大尊重，[318]除了以身作則，也積極鼓勵將領與當地人通婚，這些舉措都讓帕克（Geoffrey Parker）不禁認為，儘管亞歷山大看似

---

316 Jim Hicks, *The Emergence of Man: The Persians* (New York: Time-Life Books, 1975), p.28.

317 We shall extend the Persian territory as far as God' s heaven reaches. The sun will then shine on no land beyond our borders; for I will pass through Europe from one end to the other, and …make of all the lands which it contains one country

318 A.T. Olmstead, *History of Persian Empire*, p.498; Matt Water, *Ancient Persia*, pp.217-219.

「並非想摧毀帝國，而只是要把波斯變成某種希臘化帝國」，但「從某個角度來看，他不像是一個新帝國創始者，反倒更像是最後一位阿契美尼德人」。[319]無論如何，亞歷山大為蘇薩和波利斯等城市帶來的毀滅性破壞乃是無可否認之事實，更重要的是，他在西元前三二三年驟逝使得其帝國擘劃還沒正式開始便告結束（亦即根本不存在所謂亞歷山大帝國），由於後繼無人導致廣大征服區瞬間分裂，所有可能發展只能存在於後人的推理想像當中。

年僅三十三歲便猝死的亞歷山大雖然恍若歷史中一閃即逝的流星，我們仍可從以下三個角度來觀察他對歐亞國際關係史進程留下之深刻影響。

首先，亞歷山大雖然霸業未竟，仍不啻是繼波斯之後，符合本書所稱之「邊緣動力學」（Rim-land Dynamics）的第二案例。猶如波斯原本不過是米底此一位於美索不達米亞文明軸心邊緣勢力之附庸單位，最終卻以「下剋上」方式建立帝國，與此類似，地處巴爾幹邊陲的馬其頓，最初也因為地處僻遠且發展落後而被希臘視為野蠻人，[320]儘管由於亞歷山大意外猝死而未能真正建立帝國，結果不僅由它統一自視文明中心的希臘，甚至還終結了波斯此一帝國核心。[321]

其次，如同前述本納爾（Ludwig Benner, Jr.）的擾動理論（P-theory），亞歷山大無疑是以波斯為中心之歐亞西部系統之「擾動」來源與主要「行為者」，至於就後續結果來看，表面上系統似乎終究恢復平衡並完成帝國重建，實則其衝擊不可小覷，且顯然留下兩個地緣政治效果：事實上，除了歐亞西部，由於亞歷山大在西元前三二七年決定深入印度河流域，從而也替歐亞南部世界帶來「擾動」影響，於此同時，雖然因為歷時過短無法看出其長期規劃如何在「波斯化」與「希臘化」兩者之間取得平衡，亞歷山大的征服行為畢竟擴大了希臘之文化與地緣效應，並在「擾動」地中海周邊之餘，為後來的羅馬崛起奠下某種基礎。

第三，如同前述，從尚未完全成形之地中海次世界出發，亞歷山大漫長的遠征路程非但貫穿了整個歐亞西部世界（波斯），甚至進入歐亞南部世界邊緣，儘管由於時間過短以致帶來衝擊相對有限，無疑創造了第一個「世界擴張效應」之具體個案。

---

319 Geoffrey Parker and Brenda Parker, *The Persians: Lost Civilizations*, p.216.

320 Edward M. Anson, "Why Study Ancient Macedonia and What This Companion is About," in Joseph Roisman and Ian Worthington, eds., *A Companion to Ancient Macedonia* (Oxford: Wiley-Blackwell, 2010), pp.3-20.

321 Tania Gergel, ed., *Alexander the Great: Selected Texts from Arrian, Curtius and Plutarch* (New York: Penguin Books, 2004), pp.137-145.

第一印度帝國：孔雀（322-184 BC）

前帝國時期之歐亞南部　隨著岡瓦納（Gondwana）超大陸在一億八千萬年前開始解體，印度板塊以每年約十五公分速度往東北方向漂移，[322]在五千五百萬年前終於撞上歐亞板塊之後，結果擠壓出全球最為高聳的喜馬拉雅山（Himalayas Mt.），成為今日印度次大陸或本書所稱歐亞南部世界的北部邊緣，寬度達兩千五百公里，其更北處是平均海拔超過五千公尺難以逾越的青藏高原，左側以興都庫什山脈與歐亞西部世界相望（平均海拔約一千兩百公尺的阿富汗地區為區隔兩個世界的中間地帶），南邊則是平均海拔僅五百至六百公尺德干高原（Deccan Plateau），由於兩側超過一千五百公尺的東、西高止山（Eastern and Western Ghats）阻擋了印度洋水氣流入，使其成為一片高溫、貧瘠且不適人居的地帶。至於位居此一「世界」文明軸心地帶者乃是由印度河和恆河背對背組成的「南亞兩河流域」；西側的印度河發源自岡底斯山（Gangdise Shan），由喀什米爾向南流進巴基斯坦，注入阿拉伯海，東側的恆河則上游位於喜馬拉雅山西南麓，和部分印度河源流接近，向東貫穿整個北印度地區後，與源於西藏雅魯藏布江的布拉瑪普特拉河匯合後流進孟加拉灣，兩者流域面積各自大致與美索不達米亞相當，加總則廣達兩百五十萬平方公里。

首先談談名稱問題，由於最初翻越興都庫什山而來的波斯商人無法發出Sindhu（印度河）的S音，因此將其稱為Hindu，接著在前四世紀被跟隨亞歷山大來到此地的希臘人改稱為Indus之後，最後由十六世紀後到來的歐洲商人定名為India，不過，印度的梵文自稱則是Bharata（婆羅多，或作Bharat巴拉特），[323]例如《印度憲法》第一條第一項明文規定：「印度，即婆羅多，應為聯邦制」；問題是，除少許上游地區，印度河主河道與整個流域有七成以上（包括絕大多數考古據點）都位於巴基斯坦，而非自稱「因源自印度河文明而以印度為名」的另一個國家。

其次，與歐亞西部世界之開放性特徵比較，被崇山峻嶺、乾燥高原與兩側印度洋環繞的歐亞南部世界顯然相對封閉許多，唯一缺口位於印度河與喀布爾河匯流處附近的犍陀羅（Gandhara）地區，一般稱為開伯爾山口（Khyber Pass），全長五十三公里，最窄處約六百公尺，往東方穿過白夏瓦山谷（Valley of Peshawar）便可直抵印度河平原，此處既是從南亞次大陸前往

322 Ram Chandra Tewari and Wataru Maejima, "Origin of Gondwana Basins of Peninsular India," *Journal of Geosciences*, 53:3(2010), pp.43-49.

323 John Zubrzycki, *The Shortest Story of India* (New York: The Experiment, 2022), p.8.

波斯高原和中亞的交通貿易要衝以及絲路關鍵轉折點，也是歷史上所有入侵者的必經途徑。[324]

根據迄今考古資料顯示，印度河文明最早出現時間與美索不達米亞和埃及尼羅河地區相去不遠，[325]大約西元前三三〇〇年進入青銅時代前後，於今日信德省和旁遮普省附近出現所謂哈拉帕（Harappa）文明，在西元前二六〇〇至一九〇〇年進入成熟發展階段，最終在西元前一三〇〇年左右因不明原因覆滅。一般認為，西元前二二〇〇年讓地球進入全新世「梅加拉亞期」（Meghalayan）的「四點二千年事件」（4.2-Kiloyear Event）可能是關鍵所在；[326]由於氣候突變帶來長達一至兩個世紀的寒冷乾旱階段，此事件目前被公認是許多人類早期文明陡然終結的禍首，[327]包括埃及古王國時期、兩河流域阿卡德文明與此處印度河流域的哈拉帕文明都是其犧牲品。

不過，就在前述事件爆發之際，游移於裏海北側至中亞之間的印歐民族約於西元前二〇〇〇年分成三條路徑進行「民族大遷徙」，其中之一朝向東南方前行，在西元前一五〇〇年左右於巴基斯坦北部建立定居點後，接著便逐步經由阿富汗山谷進入了印度河流域，[328]從而帶來一段新的吠陀（Vedas）時期。這個以氏族種姓階級制度與鐵器文化為主的社會，[329]其部族或國際關係之特徵便是標準的無政府「戰國時代」，以酋邦為主之雅利安（Aryan）部落單位有著明顯的神權特徵，[330]社會互動結構與新亞述時期的美索不達米亞頗為相近，政治生活呈現分權特徵，且動盪混亂時間更為漫長。

隨著氣候乾旱化導致印度河谷土壤退化，[331]吠陀勢力於西元前一二〇〇至一〇〇〇年左右進入恆河中下游平原，一方面帶動了此地區經濟與社會演進，導致此一世界文明重心向東轉

---

324 William Woodthorpe Tarn, *The Greeks in Bactria and India* (Cambridge: Cambridge University Press, 2010); Guy Arnold, *World Strategic Highway* (New York: Routledge, 2014), p.12.

325 Rita Wright, *The Ancient Indus: Urbanism, Economy and Society* (Cambridge: Cambridge University Press, 2009), p.2.

326 國際地層委員會（International Commission on Stratigraphy, ICS）在二〇一八年七月決議，將目前所處的全新世（Holocene Epoch）細分為格陵蘭期（Greenlandian, 9700-6326 BC）、諾斯格瑞比期（Northgrippian, 6326-2200 BC）與梅加拉亞期（Meghalayan, 2200BC迄今）等三個時期。

327 Peter B. DeMenocal, "Cultural Responses to Climate Change During the Late Holocene," *Science*, 292:5517(2001), pp.667-673; Huazhong Gao, Cheng Zhu and Weifeng Xu, "Environmental Change and Cultural Response around 4200 cal. yr BP in the Yishu River Basin," *Journal of Geographical Sciences*, 17:3(2007), pp.285-292.

328 Jonathan Holslag, *A Political History of the World: Three Thousand Years of War and Peace* (London: Pelican Books, 2018), p.40.

329 Michael Bamshad, Scott Watkins, et al, "Genetic Evidence in the Origins of Indian Caste Population," *Genome Research*, 11:6(2001), pp.994-1004; Barbara Metcalf and Thomas Metcalf, *A Concise History of Modern India* (Cambridge: Cambridge University Press, 2012), p.24.

330 John Zubrzycki, *The Shortest Story of India*, pp.34-35; see also Asko Parpola, *The Roots of Hinduism: The Early Aryans and the Indus Civilization* (Oxford: Oxford University Press, 2015)

331 Camilo Ponton, et al, "Holocene Aridification of India," *Geophysical Research Letters*, 39:3(2012), pp.1-6.

移至恆河流域，甚至有人認為「實際上，印度次大陸的歷史就是從此時真正開展起來的」；[332]從政治角度觀察，西元前六至五世紀的十六國（Mahajanapadas）分立時期大約與中國春秋戰國相當，嚴重的社會階層分化與長期政治動盪不安刺激了宗教的發展，例如像業律（Law of Karma）與輪迴觀念、重視出世解脫的佛教，以及強調非暴力精神的耆那教等紛紛應運而生，[333]充分折射此際一般人民（乃至貴族）對於不可預知未來之高度不確定感。

旃陀羅笈多與孔雀王朝　必須指出，十六國時期的政治發展大致處於酋邦與部落聯盟狀態，王權發展相對有限，其中較強大者首先是疆域大致包括今日印度北方邦和尼泊爾的憍薩羅國（Kausala），[334]首都位於舍衛城，陸續併吞周邊小國後成為西部強權，其次是其右側山區，以游牧部落聯盟為主的跋耆國（Vajji），第三是跋蹉國（Vasta），位於恆河及其最大支流亞穆納河交會處，曾出現梅嘉瓦蒂（Mrigavati）此一印度史上已知最早的女性統治者，至於最後亦更重要者乃位於恆河中下游的摩揭陀國（Magadha），其崛起時間與波斯阿契美尼德差不多，由頻毘娑羅（Bimbisara）在西元前五四四年奠下基礎並定都王舍城，其子阿闍世（Ajatashatru）在殺父篡位後，花了十四年時間征服北方的跋耆國，然後向西滅亡憍薩羅國並遷都至華氏城（Pataliputra），自此晉升當時最強大霸權國家。值得注意的是，相對此際歐亞南部世界大體上仍處於分裂狀態，幾乎統一了歐亞西部世界的居魯士則在西元前五四一年揮軍中亞兩河流域，一度入侵十六國當中位於最西側的犍陀羅國，由於此處在西元前五一八年被大流士正式收為波斯帝國第二十個行省，從而讓若干印度故事因此向西流傳，成為希羅多德（Herodotus）寫作《歷史》之部分素材，亦見證了某種「跨世界」文化交流的結果。

儘管確切年代時間並無共識，[335]在一連串充斥著猶如《哈姆雷特》「弒父」場景引發的政治動盪當中，來自下層武士階級的摩訶帕德摩（Mahapadma）在西元前三四五年左右篡奪了摩揭陀國，並在其基礎上建立起難陀（Nanda）王朝，一般認為，他乃是孔雀帝國之前最偉大的印度統治者，也是《往世書》（*Purana*）所記載國王世系中第一位擁有*Ekachattra*頭銜者，其意義是「將全國統一於黃羅傘下的雄主」；[336]新王朝採取更加權力集中之行政管理，透過發行新

332 Hermann Kulke and Dietmar Rothermund, *A History of India* (New York: Routledge, 2004), pp.51-52.
333 Stanley Wolpert, *A New History of India* (Oxford: Oxford University Press, 2008), pp.46-54.
334 H. Raychaudhuri, *Political History of Ancient India* (Calcutta: University of Calcutta, 1972), pp.89-90.
335 H.C. Raychaudhuri, "India in the Age of the Nandas," in K.A. Nilakanta Sastri, ed., *Age of the Nandas and Mauryas* (Delhi: Motilal Banarsidass, 1988), p.23.
336 Hermann Kulke and Dietmar Rothermund, *A History of India*, p.59.

貨幣與嚴格稅賦制度來累積財富，使其擁有一支相當龐大的常備部隊，包括首次在戰爭中使用大象等。

在難陀王朝期間，從波斯高原一路東來，於西元前三二六年渡過印度河的亞歷山大雖然成為首位入侵次大陸的「歐洲人」，並為兩個世界帶來第二度碰撞，不過，據說屈服於遠征士兵身心俱疲的壓力，亞歷山大在抵達比亞斯河（Beas River）之後便開始折回，[337]隨即於返程途中猝逝於巴比倫城；事隔一年，旃陀羅笈多（Chandragupta）在西元前三二二年公開起兵對抗難陀王朝，[338]翌年擊潰其主力並佔領首府華氏城，隨即發動西征，趁著亞歷山大撤軍於西元前三一七年「收復」印度西北部，甚至跨越印度河打敗了接收波斯地區的亞歷山大部將塞琉古（Seleucus），迫使後者在西元前三〇三年與其簽署和約並取得喀布爾以東所有土地，由此開創所謂「孔雀帝國」（Mauryu Empire）；以此為基礎，旃陀羅笈多之子賓頭娑羅（Bindusara）繼續向南擴張進入德干高原，從而使其最大疆域囊括印度河與恆河兩大流域，成為第一個統一歐亞南部世界之政治勢力。

值得注意的是，如同阿契美尼德與馬其頓，摩揭陀國（孔雀王朝在其基礎上打造帝國）也符合本書所稱「邊緣動力學」定律。一方面吠陀時期歐亞南部世界之發展乃是由西向東進行的，摩揭陀不僅位於最東邊之邊陲位置，更甚者，韋恩（Alexander Wynne）特別指出，由於摩揭陀地區的文化與語言與吠陀婆羅門梵語地區文化略顯不同，因此在吠陀文本《百道梵書》（*Satapatha Brahmana*）中，往往慣於貶抑摩揭陀地區的居民「說著如同野蠻人一般的話語」，[339] 位於其北方的跋耆國則更直接被吠陀人指為「蠻族」或逕稱之為「邊地人」。

總而言之，孔雀王朝大致綿延近一個半世紀，並於第三位君主阿育王（Asoka）任內臻於高峰，在西元前二六五年血腥攻克位於東部的羯陵伽（Kalinga）之後，從阿富汗橫跨整個北印度直抵孟加拉之廣袤歐亞南部世界，首次被整合在單一的度量衡與貨幣制度之下，[340] 總人口估計約三千萬左右，延續難陀時期之中央集權行政規劃，全國被劃分為四個「大區」（janapada），各自派任總督並編組一個軍團加以駐守；大區以下又分成若干行省，長官由中央政府任命，每五年必須接受一次巡迴檢查，行省以下的城鎮單位均由國家任命官員負責其法律秩序、

337 Rama Shankar Tripathi, *History of Ancient India* (New Delhi: Motilal Banarsidass, 1999), pp.129-130.

338 S.N. Sen, *Ancient India History and Civilization* (New Delhi: New Age International, 1999), pp.26-32.

339 Alexander Wynne, "Review of Johannes Bronkhorst's *Greater Magadha: Studies in the Culture of Early India*, H-Buddhism, *H-Net Reviews*, July 2011.

340 S.N. Sen, *Ancient India History and Civilization*, p.160.

衛生與稅務管理。[341]根據塞琉古王朝派遣使節麥加斯蒂尼（Megasthenes）回報訊息指出，[342]帝國首都華氏城周長超過三十公里，擁有五百七十座塔樓和六十四座城門，社會存在著層次井然的階級秩序（種姓制度），從西北邊境至首都建有一條長達一千八百五十公里的「大幹道」（Grand Trunk Road），沿途設有驛站系統，充分顯示其國力與無遠弗屆之影響。尤其西方正陷入「後波斯」或「後亞歷山大」時期紛爭不休，歐亞東部則進入「戰國時代」高峰，對比之下，孔雀王朝不啻是此際歐亞大陸最穩定強大的一股力量。

曼荼羅思想及其戰略與歷史意涵　在阿育王統治下的孔雀王朝堪稱早期印度文明發展之重要高峰時期，除了印度教經典《奧義書》（*Upanishads*）中的社會與哲學思想在這段歲月中奠定基礎並編撰成書，身為帝國開創者旃陀羅笈多最親密之老師、私人顧問兼宰相，考底利耶（Kautilya）根據自身政治經歷與思考，寫下《政事論》（*Arthashastra*）這本討論治國之道與政治組織的經典著作；根據他所描述的經世致用準則，爭取並掌握權力不僅是最關鍵之現實考量，構成權力的各種因素乃相互關聯的，只要能綜合運用即可完成領導者的戰略目標。[343]

非但前述邏輯原則與當代國際關係理論中的現實主義分析高度契合，更甚者，在歐洲自十八世紀以來逐步發展出均勢（balance of power）操作理論之前，《政事論》已提出以所謂「曼茶羅」（Mandala）體系為基礎之一系列詳盡外交政策選擇方案。[344]此一理論的基本假設如下：首先，世界是由眾多國家構成的一系列同心圓，類別包含同盟國、敵國與中立國等，就本國立場而言，與自身邊界接壤的鄰國乃必然的敵國，位於敵國之外者既是其潛在敵人，亦可視為本國的友好國家（換言之，敵人的敵人是天然盟友），以此類推向外擴散，將構成不斷延伸且敵對與友好交替的外交同心圓，至於在細部政策運作選擇方面，包括附加承諾的協議（和平）、主動採取攻勢（戰爭）、對潛在敵人施加威脅、保持中立、於聯盟關係中屈居附屬地位，以及雙重操作（與一國結盟，同時向另一國發動戰爭）等六個選項，則可供決策者因地制宜去理性選擇，並藉此維繫以帝國為核心之穩定世界秩序。[345]

---

341 Sinharaja Tammita-Delgoda, *A Traveller's History of India* (Gloucestershire: Chastleton, 2007), pp.56-58.

342 Hermann Kulke and Dietmar Rothermund, *A History of India*, p.62.

343 Kautilya, *The Arthashastra* (New Delhi: Penguin Books India, 2000); Hussein Solomon, "Critical Reflections of Indian Foreign Policy: Between Kautilya and Ashoka," *South African Journal of International Affairs*, 19:1 (2012), pp.65-78.

344 Amalendu Misra, "Rajamandala Theory and India' s International Relations," *Nação e Defesa*, 146(2016), pp.10-27

345 On the Sixfold Strategy, 18 chapters, Topics 98-126; Patrick Olivelle, *King, Governance and Law in Ancient India: Kautilya's Arthashastra* (Oxford: Oxford University Press, 2013), pp.33-35.

威爾斯曾經不無溢美地宣稱阿育王乃「最偉大的君主之一」，也是「歷史記載中唯一在取得勝利之後決定放棄戰爭的軍事君主」；[346]根據普林塞普（James Prinsep）在一八三七年破譯的結果，迄今至少有十八塊岩石和三十座石柱以普拉克里特語（Prakrit）鐫刻著阿育王的詔書敕令，其內容一方面表達「自責、傷悲和痛悔」滅亡羯陵伽時的屠殺舉措，同時在自承錯誤之餘，宣示將放棄戰爭等暴力懲罰途徑，決心以「普遍慈愛」來對待全國子民，並提及若干生活道德守則。這些石柱高度約十二至十五公尺，用一整塊石頭鑄成，重達五十公噸，柱頂有栩栩如生的獅子或公牛塑像，非常顯著壯觀。於此同時，阿育王時期對佛教的重視亦備受關注，據說他曾建造了數萬座佛塔，除了讓佛教成為全國性宗教，甚至贊助其對外傳教弘法，例如往南到斯里蘭卡等；雖然關於阿育王皈依佛教的原因，大多數認為源自戰爭反省之故，無論如何，利用捧高佛教來打壓原先婆羅門教（Brahmanism）及其主導的種姓制度，[347]藉此鞏固君權與孔雀家族地位，絕對是不能忽視的政治背景。

前帝國時期之歐亞東部　若說與歐亞西部世界之開放性特徵相較，歐亞南部世界似乎封閉一些，很明顯地，歐亞東部也具有一定封閉特徵。從印度次大陸北側邊緣的喜馬拉雅山再往北，便是平均海拔四千五百公尺、面積廣達兩百五十萬平方公里，有「世界屋脊」（Roof of the World）之稱的青藏高原，最高峰甚至達到八千八百公尺以上，[348]起因也是來自次大陸板塊向歐亞板塊推擠的結果，至於高原周邊山脈往東南延伸加上河川沖刷的結果則形成一系列綿延進入中南半島的縱谷，因為地形切斷東西向交通孔道，又被稱為「橫斷山脈」；位於高原西北方與中亞河中地區之間的塔克拉瑪干沙漠，東西長一千一百公里，南北寬五百五十公里，總面積超過三十三萬平方公里，為全球第五大沙漠與第二大流動性沙漠，流動沙丘占了百分之八

346 Herbert G. Wells, *The Outline of History* (New York: Doubleday, 1971), chapter 24.
347 例如日本在八至十三世紀推動「律令國家」時也曾利用新興佛教來對抗神道教，此處不擬贅述。
348 中國稱為珠穆朗瑪峰（Qomolangma）或簡稱聖母峰，尼泊爾稱為薩加瑪塔峰（Sagarmāthā），西方則稱之為埃佛勒斯峰（Mount Everest）。

十，再往北方是歐亞大草原中段的「準噶爾縮小帶」（Dzungarian Narrowing），它也是中亞草原和東亞草原之間的一段不連續區域，位於其東側的東亞草原又稱蒙古草原，與南方農業區之間隔著全球第六大沙漠的戈壁沙漠，南北寬達八百公里。

總的來說，歐亞東部世界之西側邊緣包括塔克拉瑪干沙漠和青藏高原及其往中南半島延伸的縱谷與橫斷山脈（Hengduan Mt.），東邊是數千公里的西太平洋海岸線，從前工業時代角度視之，這些都不啻難以跨越之大塹，也讓它與其他「世界」連動有限，至於位居此一「世界」之文明軸心地帶，乃是由同樣發源自青藏高原且源頭相近之黃河和長江平行組成的「東亞兩河流域」，前者流域面積約八十萬平方公里，後者更達一百八十萬平方公里，加總為美索不達米亞一倍以上。最後，對歐亞東部而言，主要挑戰來自北方的東亞草原與戈壁沙漠，由於缺乏垂直性天險（主要屏障為陰山山脈及與其平行的長城），從而讓草原與森林民族經常有機會大舉南下威脅前述文明軸心。

目前中國已測知最早的青銅時代文化，乃二十世紀初期出土，位於長江上游的三星堆遺址，儘管考古訊息仍未臻完整，估計年代約在西元前二八〇〇至一一〇〇年間，由於所在緯度與印度河哈拉帕文明及美索不達米亞之阿卡德文明相近，其衰微或許也跟前述「四點二千年事件」（4.2-Kiloyear Event）相關。無論如何，前述文明軸心大部分地區進入「青銅時代」大約在西元前二〇〇〇年左右，其中，最具代表性者乃位於黃河中游的二里頭文化。[349]由於古史敘述與考古結果依舊無法完全銜接，[350]在西元前八四一年（西周共和元年）成為具明確年代記載的「信史」源頭之前，河套地區黃河流域中下游散落著農牧夾雜之許多部落與酋邦單位，大約起於西元前一五〇〇年的商代雖然據稱建立了某種酋邦聯盟，[351]無論從重視貿易行為、崇信祭祀以致透露神權特徵、同時採取兄終弟及繼承制度，以及在盤庚遷殷之前將近三個世紀不斷移動王都看來，[352]或許其政治特徵更接近部落聯盟一些。

相較之下，世居渭河流域的周國不啻具備更明顯之農業定居社會與酋邦特色，與商代「共主政體下的原始聯盟」對比，[353]西周封建制度顯示出更為強大之聯盟約束力（或許來自其強

---

349 韓建亞，〈略論中國的青銅時代革命〉，《西域研究》，第三期（二〇一二），頁六六至七〇；Roderick Campbell, *Archaeology of the Chinese Bronze Age: From Erlitou to Anyang* (Los Angeles: Cotsen Institute of Archaeology, 2014), pp.12-17.

350 中國政府在一九九六年正式於「九五計畫」下啟動「夏商周斷代工程」，希望結合自然與人文社會科學方法，共同解決上古史若干爭議，曾於二〇〇〇年公布《夏商周斷代工程：一九九六—二〇〇〇年階段成果報告（簡本）》和《夏商周年表》等，二〇二二年且正式出版最終報告，迄今未能形成學術共識。

351 沈長雲、張渭蓮，《中國古代國家起源與形成研究》（北京：人民出版社，二〇〇九年），頁二七二。

352 一般有「先八後五」之說，亦即成湯滅夏之前八次遷都，之後在盤庚之前又五次遷都。

353 周書燦，《中國早期國家結構研究》（北京：人民出版社，二〇〇二年），頁七。

大的戰車群與發明在車上設置弓箭手），[354]宗教角色弱化亦突出了政治發展之世俗化方向；其次，原先侷限於黃河中下游之體系範圍，在納入楚、吳、越等周邊成員後，則開始將文明軸心影響力輻射至長江中下游地區。

即便如此，如同坦特（Joseph Tainter）對於「複雜社會走向崩解」的詮釋，他認為人類社會本即一個問題解決機制，必須根據問題演進提高投資並自我調整，一旦調整速度無法跟上演進，衰微亦難以避免；[355]西周的情況或正是如此，由於最初機制目標乃建立一個相對靜態之秩序框架，加上「以恩惠換取忠誠」之「分封」權力結構只能消極保障周王對諸侯之羈縻管理，[356]隨著社會演進不斷提高問題複雜性，更重要的是原先居於邊陲之貴族透過對外征戰持續強大，位處中央的王畿卻無任何擴張腹地，上下勢力消長除了促使原先體系核心（周國或周王）負責維持的國際秩序逐漸崩解，[357]最起碼為了「自助」起見，相對複雜且更具實質性（利益而非儀式導向）的國際關係與外交互動跟著浮現，戰爭亦成為愈發慣常使用的手段。

為了更有效因應結構變遷挑戰，如何強化集權並建立專業官僚制度，成為體系內主要單位應對「秩序崩解」的當務之急；由此，首先是傳統封建體系與貴族世襲制度趨於動搖，接著，在體系核心（周）衰落以致鼓勵競爭之餘，隨著西元前七七〇年進入春秋時代以來「鐵器時代」降臨與戰爭頻率激增，包括在西元前三五〇年左右引入並普及騎兵，[358]以及諸如冶鐵鑄鋼、開採礦藏、大型水利設施與糧食種植等技術都呈現出突飛猛進態勢，加上商業交易網路的建構與受到政策激勵（因其有助於累積戰爭資本），最終改變了傳統以分權封建為主的體系靜態特徵，並在歷經數百年混戰後，帶來全新的「統一帝國」（unification empire）結構與互動模式。

帝國建構之地理與政治意義　在終結長達五個世紀之春秋戰國紛擾之後，由秦始皇嬴政自西元前二二六年起，以短短十五年時間於西元前二二一年藉由統一六國所創造的新時代，不僅對中國而言，對歐亞東部世界也具有關鍵性歷史意義。相較最初侷限於黃河中下游的西周體系，經由從春秋到戰國時期超過五個世紀之不斷擴張，體系範圍逐步被往北推進至目前長城沿

354 Edward L. Shaughnessy, "Historical Perspectives on the Introduction of the Chariot into China," *Harvard Journal of Asiatic Studies*, 48:1(1988), pp.189-237.

355 Joseph Tainter, *The Collapse of Complex Societies* (Cambridge: Cambridge University Press, 1988), p.119.

356 李峰，《西周的滅亡：中國早期國家的地理與政治危機》（上海：上海古籍出版社，二〇〇七年），頁一四三。

357 Li Feng, "Feudalism and Western Zhou China: A Criticism," *Harvard Journal of Asiatic Studies*, 63:1(2003), pp.115-44.

358 J.R. McNeill and William H. McNeill, *The Human Web: A Bird's-Eye View of World History*, p.63.

線，東北方抵達遼東半島，南部涵蓋了整個長江流域，乃至於珠江流域北緣，西邊則靠近河西走廊入口，由此構成之龐大幅員一般被泛稱為「中國本部」（China Proper），[359]成為未來中國重建帝國之地理基礎，於此同時，從朝鮮半島到西伯利亞遠東地區、從內蒙古草原直抵中亞與青康藏高原邊緣地帶，以及由珠江流域向南沿伸至中南半島北端等地，也因為自此與前述「中國本部」地區維持長期密切之聯繫互動，亦成為「中國中心體系」（或東亞體系）不可或缺的組成部分。

從某個角度看來，秦始皇建立的「帝國」架構與西周封建體系有著若干異曲同工之妙，亦即都試圖藉由「層級性」（hierarchical）構造來確保威望「形式上集中化」；例如在原先體系中只有周國統治者可稱「王」便是一例，至於在戰國時代後，各國紛紛稱王一方面凸顯周王威望的減損，亦暗示體系一度朝向平行性結構邁進，為重建前述層級性秩序，秦在統一六國後自稱並壟斷「皇帝」稱號，不啻具有高度象徵性意義；[360]在此後的兩千餘年間，東亞體系中唯有居於核心的統治者（未必只有中國）才能稱帝，並作為國際秩序存在之某種象徵。事實上，無論皇帝、Emperor或類似稱號，此一頭銜在各個世界中之稀少性共通特色確實不容忽視。

進言之，非但自秦建立帝國體制後，「農耕民族與遊牧部落的對抗」便成為主導中國乃至歐亞東部世界歷史發展的新規律來源，事實上，早在西周時期便經常主動與遊牧部落發生衝突，目的或在於再次確認體系範圍及其秩序安全。[361]如同拉鐵摩爾（Owen Latimore）與馬伯樂（Henri Maspero）等人主張，[362]直到西元前二〇〇〇年至前五〇〇年左右，在黃河中游到蒙古草原之間，無論草原部落抑或平原聚落，都維持著某種程度農耕與畜牧並行之混合經濟型態，彼此生活差異並不大；其後，由於以西周體系為主的文明軸心地區農業生產技術顯著進步，加上為了因應人口繁衍帶來之更大土地需求，都驅使其發起對體系邊緣的擴張行動（武裝移民或

---

359 何漢理（Harry Harding）指出「中國本部」一詞自一八二七年便已存在，參見“The Concept of Greater China: Themes, Variations, and Reservations,” *China Quarterly*, 136（1993）, pp.660–686；另一些人則認為英國學者溫特伯森（William Winterbotham）在一七九五年 *An Historical, Geographical and Philosophical View of the Chinese Empire* 書中早就提出相關概念。

360 日本學者好並隆司在《秦漢帝國史研究》（東京：未來社，一九七八年）書中認為，秦國以游牧為主的經濟型態容易產生「君權神授」趨勢，東方六國由於以農業經濟為主，因此「家父長奴隸制」居於主導地位，至於秦統一中國後建立帝制之目的便是企圖結合上述二者；對此，中國學者林劍鳴《新編秦漢史》（台北：五南圖書公司，一九九二年）書中也持同樣觀點。但本書仍傾向由重建層級性體系角度來觀察。

361 例如武王與周公伐東夷（黃河下游與淮水流域附近）、康王伐鬼方（位於陝西與山西北部交界）、昭王征楚（位於長江中游的楚國當時屬於蠻夷行列）、穆王討伐揚越（長江下游）並西征犬戎（甘肅東部）、夷王再征犬戎，厲王擊退玁狁（與鬼方約略屬同一民族，有人亦認為是匈奴先民）等

362 Owen Latimore, *Inner Asian frontiers of China* (New York: American Geographical Society, 1940); Henri Maspero, *La Chine antique* (Paris: Presses universitaires de France, 1927).

戰爭），於是逐漸迫使草原民族向北遷徙並最終專營游牧生活；此種論點一般被稱為「逐離理論」（theory of displacement），至於結果首先是原先的「東夷」（黃河流域下游）與「南蠻」（長江流域中下游）地區被漸次納入體系範圍，這個過程一般稱之「漢化」，但亦可視為某種「體系化」或「世界化」的努力。其次，則是在經濟型態差異慢慢明顯到可以被畫出一條「界線」（約略與長城重疊）之後，[363]這條界線既成為未來帝國與文明的邊界（被視為蠻夷的遊牧民族，由此被置於以文明加以定義之世界以外），也如同前述，由於歐亞東部世界北方具備之一定地緣開放性，在此邊界兩側所進行的攻防戰，亦不斷地影響並重新書寫著以中國為中心的帝國與區域史。

除了世界範圍之形成與確認，起自西元前七七〇年且長達五個世紀之所謂春秋戰國時期，在促使政治單位從早期國家向傳統國家演進之餘，秦建立帝國後陸續設置四十八個由中央直轄的「郡」，統一度量衡制度與文字，以及修築連接內部之「馳道」與通往邊疆之「直道」等交通道路系統等，儘管短短十五年便「二世而亡」，仍舊為中國與歐亞東部世界提供了極其關鍵之政治與地理基礎。更重要的是，相較其他地區個案，漢朝以降中華帝國最特殊之處便在於它建立了一個強大且有效率的文官制度，[364]且透過一定客觀形式進行甄補與監察，[365]使其得以有效輔助政府運作，並一定程度制衡了軍事力量的威脅。

中心觀念與世界主義浮現及其制度化　由秦在西元前二二一年建立新的帝國體系做為開端，並由兩漢（西漢與東漢）接續其後的歷史時期，其重要性不僅在於確立此後大約兩千年的中國（與東亞）基本體系範圍，也在於它藉由某種地緣慣性創造出來用以支撐核心威望的正當性基礎，亦即「中國中心」（Chinese-centric）概念。

一般討論所謂中國中心概念時，多半從《國語．周語上》中，祭公謀父所提出的「五服」制度作為出發點，主要內涵是指周國在概念上根據其互動單位所處地理遠近，區分出不同性質的交往模式，其中，甸服、侯服與賓服具備體系內圈性質，要服和荒服則位於外圈，相較對待前者自然是以落實封建規範為主，後者則希望達成「要服者貢，荒服者王」之目標，也就是敦

363 Coching Chu, "The Aridity of North China," *Pacific Affairs*, 8:2(1935), pp. 206-217; Arthur Waldron, *The Great Wall of China: From History to Myth* (New York: Cambridge University Press, 1990), p.56.

364 Francis Fukuyama, *The Origins of Political Order: From Pre-human Times to the French Revolution* (London: Profile Books, 2012), pp.137-138.

365 黃怡君，《西漢官吏的選任與遷轉》（台北：國立台灣大學出版中心，二〇二四年）。

366 五服的說法最早見於《尚書・禹貢》中，其細目包括：「五百里甸服：百里賦納總，二百里納銍，三百里納秸，服四百里粟，五百里米。五百里侯服：百里採，二百里男邦，三百里諸侯。五百里綏服：三百里揆文教，二百里奮武衛。五百里要服：三百里夷，二百里蔡。五百里荒服：三百里蠻，二百里流。」主要說明根據地理遠近所呈現出來責任義務的差異。

促他們按時進獻貢賦並前來朝覲以滿足威望需求。[366]儘管前述五服概念大體傾向某種「理想」，實際上難以執行，帝國結構暗示的「中央集權」與「權力分配懸殊」（缺乏足以與帝國核心抗衡的其他單位與能量來源）等特徵，透過權力差距獲致的心理優越感，仍舊自然成為「中心說」的支撐來源。

至於針對中心概念本身，更早浮現的所謂「諸夏」或「華夏」，尤其從「諸」字的複數意義，便自然浮現出某種可見的「體系」想像，亦即由位於黃河中游地區若干部落組成的鬆散聯盟。接續其後出現的則是「中國」，以及將中國置於核心的「天下」秩序概念；自春秋時期起，「中國」一詞不僅經常用以與「夷狄」對比，[367]例如像「華夷之辨」或「夷夏之防」等概念紛紛出籠，亦暗示著中原政治單位與周邊游牧群體之間的競爭緊張關係；無論如何，在漢朝建立後，一方面帝國結構愈趨成熟，導致前述華夏或中國之意涵逐漸由族群意識朝向「世界主義」（cosmopolitanism）挪移，所謂「天下」則成為更常見的用詞，目的在表述一個以帝國作為核心的新世界秩序。[368]

為了更有效管理帝國與附屬者關係，秦朝在中央官制中設置了「典客」（掌諸歸義蠻夷，位居九卿之列）與「典屬國」（主管蠻夷降者）等職位，在地方上亦特設等同於縣的「道」級單位，目的在管理少數民族地區。漢朝基本上承接了前述設計，將典客轉而分設「大行令」與

「大鴻臚」以「掌諸侯與四方歸義蠻夷及四方夷狄封者」，至於在地方上，除了沿襲道的設置之外，還有所謂「屬國」（具半獨立地位）與「都護」（設置於邊疆地區，管理包括屯田在內相關業務）等新的制度設計。更甚者，相較西周時期大致僅具「儀式性」與「形式化」的貢納行為，西元前五三年南匈奴呼韓邪單于決定「稱臣入朝」後，西漢也在處理「朝覲」議題方面（包括相關規範、禮儀與使團規模）朝向更具規範化方向演進，相對地，帝國對外「封賞」也存在明確設計，從而為帝國治下的世界秩序提供了更穩固的制度基礎。[369]

367 例如《左傳．莊公三十一年》曾經提及：「凡諸侯有四夷之功，則獻于王，王以警於夷，中國則否」。《公羊傳．禧公四年》稱：「南夷與北狄交，中國不絕若線；桓公救中國而攘夷狄，以此為王者之事也」；《公羊傳．成公十五年》亦云：「春秋內其國而外諸夏，內諸夏而外夷狄。」

368 有關中國「天下觀」的討論可參考：顧頡剛，《史林雜識初編》（北京：中華書局，一九六三年）；於省吾，〈釋中國〉，收於《中華學術論集》（北京：中華書局，一九八一年）；趙汀陽，《沒有世界觀的世界》（北京：中國人民大學出版社，二〇〇三年）；高明士，《天下秩序與文化圈的探索》（上海：上海古籍出版社，二〇〇八年）；王柯，《中國，從天下到民族國家》（台北：政大出版社，二〇一四年）等。。

369 Yong-Jin Zhang, "System, Empire and State in Chinese International Relations," *Review of International Studies*, 27(2001), pp.43-63.

至此，倘若針對歐亞大陸西部、南部與東部出現之第一個帝國體制進行對比，不難發現以下幾個相似之處：首先，如同波斯、亞歷山大與摩揭陀，秦的崛起明顯也符合所謂「邊緣動力學」，不僅自西周時期起，秦始終是處於體系西部邊陲的封建單位，自春秋戰國乃至其後繼者漢朝，都將它視為具若干蠻族色彩的國家；[370]其次，除了幾乎都歷經三個世代來完成「統一」世界的工作，[371]三個帝國在地緣戰略方面也都採取先「鞏固後方腹地」的作法，例如居魯士在攻略中亞河中區域後再前進美索不達米亞，難陀王朝與孔雀王朝都是在處理背後山區游牧勢力之後漸次西進，至於秦也是選擇先征服巴蜀後患，接著開展其東進大業；接著，擺脫神權與宗教勢力牽制，建立更世俗化之中央集權體制（統一度量衡、中央任免官員、建立長程交通系統），無疑是其共通政治特色；最後，除了波斯並無類似情況，孔雀王朝和漢帝國之間都出現了難陀王朝和秦帝國這兩個雖然短暫，卻確實奠下帝國基礎的關鍵過渡性政權。至於前述這些基本共同特徵是否同樣符合未來其他帝國崛起個案，本書將逐一加以檢視。

370 Mark Lewis, *The Early Chinese Empire: Qin and Han* (Cambridge: Harvard University Press, 2007), pp.40-41.
371 波斯從居魯士，岡比西斯到大流士，孔雀王朝從旃陀羅笈多，賓頭娑羅到阿育王，秦漢則較為複雜。
372 Charles River Editors, *Ancient Mediterranean Trade: The History of the Trade Routes Throughout the Region and the Birth of Globalization* (2020).

第一地中海帝國：統一羅馬（27 BC-395）

地中海次世界之特殊性 最後一個「帝國潛在區」（potential imperial zone）乃是環繞著地中海的一個廣域地帶。與其他三個世界以陸地（以及特別是大河流域）與農業經濟結構作為核心相比，位於此區域中央者為東西長四千公里、南北最寬處約一千八百公里，總面積達兩百五十萬平方公里，作為全球最大陸間海的地中海；其北方為歐洲大陸及其向南延伸的義大利與巴爾幹兩個半島，東部面對亞洲並隔著小亞細亞半島與另一個陸間海（黑海）相望，南方則是非洲，其中，西西里島與北非突尼斯之間的一百六十公里距離乃地中海最窄處，也將它分為東、西兩部分。儘管以海洋作為地理中心看似具備開放性特徵，實則北非多數地區於西元前三五〇〇至二五〇〇年全面乾旱化之後，帶來全球面積最大的撒哈拉沙漠，其南北最寬處達一千六百公里，幾乎難以通行，北方歐洲大陸則阿爾卑斯山（北緯四十五度）以北，因為受到鐵器時代寒冷期影響亦相較不宜人居，這些都使得風浪不大、海岸線曲折、島嶼港灣眾多，再加上夏乾冬雨且降水有限的地中海型氣候並不適於農業耕作的地中海周邊地區，貿易活動相對發達，特別是愛琴海與希臘半島更因作為小亞細亞、美索不達米亞和埃及之間的交換媒介，到處林立之沿海貿易城邦奠定了其文化與社會發展基礎。[372]

青銅時代在西元前三〇〇〇至二五〇〇年間來臨，讓作為愛琴海、安納托利亞與黑海之間貿易樞紐的特洛伊（Troy）因而興起，但也因兵家必爭而數度被毀，至於時間稍晚並位於克里特島上的米諾斯（Minos）則被認為是第一個地中海文明，[373]接續其後在西元前一五〇〇年崛起的乃是位於希臘半島上的邁錫尼（Mycenae），正是他們開啟了與義大利半島的聯繫，並建立一連串海外貿易站，[374]接著是在西元前八世紀異軍突起，源自黎巴嫩迦南地區的腓尼基人（Phoenicia），[375]他們在小亞細亞、希臘與義大利之外的地中海沿岸建立了許多貿易殖民地，一般認為「海上貿易才是他們的領域分界線，而非陸地上的領土」，[376]其中最重要的是座落北非的迦太基（Carthage），由於扼制海域中央樞紐並擁有龐大船隊，一度成為地中海霸權，於此同時，希臘城邦則自西元前六世紀起開始與腓尼基人相互爭霸，雅典與斯巴達無疑為其中翹楚。

必須指出，無論主角是腓尼基或希臘，他們既都依賴或爭奪著東地中海或愛琴海貿易活動，至於此一貿易興盛的背景則是由於周邊包括西臺、亞述與埃及等政治勢力帶來經濟剩餘可供交換的結果；儘管他們也偶爾與這些力量之間爆發過衝突，最著名者便是西元前四九九至四四九年的波希戰爭，但此一糾紛並不影響波斯的統一帝國格局，亦無關乎希臘的爭取自由，主要背景乃是波斯在西元前五四六年滅亡呂底亞時，曾邀請名義上臣服於呂底亞的希臘城邦「共襄盛舉」，由於後者相較腓尼基表態相對消極，加上腓尼基企圖利用波斯壓制希臘，從而引發了這場「懲罰性戰爭」。沒想到希臘在僥倖取勝之後，居然隨即自西元前四三一年陷入一場長達三十年自相殘殺的伯羅奔尼撒戰爭，最終葬送了雅典的霸權。[377]

在羅馬崛起之前，最後一個影響地中海世界的是來自馬其頓的亞歷山大。如同前文所述，首先，馬其頓也是興起於世界邊陲，其次，在西元前三三四年於安納托利亞擊潰御駕親征的大流士三世之後，亞歷山大同樣選擇「鞏固後方腹地」的作法，先回師陸續掃蕩敘利亞、巴勒斯坦和埃及，然後再開啟鎖定波斯的遠征。[378]由於亞歷山大在西元前三二三年猝逝，他征服的廣

373 David Abulafia, *The Great Sea: The Human History of the Mediterranean* (Oxford: Oxford University Press, 2014), p.22.

374 R. Ross Holloway, *Italy and the Aegean* (Louvain-la-Neuve: L'Universite Catholique de Louvain, 1981).

375 David Abulafia, *The Great Sea: The Human History of the Mediterranean*, pp.64-65.

376 Glenn Markoe, *The Phoenicians* (London: Folio Society, 2005), p. xviii.

377 Donald Kagan, *The Fall of the Athenian Empire* (Ithaca: Cornell University Press, 1987); Victor D. Hanson, *A War Like No Other: How the Athenians and Spartans Fought the Peloponnesian War* (New York: Random House, 2011)

378 Michael Burger, *The Shaping of Western Civilization: From Antiquity to the Enlightenment* (Toronto: University of Toronto Press. 2008), p.76.

圖：世界帝國分布（BC 100-100 AD）

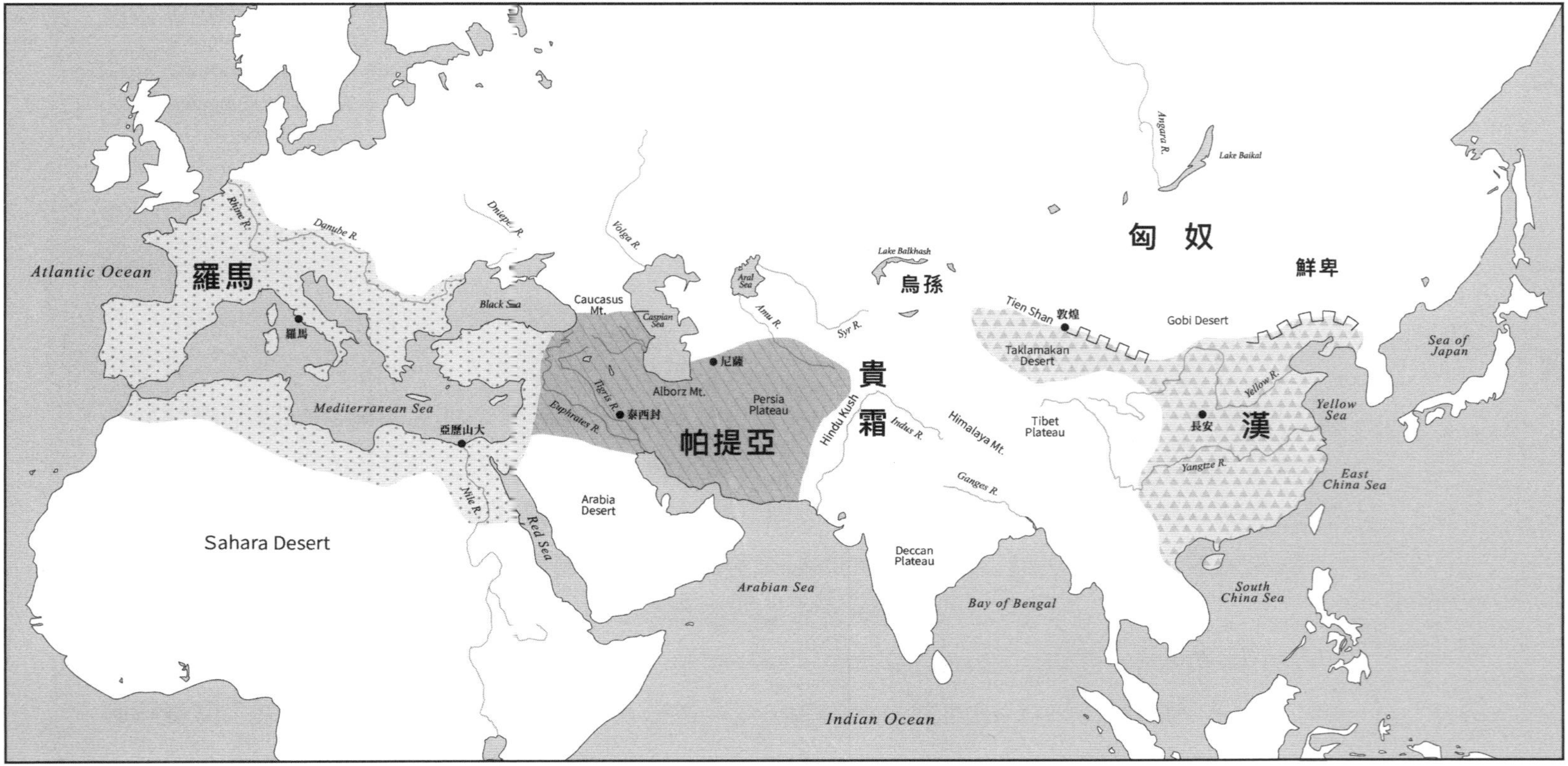
Atlantic Ocean
羅馬
Rhine R.
Danube R.
羅馬
Mediterranean Sea
亞歷山大
Nile R.
Red Sea
Sahara Desert
Dniepe R.
Black Sea
Caucasus Mt.
Volga R.
Caspian Sea
Tigris R.
Euphrates R.
泰西封
Alborz Mt.
尼薩
Persia Plateau
帕提亞
Arabia Desert
Arabian Sea
Aral Sea
Amu R.
Syr R.
Hindu Kush
貴霜
Indus R.
Himalaya Mt.
Ganges R.
Deccan Plateau
Bay of Bengal
Indian Ocean
Lake Balkhash
烏孫
Tien Shan
敦煌
Taklamakan Desert
Tibet Plateau
Gobi Desert
匈奴
鮮卑
Angara R.
Lake Baikal
Yellow R.
長安
漢
Yangtze R.
Yellow Sea
East China Sea
South China Sea
Sea of Japan

大土地瞬間陷入被稱為「繼業者戰爭」（Wars of the Diadochi）的內戰中，[379]一直持續到西元前二八一年為止，最後一分為三：托勒密（Ptolemy）佔有埃及並自稱法老，安提柯（Antigonus）控制了馬其頓、希臘與部分的小亞細亞，塞琉古（Seleucus）擁有埃及以外波斯帝國大部分土地。至於其彼此爭戰不休，除了為羅馬崛起提供了可供填補的權力縫隙與歷史契機，也讓一度被打破藩籬的各個「世界」重新回到自己的發展軌道上。

羅馬崛起及其征戰　歷史似乎不斷重演，且不論後來建構帝國的波斯人直到西元前六世紀中葉以前依舊沒沒無聞，[380]即便（被歐洲）自詡輝煌的希臘，亦不過是個帝國邊陲的次文化區，無怪乎最初「在文化上幾乎微不足道，從海上無法抵達，在西元前三世紀初還是個次要商業集散地」，蜷縮於台伯河畔的羅馬城，[381]只能以野蠻面貌存在於希臘人的視野當中，甚至曾經

379 Graham Shipley, *The Greek World After Alexander* (New York: Routledge, 2000); Robin Waterfield, *Dividing the Spoils: The War for Alexander the Great's Empire* (New York: Oxford University Press, 2011).

380 Philip Lee Ralph, Robert E. Lerner, Stadish Meacham and Edward McNall Burns, *World Civilization: Their History and Culture* (New York: W.W. Norton & Co., 1997), chapter 8.

381 Richard David Precht, *Erkenne die Welt: Geschichte der Philosophie 1* (Munchen: Goldmann, 2015), p.342.

在前三九〇年被入侵的高盧人夷為平地；此時，地中海世界大致以義大利半島為界，東邊是以愛奧尼亞海與愛琴海為中心之希臘城邦貿易圈，西南是以北非突尼西亞為基地的迦太基（Carthage）城邦貿易圈，從伊比利到義大利半島北方大陸散落著高盧與日耳曼部落，至於羅馬城則是位於各股勢力夾縫中的微弱政治單位，正因其弱小，戰爭自然成為生活日常與群體存續之必要手段。

根據羅馬史家看法，執政官卡米拉斯（Camillus）花了十年時光在西元前三九六年攻下維伊（Veii），乃後來帝國擴張的重要起點（儘管此處不過是距離羅馬城西北方十六公里處的小城鎮），戰後全城人口均被擄掠販售為奴，城內所有商品財產也被搜刮一空以分給軍隊，雖然僅僅六年後，羅馬城自身也在高盧攻擊下淪落同樣慘況，[382]「以戰止戰」已成為羅馬的生存規範與政策指導原則，伴隨戰爭的瘋狂屠戮劫掠也成為常態。不過，羅馬的窘境並非特例，義大利半島中部周邊單位雖然早在前七世紀至前四世紀左右便組織了一個鬆散的「拉丁同盟」以圖自保，依舊在前三四〇年的拉丁戰爭中遭到羅馬吞併，使後者控制了半島南部。至於羅馬的下一場戰爭，則是瞄準當時西地中海霸主迦太基，自西元前二六四年至前一四六年長達百年之三次「布匿戰爭」（Punic Wars），[383]在迦太基城及其勢力範圍最終遭摧毀並接收之後，羅馬隨即於西元前一一二年攻擊其左側盟友努米底亞（Numidia），至此幾乎控制了環地中海西部多數地區。[384]

凱特利（Thomas Keightley）認為，「羅馬帝國的成形，或許是世界史上最令人驚嘆的現象之一」，因為它「發跡於一個小鎮，或者更確切說是個村落，方圓不過數英里」，最終卻能締造如此幅員遼闊的帝國；[385]從歷史發展來看，布匿戰爭絕對是一大關鍵，雖然不過佔有了地中海西側沿岸，長達近三個世紀的連綿戰事，已然將羅馬打造成一個高效率之「軍國主義戰爭機器」（militaristic war-machine），此後無論處理國內外事務，暴力都被視為理所當然的政治工具；[286]其次，亞歷山大自西元前三三四年起發動針對波斯之漫長征途，非但一度將地中海世界的目光吸引向遙遠東方，因其陡然去世引發之混戰，則使羅馬成為解決希臘化世界紛爭之關鍵外部力量，加上後者逐漸稱霸地中海西部，由此提升之「國際」地位也奠下了羅馬日後崛起

382 羅馬將義大利乃至阿爾卑斯山以北，包括今日法國，比利時一帶地區與人民統稱「高盧」（Gaul）。

383 Nigel Bagnall, *The Punic Wars: Rome, Carthage and the Struggle for the Mediterranean* (London: Pimlico, 1999); Victor Hanson, *Carnage and Culture: Landmark Battles in the Rise of Western Power* (New York: Anchor Books, 2001).

284 Michael Burgan, *Empire of Ancient Roman* (New York: Chelsea House, 2009), chapter 1.

385 Thomas Keightley, *History of the Roman Empire: From the Accession of Augustus to the End of the Empire of the West* (London: Whittaker and Co., 1845), pp.1-2.

386 Mary Beard, *SPQR: A History of Ancient Rome* (New York: Liveright Publishing, 2015), pp.212-213.

基礎。儘管如此，自西元前一三三年起，羅馬陷入了一段混合政變、內戰與街頭暴力的動亂階段，[387]且因本土大致維持共和體制，[388]此種分權特徵顯然難以操控越來越廣大的領地與山頭林立的軍事將領。

前六〇年由凱撒、龐培和克拉蘇形成所謂「三巨頭」（First Triumvirate）集體寡頭體制後，為強化自身政治權力，凱撒先在前五八年發動「高盧戰爭」（Gallic Wars），[389]其次在前四九年面對要服從法律，交出指揮權並接受政敵惡意批判，抑或渡過盧比孔河展現勝利者姿態之掙扎時，[390]最終決定進軍羅馬走完邁向獨裁的最後一哩路。[391]至此，在透過三次馬其頓戰爭控制希臘半島、擊敗塞琉古取得小亞細亞西側和黎巴嫩，接著於西元前三一年滅亡埃及托勒密王朝後，羅馬雖仍名為「共和」，實已近乎「帝國」。[392]值得注意的是，即便屋大維在西元前二七年終結後凱撒時期紛亂並完成帝國肇建，並不代表羅馬就此穩定下來，他繼續將北方邊界推進至以萊茵河和多瑙河為界，至於其他小規模開疆拓土工作大致持續到一一七年哈德良（Hadrian）繼位為止。

羅馬之歷史意義與古典時期帝國總結 為管理如此龐大的帝國，皇帝以所謂「第一公民」（Principate）頭銜作為終身獨裁者，二八四年後改稱「主宰」（Dominate），[393]基本上雖保留了元老院或護民官等共和時期制度，在強化官僚機制並由皇帝兼任「大祭司長」（Pontifex Maximus）後，中央集權色彩仍極濃厚。在地方上，全國至西元六八年共設有三十六個行省（province），根據總督任命權又可分為十一個元老院行省與二十五個元首行省（後者多數為凱撒時期以來新征服土地）。值得一提的是，為有效管理被地中海隔開的廣大土地，羅馬自共和時代起便不斷隨著征伐所得開闢道路，[394]總長估計超過四十萬公里，且其中約八萬公里為

---

387 由於常態戰爭自然形成奴隸制，加上該種制度之剝削本質，羅馬共和時期先後在前一三五年、前一〇四年與前七三年爆發三次大規模奴隸反抗戰爭，其中，規模最大的第三次又被稱為斯巴達克斯戰爭（War of Spartacus），最後結果強化了軍事寡頭統治並埋下共和覆滅源頭。

388 相較先前的「王國」時期，前五〇九至前二七年通常被稱為羅馬的「共和」時期，主要由若干貴族代表組成元老院（Senate），然後推舉執政官（consul）輪流掌握政治權力。

389 Adrian Goldsworthy, *Caesar, Life of a Colossus*（New Haven: Yale University Press, 2016）; In the Name of *Rome: The Men Who Won the Roman Empire*（New Haven: Yale University Press, 2016）.

390 盧比孔河乃羅馬本土與高盧南部殖民地之界線，對外征戰指揮官返國時必須將部隊留在邊界之外

391 Tom Holland, Rubicon: *The Last Years of the Roman Republic* (New York: Anchor Books, 2005).

392 Christopher Kelly, *The Roman Empire: A Very Short Introduction* (Oxford University Press, 2006), p.4; Claude Nicolet, Space, *Geography, and Politics in the Early Roman Empire* (Ann Arbor: University of Michigan Press, 1991), p.15.

393 羅馬皇帝使用頭銜還包括「凱撒」（Caesar）與「奧古斯都」（Augustus）。

394 Ray Laurence, *The Roads of Roman Italy: Mobility and Cultural Change* (New York: Taylor & Francis, 2002).

石板道路；[395]更重要的是，從西元前一世紀開始推動有條件授予「公民權」的行動，在卡拉卡拉（Caracalla）皇帝於二一二年頒布《安東尼努斯敕令》（Constitutio Antoniniana），革命性地讓境內三千多萬行省居民一夕之間成為合法羅馬公民之際達到高峰，正如畢爾德（Mary Beard）所稱，「這絕對是世界歷史上規模最大的公民身分授予行動之一」，[396]由此不僅展現某種自信，亦彰顯出「寬容」此一帝國必要特徵。

從外部結構來看，羅馬不但將地中海變成「我們的海」（mare nostrum），也終結了亞歷山大掀起的「希臘化」浪潮，一方面環地中海地區成為「羅馬化世界」，與東方復興重建的新波斯帝國之間，亦因地緣接壤而爆發長期對抗；[397]於此同時，政變、內亂與反叛等堪稱「羅馬病」（Roman Syndrome）之政治傳統不斷困擾著帝國本身，尤其在上層結構內部方面，由於帝國框架既非世襲君主制也不存在明確領導者選任設計，相較一四至一九二年共一百八十年間的十四位皇帝，從一九三到一九三年的一個世紀卻出現了超過七十名皇帝，[398]繼六八年尼祿（Nero）皇帝死後陷入「四帝並起」窘境，接著則二三五至二八四年間的混亂非但被稱為「三世紀危機」，二七一年再度出現「三方鼎立」（羅馬、高盧和帕爾米拉），為帝國版圖帶來首度之短暫分裂，二九三年甚至由皇帝戴克里先（Diocletian）親手創立「四帝共治」（Tetrarchy），將帝國切割為東西兩部，分別由一組正副元首來治理，[399]由此埋下帝國在三九五年正式分裂之伏筆。

總結來說，自阿契美尼德至羅馬征服之將近八個世紀，在本書所稱歐亞大陸上的四個帝國潛在區當中，都各自先後出現了第一個帝國個案；從某個角度看來，這固然是不能否認的「事實」，問題是：它們如何能夠出現？又如何能夠維持下去？

就前一個問題而言，我們必須瞭解到，前工業時代的「時間」與「空間」觀念與現代截然不同，當時能夠蒐集並加以運用的「資源」與現代亦不可同日而語；面對如此廣袤範圍，在沒有衛星與準確地圖的情況下，古人究竟如何去勾勒其「世界觀」並據此擬訂理性且可執行之「大戰略」，[400]的確是經常被忽略且難以回答的問題，更甚者，如同個人不斷強調的「邊緣

395 Richard A. Gabriel, *The Great Armies of Antiquity* (Westport: Praeger, 2002), p.9.

396 Mary Beard, *SPQR: A History of Ancient Rome*, p.527.

397 包括前二四八至西元二二四年的帕提亞或安息（Parthian），與接續其後至六五一年的薩珊（Sasanian）。

398 或在西元二三五至二八五年的半個世紀中共出現二十六位皇帝，其中只有一位是在任內自然死亡。

399 Simon Corcoran, *The Empire of the Tetrarchs: Imperial Pronouncements and Government, AD 284-324* (Oxford: Clarendon Press, 2000).

400 Edward N. Luttwak, *The Grand Strategy of the Roman Empire: From the First Century A.D. to the Third* (Baltimore: The Johns Hopkins University Press, 1976).

動力學」概念，既然這些帝國征服者最初往往是地處邊陲、能力有限的蕞爾小邦，它們最終擁有能夠吞食自己數十倍以上土地的「爆發力」，又潛藏著何種秘密呢？例如波利比烏斯（Polybius）早在西元前二世紀便曾提問：「究竟是甚麼樣的國家體制促使了這件肯定前無古人的壯舉，讓羅馬幾乎以不到五十三年的時間便征服了全世界」；對此，儘管既有歷史多少給了些想當然爾的「合理」答案（又或許經常只是簡單地從個人領導力、關鍵制度變革以及軍事能量切入），如何進一步推敲還是我們應有的責任。

第二個問題就相對「簡單」一點。以安薩里（Tamim Ansary）的想法為例，[401]他嘗試從五個M的角度來思考如何去維持 個龐大帝國，首先是管理（management），如同前述，所有帝國都將自己切割成具二至三個層次的行政單位，一方面由中央派遣官員直轄，同時也規劃定期巡邏督導制度；其次是訊息傳遞（messaging），亦即如何面對天高皇帝遠的挑戰，至於對策不外乎建立大型道路與驛站以提供「快遞」功能，必要時也會建立皇家間諜機制；第三是金錢（money），也就是統一貨幣並設計健全的賦稅制度，有時甚至將關鍵物資（金銀銅鐵鹽）收歸國有，以籌集運作帝國之必要資財；第四當然是軍事力量（military might），作法包括宣示壟斷合法武力、建立常備軍、建立兵源徵召制度，以及駐軍戰略要地等；第五是所謂大敘事

（master narrative），亦即透過論述建立正當性基礎，其中，形塑「統治者神話」和結合宗教信仰是最簡便常見的途徑，[402]另外則藉由統一文字以掌握知識文化傳遞優先性也非常重要。

最後，關於帝國崩解的理由，前面章節也有論述，此處不再贅述；關鍵是，隨著古典時期四大帝國紛紛殞落，它們將對「世界」帶來何種影響，而同一「世界」又會如何累積契機去重新打造一個新帝國，欲知後事如何，且待下一章分曉。

401 Tamim Ansary, *The Invention of Yesterday: A 50,000-Year History of Human Culture, Conflict, and Connection* (New York: Public Affairs, 2019), chapter 6&7.

402 Anders Rydell, *The Book Thieves: The Nazi Looting of Europe's Libraries and the Race to Return a Literary Inheritance* (New York: Viking Group, 2017).

游牧勢力及其影響

Nomadic Powers and Their Influences

游牧通道之興起背景　古典時期的四大帝國並非同步存在，而是各自依據環境孕育變化而依次出現，其中，相較阿契美尼德與孔雀帝國，分居歐亞大陸兩端的秦漢與羅馬帝國不僅存續時間有著部分重疊，彼此發展似乎也存在某種微妙聯繫。有趣的是，此際東西方同時出現了對後世影響重大的歷史學者及其巨著，分別是波利比烏斯（Polybius）所撰《歷史》（*Histories*）以及司馬遷傳世的《史記》一書，[403]差異在於，司馬遷的目標是一部窮極遠古的「大歷史」，波利比烏斯留下的則是一部「羅馬帝國前傳」。值得注意的是，波利比烏斯以西元前二二〇年作為記敘開端，正好與中國戰國時代結束同年，卷首一段引言更堪玩味，他認為：「最初有關世界的歷史，可說是由一連串不相干的事件組合而成，其發生的緣由及結果之不相關聯，有如它們散落四處的地點之相隔；但是從這時候開始，歷史宛如整體般開始聚集在一起，……其中所有事情產生關聯，並導致了單一結果」。[404]

以研究羅馬與中國互動的泰加特（Frederick Teggart）不僅認為，「只有體認到各個民族都有歷史，且所有歷史都發生在同一個世界裡，歷史研究才能獲致結果」，同時試圖指出，「從西元前五八年到一〇七年之間，……每一次歐洲蠻族起義都發生在羅馬帝國東部邊界或中國的西域爆發戰爭之後」，更甚者，「在羅馬帝國東境爆發的戰爭中，十八次是以中國西域少數部族戰爭作為先導，且在此同時歐洲內部的四十次暴亂，也有二十七次與中國的西域政策有關」；[405]當然，前述說法還必須進一步透過史料去加以檢視確認，但在討論這些可能的發展連結之前，首先應當注意的是提供連結成為可能的「空間」要素。

本書前面章節曾經提及，在上述四個各自存在但彼此連接的世界以北，約莫在北緯三十五度至五十度之間，從東歐多瑙河往東延伸八千公里直達大興安嶺，橫亙著無垠的歐亞大草原（**Eurasia Steppe**），[406]以北為寒帶針葉林區，大興安嶺以東至太平洋濱則分布以溫帶闊葉林為主的森林地帶；由於車輪在西元前三五〇〇年的發明，加上人類於前二〇〇〇年成功馴服

403 波利比烏斯（Polybius, 200-118BC）為出身伯羅奔尼撒之希臘歷史學家，曾以人質身分隨羅馬軍隊出征伊比利與非洲地區；司馬遷（145-86 BC）則出身史官世家，後因獲罪被漢武帝判處宮刑。

404 波利比烏斯（Polybius），《歷史：羅馬帝國的崛起》（台北：廣場出版，二〇一六年），頁三

405 Frederick J. *Teggart, Rome and China: A Study of Correlations in Historical Events* (Berkeley: University of California Press, 1939), preface.

406 Rene Grousset, *The Empire of the Steppes: A History of Central Asia* (New Brunswick: Rutgers University Press, 1970); Owen Lattimore, "The Geographical Factor in Mongol History," in Owen Lattimore, ed., *Studies in Frontier History: Collected Papers 1928-1958* (London: Oxford University Press, 1962), pp.241-258.

馬匹，在大大提高位移能力與距離之餘，西元前九世紀全球氣候從乾燥轉向濕潤，一方面讓草原成為游牧民族最佳生活環境，此一廣大區域在四個世界北側構築之可稱為游牧通道（nomad channel）的交通路徑，亦堪稱是帝國秩序最大之變數來源。其中，據稱斯基泰人（Scythian）首先自西元前八世紀稱霸歐亞草原西側，[407]甚至建立了第一個游牧王權，[408]影響力一直持續到馬其頓崛起為止；至於東側部分，游牧力量亦幾乎在同時期開始集結，不過形成威脅稍晚，大約自西元前四世紀起開始影響歐亞東部世界，[409]其中最關鍵的一支稱為匈奴。基根（John Keegan）便曾如下指出，「自西元前七世紀斯基泰人侵入美索不達米亞平原開始，在此後兩千多年裡，自歐亞大草原湧出的牧人開創了一個針對農民的可怕循環；牧人帶來的襲擊、劫掠、殺戮和征服，反覆地折磨著中東、印度、中國和歐洲的文明外緣。」[410]

由於考古資料未臻完整且聚訟不休，此處不擬討論其源起細節。必須指出的是，首先，如同農業社會一般，游牧民族與社會之發展也與地理條件密切相關，從環境要件與緯度看來，他們大致位於農耕區稍微偏北的乾燥地帶；其次，基於技術演進與地理環境不可能存在明顯差別，即便在農業革命來臨後，農牧並行在很長一段時間中乃是人類經濟常態，只不過根據環境差異或有所偏重；第三，隨著以文明軸心為主之帝國潛在區耕作技術出現躍進發展，加上人口增長帶來土地分配壓力，更重視「土地所有權」之農業社群乃開始「逐離」游牧團體，例如根據近代研究結果顯示，中國的長城走向約略與四百毫米（或十五英吋）等雨線重疊，這條線是森林植被與草原植被的大致分界，也指出不同經濟型態的分野，[411]其結果不僅讓被逐離群體被迫「專事游牧」，後者為求自衛甚至反擊開始軍事化，也為兩個經濟區域帶來第一波政治對立；[412]第四，雖然「帝國」興起往往意味著對游牧邊陲帶來更大的逐離壓力，但是帝國經濟剩餘同時帶來吸引力與拉力，誘使游牧單位不斷「侵擾」帝國邊疆，地理便利性也讓歐亞草原成為帝國之間的連接通道，持續鼓勵著游牧民之逐利動機；第五，游牧生活由於更仰賴地理與環境條件之支撐，一旦環境發生重大改變（例如氣候變化），非但農民可能迫於生存揭竿而起，游牧

---

407 所謂「斯基泰」是希臘人的稱呼，亞述稱其Ashkuz，阿契美尼德則稱其Saka，漢譯為「塞種」。

408 James William Johnson, "The Scythian: His Rise and Fall," *Journal of the History of Ideas*, 20:2(1959), pp.250-257; Christopher Beckwith, *Empires of the Silk Road: A History of Central Eurasia from the Bronze Age to the Present* (Princeton: Princeton University Press, 2009), pp.11, 377-380.

409 Thomas Barfield, *The Perilous Frontier: Nomadic Empires and China 221 BC to AD 1757* (New York: John Wiley & Sons, 1992), pp.30-31.

410 John Keegan, *A History of Warfare* (New York: Vintage Books, 1994).

411 俞煒華，南文海，〈長城與農耕游牧民族的分界線〉，《上海交通大學學報》，第一期（二〇〇九），頁四六至五二；黃仁宇，《中國大歷史》（台北：聯經圖書公司，二〇一九年），頁四四。

412 Owen Lattimore, *Inner Asian Frontiers of China* (Oxford: Oxford University Press, 1988), pp.453-454.

民不免興起南下衝動；[413]最後，前述互動將間歇性地帶來某種「民族遷徙」浪潮，方向大致有二，其一是由北往南依循「游牧民—狩獵民—半農半牧民」推擠順序，從草原和森林地帶入侵農業文明中心，其二則是由東向西，主要由於游牧群體之間的連動性推擠衝突所造成。[414]

匈奴崛起與游牧民角色轉化　再次強調，與相對穩定的世界範疇對比，帝國邊界經常存在不確定性，正如狄宇宙（Nicola Di Cosmo）指出，「邊疆從來就不是一個固定或封閉的防禦體系，隨著一個文明的擴張、對新空間的探索，以及因此獲得更廣闊之地理與文化範圍，邊疆的意義也在不斷地變化；由於它們的邊際性與重要地位，邊疆經常是一個灰色地帶，在這個區域當中，慣常性原則可能喪失其價值，且因此浮現出新的行為規範」，[415]不僅帝國能量未必能穩定投射（通常隨著其中衰而減弱），特別是在「前主權時代」中（即便主權觀念也很難在短時間內落實並確認固定邊界線），在缺乏具體契約規範的情況下，邊界往往隱形化且偶爾變幻不定，主要只能由某種約定成俗之雙邊默認加以支撐。

值得注意的是，相較帝國主要以定居性農業文明為特徵，其邊陲地帶則存在著若干所謂游動團體（migratory group），包括游牧民，以及半農半牧或半獵半牧之群體；對主張「游牧造國論」的人來說，游牧民經常征服農耕社會，迫使後者訂下霍布斯（Thomas Hobbes）所稱

「恐懼脅迫下的契約」，[416]從而「以服從交換保護」途徑建造了國家，事實是並非所有國家都是由於征服所締造的，且游牧民亦非唯一的征服者。儘管如此，如同前述，無論源自對於農耕中心逐離動作之生存性反彈，抑或受到分享帝國繁榮之經濟利益誘惑，一方面使得游牧群體不可能遠離帝國邊境，在制度上自我進化也是他們為了追求生存或進行劫掠之必然結果，據此，以推選（choice or election）為主的游牧者很自然形成某種以個人（獨裁）為核心的結構，即符拉基米爾佐夫（Boris Vladimirtsov）所稱的「游牧封建主義」。[417]必須指出，此種結構基本上是一種部落聯盟狀態，依舊具有一定神權特徵（祭司或巫師影響頗大），整合與集權程度有賴於領導者個人魅力以及他是否能帶來勝利之具體事蹟，更甚者，雖然與擁有強大積累（農業經

---

413 許靖華，《氣候創造歷史》（台北：聯經出版，二〇一二年），頁二五四至二五七。

414 林俊雄，《草原王權的誕生》（台北：八旗文化，二〇一九年），頁八〇至八一。

415 Nicola Di Cosmo, *Ancient China and Its Enemy* (Cambridge: Cambridge University Press, 2002), p.2.

416 Mikko Jakonen, "Thomas Hobbes on Fear, Mimesis, Aisthesis and Politics," *Distinktion: Journal of Social Theory*, 12:2(2011), pp.157-176.

417 Boris Vladimirtsov, *Le regime social des Mongols: le feodalisme nomade* (Paris: Adrien Maisonneuve, 1948); see also William M. McGovern, *The Early Empires of Central Asia: A Study of Scythians and the Huns and the Part They Played in World History* (Chapel Hill: University of North Carolina Press, 1939).

濟）與自衛（圍牆城市）能力的帝國對抗，不啻有點不對稱戰爭的意味，正所謂「富貴險中求」之選擇暗示，一旦成功可能獲致之豐厚收益將正面強化聯盟凝聚力，且可能促使它朝向巴菲爾德（Thomas Barfield）所稱之「帝國聯盟」（imperial alliance），[418]或本書所稱「游牧半帝國」（nomad semi-empire）型態發展。

所以稱之「半帝國」的原因在於：首先，這些游牧單位雖看似投射幅員廣袤，畢竟統治主體仍以游牧生活為主，即便少數個案可能佔領若干農耕地區，甚且政治核心也採取固定築城模式，其所屬疆域大致仍傾向不穩定之「勢力範圍」（sphere of influence）概念；其次，即便少數統治者可能具備近乎個人獨裁特徵，由於缺乏制度性制衡，其權威甚至高於「皇帝」，整體政治結構大多仍不脫忠誠交換之分權式聯盟型態，除了在農業佔領區因循舊制，幾乎很少在地方建立直轄行政單位，而是分配親信（comitatus）或同族貴冑分治特定領域，繼承過程經常引發戰爭；[419]最後，如同狄宇宙進一步指出，游牧帝國聯盟「只有在可能與中原經濟產生聯繫時方可存在」，其方式主要是「透過敲詐戰略像中原換取貿易權與獻金」，因此，事實是「強大的游牧帝國經常與中國本土王朝共同興亡」，[420]據此，游牧勢力不啻擁有明顯之經濟依附或從屬性，其本身既非主體，稱之帝國未免誇大。無論如此，約略於西元前二〇〇年逐漸壯大之匈奴或可稱前述游牧帝國聯盟之第　個案。

關於匈奴起源，由於眾說紛紜，在此不擬加入辯論。司馬遷所述「匈奴，其先祖夏后氏之苗裔也」，[421]若撇除其字面意義，此段或暗示匈奴原先居於「諸夏」領域，其後由於「逐離」以致北遷專事游牧並成為中原邊患來源之一。關於其活動紀錄大致起於西元前四世紀春秋戰國之交，值得注意的是，直到秦建立帝國初期，北方形勢實則「東胡強而月氏盛」，匈奴還不是最強大的力量，其中，東胡地域橫跨草原與森林，以半獵半牧為主，居中的匈奴活動於蒙古草原與鄂爾多斯（Ordos）一帶，至於月氏與匈奴一樣專事游牧，範圍則偏西介乎新疆與中亞之間，三者存在著鼎立態勢。

隨著秦始皇於西元前二二一年建立帝國，陡然提升之集權能量促使其採取相對積極之邊疆政策，除了修造更加完整之長城防禦網，尤其西元前二一五年的蒙恬北伐堪稱歐亞東部世界第一次出現之戰略性大規模逐離戰爭，[422]或許因為如此強大壓力帶來的反作用能量，促使北方也

418 Thomas Barfield, *The Perilous Frontier*, pp.6-7.
419 例如匈奴時期的「左右賢王」或蒙古時期被稱為「納可兒」（noker）者。
420 Thomas Barfield, *The Perilous Frontier*, pp.8-9.
421 參見：司馬遷，《史記》〈匈奴列傳〉；班固在《漢書》〈匈奴傳〉中大致沿襲同一論述。
422 Christopher I. Beckwith, *Empires of the Silk Road: A History of Central Eurasia from the Bronze Age to the Present* (Princeton: Princeton University Press, 2009), pp.71-72.

在匈奴領袖頭曼首創「單于」此 頭銜的領導下，首度出現了一個普遍性聯盟，[423]於此同時，除長城之外缺乏其他明顯地理屏障，以及草原勢力與當時文明軸心所在之黃河中游渭河平原直線距離（約一千五百公里）並不算遠，都是不容忽視之地緣誘因。

猶如摩揭陀的「弒父」傳統，冒頓單于在西元前二〇九年殺害父親頭曼自立，從而使匈奴的影響力、政治制度化，及其對漢帝國之安全威脅達到高峰；對此，歷經數十年積累準備，漢武帝在西元前一三三年發動了第二次大規模逐離戰爭，[424]除了跨越長城直搗單于王庭，同時打通河西走廊（Gansu Corridor）威脅其側翼，總計其任內共發動了十一次戰役，在大幅削弱匈奴勢力之餘，並導致後者在西元前五七年爆發一波「五單于之戰」，[425]其後歷經近一個世紀內外交迫，終於在西元四八年正式分裂為南北兩部，[426]南匈奴決定歸附帝國，北匈奴則在西元九一年金微山（阿爾泰山）戰役大敗之後西遷至伊犁河流域，[427]漢帝國於此役出塞追擊達到創紀錄的兩千公里之遠，最終為長達兩百二十年的「漢匈戰爭」畫上句點。

西域、絲路與跨世界貿易　大體來說，由於歐亞西部波斯帝國與東部秦漢帝國相繼成形，對中亞河中地區往東至大興安嶺的歐亞草原游牧民而言，既感受到龐大的逐離生存壓力，從「挑戰—回應」角度視之，匈奴半帝國之浮現不但是種自然演化，結果也在歐亞東部爆發一場大規模的世界邊陲戰爭。這場衝突猶如「矛─盾」對決，即便漢帝國擁有強大經濟動員能量，匈奴騎兵顯然占有戰場明顯優勢，從而迫使前者採取多重戰略因應：首先是藉由和親與納貢等低調妥協策略來爭取必要的準備時間，其次是延續戰國時代以來的「築牆推進」策略，如同波本克（Jane Burbank）指出，「此種戰術的原則是先蓋牆再推進，而不是訂下一個永遠不變的邊界線」，[428]第三則是西元前二〇〇年之後大約七十年部分為備戰所進行的經濟重建與累積。必須指出，在西元前一二一年霍去病奪得河西走廊此一關鍵戰略廊道地帶之後，中國首度接觸到

---

423 Owen Lattimore, *Inner Asian Frontiers of China*, pp.452, 459-461.

424 Shu-hui Wu, "Debates and Decision-Making: The Battle of the Altai Mountains in AD 91," in Peter Lorge, ed., *Debating War in Chinese History* (Leiden: Brill, 2013), p.71; Xuezhi Guo, *The Ideal Chinese Political Leader: A Historical and Cultural Perspective* (Westport: Praeger, 2002), p.180.

425 Ying-Shih Yu, "Han Foreign Relations," Denis Twitchett and Michael Loewe, eds., *The Cambridge History of China, Volume 1: The Ch'in and Han Empires* (Cambridge: Cambridge University Press, 1986), p.405.

426 事實上，匈奴早在西元前五四年便因為呼韓邪與郅支單于並立而分裂為東，西兩部，位於東部的呼韓邪甚至在西元前五一與五〇年兩度親自前往長安朝覲漢宣帝。

427 蕭之興，〈關於匈奴西遷過程的探討〉，《歷史研究》，第七期（一九七八），頁八三至八七。

428 Jane Burbank and Frederick Cooper, *Empires in World History: Power and the Politics of Difference* (Princeton: Princeton University Press, 2010), p.48.

以今日新疆為主之所謂「西域」，[429]此處也是從歐亞東部世界前往河中地區的必經要道。

暫且不論漢武帝在西元前一一五年派遣張騫進行的大戰略布局，亦即希望尋找匈奴周邊其他潛在勢力，以便遂行可能之合縱連橫，從地理上來看，從前述走廊向西進入位於阿爾泰山與天山之間的準噶爾盆地（一般稱為天山北麓），接著穿越巴爾喀什湖以南的「七河之地」（Zhetysu），[430]再往前便是位於阿姆河（媯水）與錫爾河（藥殺水）之間的河中地區，此處既是「轉車」往歐亞西部或南部世界的交通樞紐，事實上，從河西走廊一路至此乃游牧民族慣常使用的貿易通道，控制此一通道之經濟盈餘更是匈奴及其後游牧王權的重要財源。值得注意的是，相較此時漢帝國在正面對抗中暫時壓制匈奴，為求安全起見，在迂迴其後方時仍選擇放棄這條「康莊大道」，而是派遣張騫帶領探險團設法進入天山南麓，[431]循著環繞塔克拉瑪干沙漠南北兩側的綠洲帶西進，[432]其後，在成功逐離匈奴使其大大提高對此一狹義「西域」的影響力後，[433]漢朝曾在西元前六〇年至西元一〇年，以及西元七四至一〇七年兩度設置「西域都護府」作為管理機制。

儘管德國地理學家李希霍芬（Ferdinand von Richthofen）直到一八七七年才正式提出「絲路」（Silk Road）一詞，[434]歷經阿契美尼德與亞歷山大的努力，加上孔雀王朝也將其影響力延伸至阿富汗，歐亞西部與南部世界其實已經逐漸串聯起一個廣袤的貿易網路，[435]如同安薩里

（Tamim Ansary）指出，在文明的邊界地區，隨著一個大敘事影響力逐漸消散，另一結構的影響則慢慢相對提高，「住在文明邊境土地上的人們，總是在人類漸增的交流上扮演關鍵角色」，[436]更重要的是，正如前文提及，由於「限時往返」對於農業文明軸心對外投射所設下的限制，即便帝國可以擊敗游牧民，也很難真正將草原地區納入直接控制範圍，其結果不啻讓歐亞大草原成為「永遠的邊疆」，一方面讓游牧群體有不斷再集結（尤其伴隨帝國衰退）的可能性，亦使得此區域有機會扮演超越政治干預之某種「自由市場」角色，此乃絲路存在之背景所

429 S.L. Tikhvinskiĭ and L.S. Perelomov, *China and Her Neighbours, From Ancient Times to the Middle Ages: A Collection of Essays* (Moscow: Progress Publishers, 1981), p.124.

430 Tom Everett-Heath, *Central Asia: Aspects of Tradition* (New York: Routledge, 2003), p.1.

431 Peter Golden, *Central Asia in World History* (Oxford: Oxford University Press, 2007), p.70.

432 塔克拉瑪干沙漠（Taklamakan Desert）面積達三十三萬平方公里，為全球第二大流動性沙漠。

433 Mark E. Lewis, *The Early Chinese Empires: Qin and Han* (Cambridge: Harvard University Press, 2007), pp.137-138.

434 Tamara Chin, "The Invention of the Silk Road, 1877," *Critical Inquiry*, 40:1(2013), pp.194-219.

435 David Christian, "Silk Roads or Steppe Roads? The Silk Roads in World History," *Journal of World History*, 11:1(2000), pp.1-10.

436 Tamim Ansary, *The Invention of Yesterday: A 50,000-Year History of Human Culture, Conflict, and Connection* (New York: Public Affairs, 2019), p.104.

圖：跨世界貿易路線

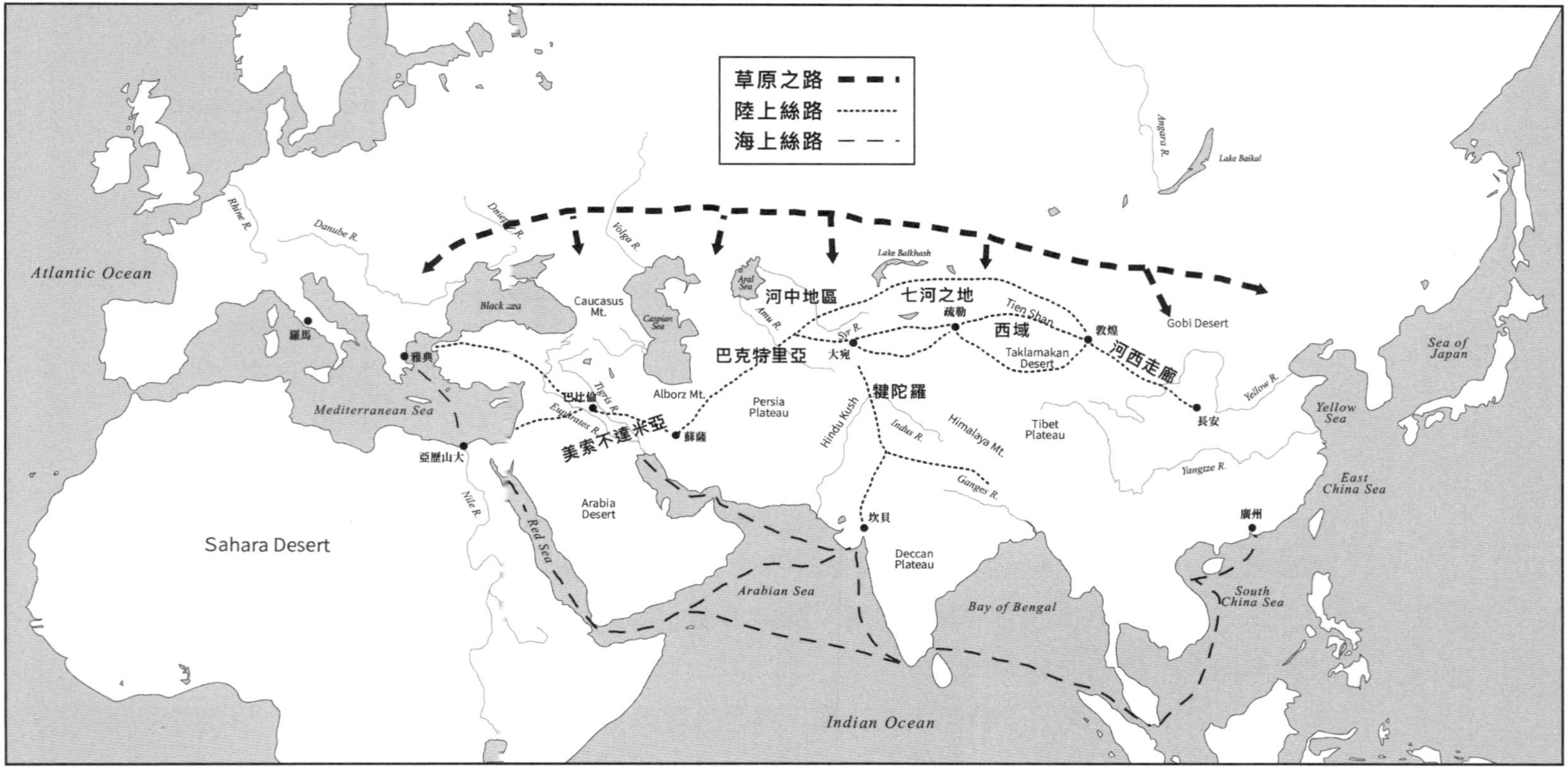
草原之路
陸上絲路
海上絲路
Atlantic Ocean
Rhine R.
Danube R.
Dnieper R.
Volga R.
Black Sea
Caucasus Mt.
Caspian Sea
Aral Sea
Lake Balkhash
Angara R.
Lake Baikal
羅馬
雅典
Mediterranean Sea
亞歷山大
Nile R.
Sahara Desert
Red Sea
Arabia Desert
巴比倫
Tigris R.
Euphrates R.
美索不達米亞
蘇薩
Alborz Mt.
Persia Plateau
巴克特里亞
河中地區
Amu R.
Syr R.
大宛
七河之地
疏勒
Tien Shan
西域
Taklamakan Desert
敦煌
河西走廊
Gobi Desert
長安
Yellow R.
Yangtze R.
Hindu Kush
犍陀羅
Indus R.
Himalaya Mt.
Tibet Plateau
Ganges R.
坎貝
Deccan Plateau
Arabian Sea
Bay of Bengal
Indian Ocean
廣州
South China Sea
East China Sea
Yellow Sea
Sea of Japan

在。例如，白桂思（Christopher I. Beckwith）便認為，「雖然斯基泰最為人所知的是作為驍勇善戰的騎士，其最大的成就乃是發展出一套貿易體系，……他們對貿易的興趣來自一股很清晰的驅動力，亦即藉此支持其社會政治基礎結構」。[437]

據此，漢帝國的「通西域」之舉無疑進一步壯大了整個市場規模；由長安出發之貿易路徑首先穿越河西走廊直抵最西側的敦煌，再往西則有三個選項，其一是由天山北麓途經準噶爾盆地，但易遭匈奴騷擾，其二是沿著天山南麓綠洲帶前進，其三則是從沙漠南緣與崑崙山之間的綠洲前行，後兩條路線於疏勒（新疆喀什）匯合後，往西再分成兩條路徑，一條朝西北方取道大宛（烏茲別克費爾干納盆地），另一條則從西南方經由瓦罕走廊（Wakhan Corridor）進入阿富汗，所有選項最終都可連接從波斯通往地中海東岸的貿易網路，例如班超在西元九七年派遣甘英西行，走的便是前述第三條路。[438]在歐洲於十六世紀啟動地理發現運動之前，即便幾經興衰起落，前述網絡在將近兩千年的時間當中，堪稱是串起歐亞大陸四個世界的交換動脈。

437 Christopher I. Beckwith, *Empires of the Silk Road: A History of Central Eurasia from the Bronze Age to the Present* (Princeton: Princeton University Press, 2009), p.58.

438 John E. Hill, *Through the Jade Gate to Rome: A Study of the Silk Routes during the Later Han Dynasty* (Seattle: BookSurge, 2009), p.5; Edwin G. Pulleyblank, "The Roman Empire as Known to Han China," *Journal of the American Oriental Society*, 119:1(1999), pp.71-79.

由於前述網絡之長期存在與運作，某種具跨國性質的貿易離散社群（trade diaspora）乃應運而生，[439]根據柯丁（Philip D. Curtin）的看法，他們指「在一個相互聯繫的網路當中，一群經常混跡於外鄉的商人」，[440]事實證明他們早在十五世紀之前便成功串起各個世界之間的商貿交流，[441]不僅身為古代影響最為深遠的非國家行為者之一，對於「技術轉移、帝國與殖民擴張，乃至後來的跨大西洋奴隸貿易與全球資本主義興起」等發揮著顯著作用，[442]甚至有時對於政府運作和政治變遷也扮演著關鍵角色，例如歷史上的粟特人（Sogdia）便是一例，無論西元前六世紀臣服於阿契美尼德，[443]乃至在十三世紀蒙古西征過程中，他們都貢獻了某些不可或缺的功能。

第二波斯帝國：帕提亞（138 BC-224）

後亞歷山大時期之發展 儘管亞歷山大在西元前三二三年猝逝，使短暫東征之旅被迫結束，但他帶來的「世界擴散效應」依舊延續了近兩個世紀，除了歐亞南部世界由於位處投射極限以致率先擺脫影響，並由孔雀王朝順勢建立此世界的第一帝國，從歐亞西部世界乃至地中海次世界，則陷入了一段「後亞歷山大時期」的政治陣痛階段，影響其發展的變數大致有三：首先是被稱為「繼業者戰爭」之希臘化世界內戰，其次是羅馬的征服擴張戰爭，第三則是由於匈奴興起引發的民族遷徙骨牌效應。

由於亞歷山大之子亞歷山大四世於西元前三〇六年去世，眾多早已混戰不休的繼業者們紛紛啟用國王（basileus）頭銜，希臘化世界正式陷入政治分裂，其中，位於東方的塞琉古（Seleucus）在與孔雀王朝達成和解之後，致力西進並一度吸收絕大部分舊波斯領地，成為希臘化世界中疆域最大者。但個人並不傾向將其建立的王朝視為帝國，理由之一如同前述，亞歷山大帶來的世界擴張效應此際並未解除，至於由此效應建構之希臘化世界則陷入猶如中國「三國時代」般的糾纏混戰；其次，塞琉古曾在西元前二九三年指定其子安條克（Antiochus）為東部

---

439 Steve Gosch, "Cross-Cultural Trade as a Framework for Teaching World History: Concepts and Applications," *The History Teacher*, 27:4(1994), pp.425-431.

440 Philip D. Curtin, *Cross-Cultural Trade in World History* (Cambridge: Cambridge University Press, 1984), p.2.

441 Jane Schneider and Annette B. Weiner, "Cloth and the Organization of Human Experience," *Current Anthropology*, 27:2(1986), pp.178-184.

442 Jerry H. Bentley, "Cross-Cultural Interaction and Periodization in World History," *The American Historical Review*, 101:3(1996), pp.749-770.

443 Kirill Nourzhanov and Christian Bleuer, *Tajikistan: A Political and Social History* (Canberra: Australian National University Press, 2013), p.12.

地區國王，[444]或暗示政治體制並不穩定，且其統治方式採取地中海式殖民奴隸制，與帝國之集權體制稍顯差異；第三也是最重要的是，尤其巴克特里亞（Greco-Bactrian，中國稱大夏）與帕提亞（Parthia，中國稱安息）於西元前二四五年脫離獨立後，王朝也在西元前二四〇年將首都遷至地中海畔，即便西元前二二三年即位之安條克三世曾開啟中興景象，一度擊敗托勒密王國並重新壓制前述獨立地區，[445]在西元前一八八年敗於羅馬之手後，又再度陷入另一個分裂潰散階段。

就在塞琉古王朝對歐亞西部世界進行不穩定控制的同時，匈奴崛起從東方帶來另一個變數。在西元前二〇九年即位之冒頓單于的領導下，匈奴首先併吞了位於東側的東胡部落，隨即轉身進攻活動範圍大約在河西走廊與天山南麓之間的月氏，迫使後者向西撤至伊犁河流域，接著，由於也受到匈奴壓力的烏孫進入同一地區，結果讓月氏不得不選擇再次向西遷徙，最終導致前述巴克特里亞（大夏）遭到滅亡。從某個角度來看，上述歷程堪稱歐亞草原由東向西骨牌式民族遷徙之第一波個案，[446]從而埋下了西元三世紀另一波影響更為深遠之遷徙浪潮的伏筆。

於此同時，由於適逢歐亞西部世界陷入繼業者混戰及其後續動盪，歐亞東部爆發大規模拉鋸性漢匈戰爭，歐亞南部則進入孔雀王朝衰落期，此際中亞不啻成為某種權力真空地帶，致使月氏在西元前一四五年滅亡大夏後，[447]首先在此建立了一個由五個社群共組的部落聯盟（或稱吐火羅，各自酋長稱為翕侯），其中一部領袖丘就卻（**Kujula**）在西元三〇年統一各部族後隨即建立了貴霜（**Kushan**）王朝。[448]一般認為，此一勢力之最大影響範圍以印度十六國時期位於最西側、控制開伯爾山口的犍陀羅地區為核心，往北涵蓋阿姆河流域，往南則幾乎控制了直抵海濱的多數印度河流域；據此，貴霜王朝無異在利用河中地區接觸陸上絲路之外，同時掌握了一條從海上經由紅海前往埃及的航道，致使其貿易活動相對興盛，亦因為其開放性特徵，文化上揉合了中國、草原、波斯、希臘與印度等多元文明，[449]政治管理方面顯得相對鬆散。西元二二五年分裂為東西兩部，其後各自被波斯薩珊與笈多征服併吞。[450]

---

444 Peter Green, *Alexander to Actium: The Historical Evolution of the Hellenistic Age* (Berkeley: University of California Press, 1990), p.129.

445 John D. Grainger, *The Seleukid Empire of Antiochus III* (Barnsley: Pen and Sword, 2015).

446 Riaz Dean, *The Stone Tower: Ptolemy, the Silk Road, and A 2000-Year-Old Riddle* (Delhi: Penguin Viking, 2022), pp.73-81.

447 Hugh George Rawlinson, *Bactria: The History of a Forgotten Empire* (London: Probsthain & Co., 1912).

448 Xinru Liu, "Migration and Settlement of the Yuezhi-Kushan: Interaction and Interdependence of Nomadic and Sedentary Societies," *Journal of World History*, 12:2(2001), pp.261-292.

449 Alain Danielou, *A Brief History of India* (New York: Simon and Schuster, 2003), p.111.

帕提亞與波斯之帝國重建　再度如同邊緣動力學之暗示，利用歐亞西部世界陷入後亞歷山大時期動盪之契機，一支位於阿姆河西側，今日土庫曼境內的帕尼（Parni）半游牧部落在阿沙爾克（Arsaces I）帶領下，[451]於西元前二三八年越過向裏海東南方延伸的柯佩達格山脈（Kopet Dag），進入時為塞琉古總督轄區的帕提亞，先是利用塞琉古與托勒密在西元前二四六年爆發第三次敘利亞戰爭趁機擴張領地，[452]接著又聯絡巴克特里亞各自獨立建國，[453]其後，歷經一段名義上臣服於塞琉古王朝的階段，帕提亞終於在米特里達梯一世（Mithridates I）執政期間迎來疆域範圍之大幅擴增，[454]以致比瓦爾（Adrian Bivar）主張米特里達梯執政的最後一年，也就是西元前一三八年，應該是「帕提亞帝國歷史上第一個可信的年號」，[455]卡圖贊（Homa Katouzian）甚至將米特里達梯比擬如同開創阿契美尼德王朝的居魯士。[456]

更具象徵意義的是，首先，米特里達梯一世在西元前一四一年攻下了美索不達米亞之後，一方面公開宣稱繼承並啟用「萬王之王」的頭銜（雖然此一頭銜被帕提亞統治者持續普遍地採用要等到西元前一〇九年之後），同時致力復興波斯文化傳統（例如以巴比倫尼亞曆法取代塞琉古採用的馬其頓曆），[457]並在官方宣傳當中強調自身與阿契美尼德帝國之間的聯繫，例如聲稱其奠基君主阿沙爾克乃是大流士二世之子、阿爾塔薛西斯二世（Artaxerxes II）的後裔，[458]

除此之外，依循阿契美尼德慣例，歷任帕提亞君主都在貝西斯敦山（Mount Behistun）留下紀錄自身事蹟的石雕；其次，隨著帕提亞與羅馬一起從東、西兩面不斷蠶食著塞琉古王朝，非但導致後者最終在西元前六四年被羅馬征服，帕提亞在西元前五三年於兩河流域的卡萊（Carrhae）擊敗羅馬，既為前者向東方擴張劃下了休止符，即便羅馬一度捲土重來，在一一四年攻

450 A.H. Dani, B.A. Litvinsky and M.H. Zamir Safi, "Eastern Kushans, Kidarines in Gandhara and Kashmir and Late Hephthalites," in Boris Abramovich Litvinsky, ed., *History of Civilizations of Central Asia: The Crossroads of Civilization: A.D. 250 to 750* (Paris: UNESCO, 1996), pp.163-184.

451 因為阿沙爾克（Arsaces I）的緣故，其統治家族遂自稱Arsacids，此即中國稱其為「安息」之背景。

452 為爭奪位於今日敘利亞附近的黎凡特（Levant）地區，兩國前後爆發七次敘利亞戰爭。

453 Elias J. Bickerman, "The Seleucid Period," in Ehsan Yarshater, ed., *Cambridge History of Iran* (London: Vallentine Mitchell, 1983), p.6.

454 Maria Brosius, *The Persians: An Introduction* (New York: Taylor & Francis, 2006), p.86.

455 Adrian D.H. Bivar, "The Political History of Iran Under the Arsacids," in Ehsan Yarshater, ed., *Cambridge History of Iran* (New York: Vallentine Mitchell, 1983), pp.21-99.

456 Homa Katouzian, *The Persians: Ancient, Mediaeval and Modern Iran* (New Haven: Yale University Press, 2010), p.40.

457 Vesta S. Curtis and Sarah Stewart, eds., *The Age of the Parthians* (New York: I.B. Tauris, 2007), pp.14-15.

458 Touraj Daryaee, *The Oxford Handbook of Iranian History* (Oxford: Oxford University Press. 2012), p.179.

入美索不達米亞並占領帕提亞首都，後來仍決定撤回小亞細亞，此舉之重大歷史意義在於，它不啻象徵了亞歷山大締造之「希臘化世界」及其帶來的世界擴張效應已然告終，歐亞西部世界與地中海次世界重新涇渭兩分，在接下來一段時間，帕提亞與羅馬兩大帝國基本上隔著亞美尼亞這個緩衝區彼此相望。[459]

無論如何，與第一波斯帝國相較，帕提亞疆域範圍顯然小了一些，除了在西側始終無法將影響力超出兩河流域（例如小亞細亞與埃及始終控制在羅馬手中），東邊距離印度河流域也有一段明顯距離。更重要的是，與阿契美尼德時期重視中央集權之政治發展對比，權力略趨分散不啻是帕提亞的特徵之一；[460]儘管也設置若干中央直轄總督區，境內同時存在類似蘇聯加盟共和國之半自治單位，它們承認帕提亞之最高權威、按時繳納稅賦，並負擔必要之軍事支援工作，但相對擁有一定之內部事務決定權，甚至可鑄造自己的貨幣。當然，從另一個角度看來，此舉充滿了「寬容」形象，正如霍斯雷格（Jonathan Holslag）所言，「帕提亞帝國的最大遺產就是保留其他人的遺產」，[461]例如他們接受並同化先前的統治者，讓塞琉古時期多數權勢家族繼續保有地位，允許各種不同的宗教與語言存在，並讓各轄下省分維持既有的分權體制（para-kandeh shahi）等。不過，統治過度寬鬆的後遺症之一是王朝貴族（尤其部分顯赫家族）擁有極大政治影響力，往往導致其繼位爭奪十分漫長且充滿血腥。[462]

總而言之，帕提亞雖不及阿契美尼德「偉大」，卻無疑是在希臘化時代終結後，於原先歐亞西部世界範圍內重建的另一個帝國，其強調之「正統傳承」亦值得關注。在與西側羅馬帝國長期維持對峙的局面下，如同前述，羅馬皇帝圖雷真（Trajan）一度轉而採取強勢對抗政策，[463]在一一三年攻陷緩衝國亞美尼亞後，長驅直入美索不達米亞，甚至還扶植了一個傀儡帕提亞君主，讓帝國疆域臻於最大，但在他於一一七年病逝於小亞細亞後，由於後繼者哈德良決定退回開戰前邊界，一方面帕提亞因此逃過一劫，加上羅馬在結束近東遠征歸國後，於一六五至一八〇年爆發了所謂「安東尼大瘟疫」（Antonine Plague），[464]以及進入被稱為「三世紀危機」之

---

459 Warwick Ball, Rome in the East: The Transformation of an Empire (London: Routledge, 1999), p.13; Brian Cambell, "War and Diplomacy: Rome and Parthia, 31 BC-AD 235," in John Rich, ed., *War and Society in the Roman World* (London: Routledge, 1993), p.213; see also Jason M. Schlude, *Rome, Parthia, and the Politics of Peace: The Origins of War in the Ancient Middle East* (London: Routledge, 2020).

460 Gene Ralph Garthwaite, *The Persians* (New York: Wiley-Blackwell, 2005), pp.67-68.

461 Jonathan Holslag, *A Political History of the World: Three Thousand Years of War and Peace* (London: Pelican Books, 2018), chapter 5.

462 Michael Axworthy, *A History of Iran: Empire of the Mind* (New York: Basic Books, 2010), pp.34-35.

463 Rose Mary Sheldon, *Rome's Wars in Parthia: Blood in the Sand* (London: Vallentine Mitchell, 2010).

464 Christer Bruun, "The Antonine Plague and the Third-Century Crisis," in Olivier Hekster, Gerda de Kleijn and Danielle Slootjes, eds., *Crises and the Roman Empire* (Leiden: Brill, 2007), pp.201-218.

政治動盪期，這些都讓帕提亞即便由於內外交迫以致日益衰落，仍能延續國祚一個世紀，直到被薩珊滅亡為止。

第三波斯帝國：薩珊（224-651）

帝國重建之障礙與動力學 至少從近兩千年歷史個案累積來看，能夠成功建構帝國堪稱是個難得的政治「奇蹟」，而所謂奇蹟之定義往往在於它「難以被複製」，其次則一個無可忽視的現實是，無論被建立起來的帝國締造了如何偉大的成就，最終都無法避免崩解的命運。關於帝國解體的理由，如同前面提及，若排除繼承者素質問題，無法同步提供適切制度以致只能透過威望性「虛擬治理」（virtual governance）加以維繫，無疑是最大挑戰，於此同時，伴隨帝國崛起（經濟誘因外溢）而來之邊陲族群動能上升，非但成為帝國建構之孿生現象與揮之不去的安全威脅，致使秩序成本居高不下，其彼此拉鋸衍生之衝突，加上間歇浮現之世界擴張現象，都讓重建帝國困難重重；麥克尼爾（William McNeill）指出，從西元前八〇〇年游牧民第一次學會在馬背上射箭，直到一四〇〇年左右，游牧民征服與農耕者反擊始終是歐亞大陸一個此起彼落之固定歷史節奏，[465]其部分結果是，例如阿契美尼德與帕提亞間隔了一百九十年，從秦漢到隋唐相隔三百六十年，孔雀與笈多王朝相距更長達五百年，至於，若不計入東羅馬拜占庭復興的話，羅馬帝國實則「後繼無人」。

由於可見，能夠成功重建帝國，絕對也是另一項奇蹟；若依本書見解，將帝國視為世界秩序之某種象徵，則秩序之難以建立並維繫同樣顯而易見。

暫且不論「後帝國時期」毫無例外之政治分裂與混戰不休，以及「蠻族入侵」經常為世界文明軸心地區帶來的打擊，單單考慮「技術演進」這個帝國之正面效應，至少它將大大提高下一個帝國的建造成本。即便如此，加特（Azar Gat）依舊以伊朗歷史為例指出，「每隔一段時間，便有新的帝國再度興起」，例如，帕提亞或薩珊都擁有和早期阿契美尼德帝國十分相近的特徵，尤其是其廣域中央集權結構。[466]

465 William McNeill, *The Global Condition; Conquerors, Catastrophes and Community* (Princeton: Princeton University Press, 1992), p.14.

466 Azar Gat, *War in Human Civilization* (New York: Oxford University Press, 2006), p.347.

事實證明，即便再困難，帝國還是被重新建造起來，要件大致有三：首先，具備超凡行動力與領袖魅力的領導者還是不可或缺，其次，「邊緣動力學」始終發揮著明顯的地緣作用，最後也最特別者，則是由於帝國遺產所衍生的正統性（orthodoxy）問題。事實上，所謂正統性源自正當性（legitimacy）思考，後者意味著某種被社會中多數人所接受的政治權威，[467]問題是，正當性之存在往往是種政治說服（或脅迫）的結果，[468]由於帝國重建必然來自「分久必合」，這也暗示了前述說服過程必然充滿競爭，至於在各股勢力競相說服人民的過程中，彰顯前一帝國之正面形象並嘗試證明自身的繼承性，經常是這一場唇槍舌戰的重點（或捷徑）所在。值得注意的是，正統性之爭當然可能發生在競爭過程中，但往往最終透過「勝利者書寫歷史」來畫上句點。

不言可喻，新的就是新的，新舊帝國是否果真存在連結，本質上無關現實，因此所謂正統論述不免充斥著「後設性邏輯」。以中國為例，梁啟超便曾直接指出：「中國史家之謬，未有過於言正統者也；……正統之辨，昉於晉而盛於宋」；[469]有趣的是，除了佔優勢者，關於「正統」的討論有時也是弱勢一方（例如東晉或南宋等偏安王朝）自我精神勝利的戰場。類似情況除了「萬王之王」成為歐亞西部世界某種傳承性頭銜，在地中海次世界或羅馬影響所及之處，包括「皇帝」或「凱撒」等稱號同樣具有高度的政治象徵意義，例如在一四五三年東羅馬瓦解之後，鄂圖曼土耳其便自認為藉由成功征服拜占庭，羅馬已成為他們合法繼承的政治財產，因此穆罕默德二世（Mehmet II）便自稱是「安納托利亞和魯米利亞（分別代表帝國的亞洲與歐洲部分）統治者、伊斯蘭蘇丹與羅馬皇帝、土耳其人和羅馬人共同領袖、兩海（黑海和地中海）之王」，於此同時，鄂圖曼並認定由羅馬教會與日耳曼人擁立之所謂「神聖羅馬帝國皇帝」，無異僭越並篡奪了理應屬於他們的神聖頭銜，惠克羅夫特（Andrew Wheatcroft）講得直率，一六八三年維也納圍城戰這一場「東西方之間的決定性搏鬥」根源在於雙方都自稱是早已滅亡許久之羅馬帝國的繼承人」。[470]

467 Robert A. Dahl, *Polyarchy: Participation and Opposition* (New Haven: Yale University Press, 1971), pp.124-188; Seymour M. Lipset, *Political Man: The Social Bases of Politics* (London: Heinemann, 1983), p.64.

468 Amelia Godber and Gloria Origgi, "Telling Propaganda from Legitimate Political Persuasion," *Episteme*, 20:3(2023), pp.778-797.

469 梁啟超，〈新史學—論正統〉，收於《飲冰室合集》，文集之九。

470 Andrew Wheatcroft, *The Enemy at the Gate: Habsburgs, Ottomans, and the Battle for Europe* (New York: Basic Books, 2008), p.6.

471 保加利亞的西蒙一世（Simeon I, 893-927）是第一個自稱「第三羅馬」並啟用「凱撒」頭銜者，當時拜占庭控制領域只剩下巴爾幹東南方與小亞細亞西緣一小塊領土；Ivan Biliarsky, *Word and Power in Mediaeval Bulgaria, East Central and Eastern Europe in the Middle Ages, 450-1450*（Leiden: Brill, 2011）, p.211.

經常被忽略的是，加入正統論戰的還有自號「第三羅馬帝國」的俄羅斯（莫斯科大公國），不僅十七世紀初建立新王朝的貴族自稱「羅曼諾夫家族」（Romanov，意即羅馬人後裔），統治者也自稱「凱撒」（Tsar，沙皇），完全以羅馬文明繼承者自居。[471]正因為這場延續數世紀之久之零和性正統競賽，無論將伊斯蘭世界視為「文明衝突」之必然來源，[472]抑或如同賈德（Tony Judt）在其歐洲史論述中，特地在提及「整個歐洲」後面註明「不包括俄羅斯、土耳其」，[473]深遠影響都可見一斑。

當然，促使帝國再度重建的最後一個動能來自存在著「可供仰望的典範」；[474]由於過往輝煌遺址殘跡可循，且歷史持續傳誦於人們口中，自然不時引發有志之士「大丈夫當如是也」之創業衝動，儘管失敗例證遠高於成功者乃另一個殘酷事實。

波斯人的復興　雖然帕提亞見證了「世界」恢復正常並據此重建了帝國，與後繼者對比，更多人認為接下來的薩珊（Sasanid）堪稱是讓波斯文化發揮最大影響力並臻於巔峰的另一時期，[475]因此也有人主張它才是「第二波斯帝國」，[476]至少它確實是國祚最長的一的波斯王朝。源起於阿契美尼德發祥地法爾斯（Fars），距離波斯波利斯遺址僅五公里，帝國締造者阿爾達希爾（Ardashir）的名字來自數位早期波斯國王使用過的「阿塔薛西斯」（Artakhshathra），而他也自稱是阿契美尼德家族傳人；在二二四年擊敗帕提亞末代君主阿爾達班四世並導致後者陣亡之後，阿爾達希爾隨即於兩年之後攻入帝國首都泰西封（Ctesiphon），自稱「萬王之王」（Shahanshah），並將其簡化為「沙阿」（Shah）這個被延用至二十世紀的頭銜。

新興的薩珊帝國比帕提亞時期更加「波斯化」，[477]目的在宣示其統治正當性，例如將新鑄錢幣銘文改用波斯文字，而非帕提亞沿用的希臘文，其次，不僅錢幣背面刻著祆教火寺圖案，[478]在波斯波利斯附近的石刻壁畫上，阿爾達希爾亦從祆教「光明之神」阿胡拉馬茲達（Ahura

472 Samuel Huntington, *The Clash of Civilizations and the Remaking of World Order* (New York: Simon & Schuter, 1996).

473 Tony Judt, Postwar: *A History of Europe Since 1945* (New York: Penguin Books, 2006), p. xiii.

474 Marko Marincic, "The Roman Empire as a Paradigm in Politics and Literature," *Ars & Humanitas*, 16:1(2022), pp.5-6.

475 Albert Habib Hourani, *A History of the Arab Peoples* (New York: Warner Books, 1991), p.87.

476 Hala Mundhir Fattah, *A Brief History of Iraq* (New York: Checkmark Books, 2009), p.49.

477 Michael Axworthy, *A History of Iran: Empire of the Mind*, pp.42-43.

478 祆教（Zoroastrianism）一般音譯為瑣羅亞斯德教，以其創教者為名；由於信徒因崇拜光明而經常聚集於火前禱告，又被稱為拜火教，乃西亞地區在伊斯蘭傳播前最具影響力的本土信仰，在阿契美尼德時期曾被尊奉為國教，其部分教義於西元三世紀被後起的摩尼教（Manichaeism）吸收。

479 Touraj Daryaee, ed., *Sasanian Iran in the Context of Late Antiquity* (Leiden: Brill, 2018), pp.1-3; Mattew Canepa, *The Iranian Expanse: Transforming Royal Identity Through Architecture, Landscape, and the Built Environment, 550 BCE-642 CE* (Oakland: University of California Press, 2018), p.9.

Mazda or Oromasdes）手中接過王權象徵，至於腳下則踩著戰敗的阿爾達班四世，意指他乃是「神選的君主」。值得注意的是，後世雖往往以薩珊王朝來稱呼此一政治單位，其官方自稱其實是「伊朗國」（Eranshahr），[479]這或是「伊朗」一詞最早出現的時刻，除此之外，無論是波斯語的eran或者以帕提亞語寫成aryan，都接近梵語中「雅利安」詞源arya，[480]亦具有明顯之歷史意涵與暗示。

幸運的是，相較帕提亞見證了羅馬的崛起與帝國化，並承受著地中海次世界臻於鼎盛狀態之沉重壓力，在薩珊出現之際，一方面西側的羅馬正進入「三世紀危機」之嚴酷挑戰，位於東方的貴霜亦進入最後的衰退階段，這使得阿爾達希爾有充分餘裕先完成對於帕提亞遺產的接收，然後往東西兩面同時開戰，一邊逐步蠶食貴霜，並推進至中亞阿姆河三角洲地區的花剌子模，[481]對羅馬戰爭則由其子沙普爾一世（Shapur I）主導，二六〇年一度曾擊潰並俘虜羅馬皇帝瓦勒良（Valerian），其任內帝國人口估計超過一千三百萬人。接下來則是一段漫長的對峙與拉鋸階段，雙方主要戰場位於安納托利亞往南一直到黎凡特附近。

值得注意的是，相對薩珊將首都從法爾斯往西遷到底格里斯河畔的泰西封，君士坦丁（Constantine）則決定在三三〇年將羅馬統治中心東移至位於黑海和愛琴海交匯處的君士坦丁堡，並將之稱為「新羅馬」，根據康沃爾（Vaughan Cornish）的說法，此舉不啻使兩座城市都成為某種「前線首都」，[482]或暗示彼此都非常重視這場爭鬥，即便在羅馬於三九五年分裂之後，雙方仍長時間維持對峙態勢，直到七世紀初，薩珊才在有「得勝王」稱號的霍斯勞二世（Khosrow II）領導下，迎來最後一波擴張高潮，繼六一一年征服黎凡特（敘利亞）與翌年擊潰御駕親征的拜占庭軍隊之後，他接著長驅直入從耶路撒冷攻向亞力山大港，在六二一年佔領埃及全境，[483]非但讓帝國人口逼近兩千萬，疆域處於最大範圍，甚至六二六年還連絡蠻族圍攻君士坦丁堡，迫使東羅馬一度瀕臨亡國邊緣；只不過弔詭的是，此時距離薩珊帝國終結卻也不到半個世紀。

在內政方面，薩珊終結了帕提亞時期傾向分權的制度，回頭重建了類似阿契美尼德的總督（行省）轄區，同時再度啟用「米底人和波斯人的法律」，數代統治者積極建造新城市並推廣貿易活動，讓帝國在四世紀末迎來第一波盛世。同樣地，薩珊維持了一定程度的「寬容」特

480 Thomas R. Trautmann, *Aryans and British India* (New Delhi: Yoda Press, 2004), p. xxxii.

481 A.H. Dani and B.A. Litvinsky, "The Kushano-Sasanian Kingdom," in B.A. Litvinsky, ed., *History of Civilizations of Central Asia Vol.3* (Delhi: Motilal Banarsidass Publisher, 1999), pp.103-104.

482 Vaughan Cornish, *The Great Capitals: An Historical Geography* (London: Greenwood Press, 1923), pp.36-59.

483 Stephen Mitchell, *Anatolia: Land, Men, and Gods in Asia Minor* (Oxford: Oxford University Press, 2008), p.430.

484 Robert L. Montgomery, *The Lopsided Spread of Christianity* (London: Greenwood Press, 2002), p.45.

徵，例如允許並延續舊帕提亞貴族的社會地位，甚至即便與羅馬之間長期爭鬥，一個稱為聶斯托留派（Nestorian Church，中國稱景教）的基督教分支仍於四一〇年在波斯境內公開召集一場宗教大會。[484]在其鼎盛時期，薩珊的藝術主題和思想內容向東傳入印度及中國，往西則遍及敘利亞、小亞細亞、巴爾幹，乃至西歐地區，例如它可能促成希臘藝術由強調古典表述轉為重視拜占庭式修飾，也讓拉丁基督藝術由木製天花板建築風格轉向磚造或石砌的拱頂、圓穹及拱壁等；[485]除此之外，薩珊在扼制紅海和波斯灣出口的曼德海峽與荷姆茲海峽都建設了戰略港口，使得陸上絲路雖不時受到蠻族遷徙侵擾，環印度洋海上貿易依舊維持一定暢通。

絲路貿易起伏與游牧民族遷徙　歐亞大陸帝國所提供的最重要公共財乃是「世界秩序」，至於最重要的見證者，則是在帝國經濟能量外溢挹注下，讓歐亞大草原貿易帶進一步制度化之後形成的「絲路系統」（Silk Road System），[486]其中，歐亞東部世界無疑扮演了關鍵角色。由於漢帝國成功壓制匈奴，一方面讓絲路獲致最大之貫穿長度，即使部分路徑充斥極嚴酷的地理環境，可預期利潤加上帝國為旅行提供之安全保障，仍舊鼓舞著商人前仆後繼投入；儘管如此，從商業角度看來，被選擇進行長途運輸者多半還是高價之稀有奢侈品，特別是產自中國的絲綢，[487]它不僅在漢朝也成為與錢糧並用的軍餉，有時亦扮演了替代性國際貨幣角色。值得注意的是，絲路的功能不單單是貿易通道，對於跨世界之信仰與文化傳播亦具有功不可沒且無可替代的價值。[488]

從歷史來看，絲路貿易系統曾先後迎來三次高峰，首先是西元一至二世紀的「秦漢—羅馬」時期，其次是西元七至九世紀的「隋唐—阿拔斯」時期，最後則是十三世紀的蒙古全盛期，顯然，它們都是某種帝國秩序下的產物，至於其間歇性陷入中輟衰退，當然也都與帝國瓦解息息相關。

矛盾的是，帝國提供的秩序雖是絲路的安全保障來源，如同前述，帝國的龐大經濟能量既不斷對游牧民提供致命誘惑，逐離戰爭及其反擊的結果則為整個體系帶來了兩個變數：首先是帝國為了操作經濟制裁手段，經常以切斷交易（互市）展示威脅，結果導致貿易時續時斷，其

485 Will Durant and Ariel Durant, *The Story of Civilization: The Age of Faith from Constantine to Dante, AD 325-1300* (New York: Simon and Schuster, 1935), p.149.

486 David Christian, “Silk Roads or Steppe Roads? The Silk Roads in World History,” *Journal of World History*, 11:1(2000), pp.1-26.

487 Valerie Hansen, *The Silk Road: A New History* (New York: Oxford University Press, 2012), p.14.

488 Vadime Elisseeff, *The Silk Roads: Highways of Culture and Commerce* (New York: Berghahn Books, 2000); Claudia Caisley, “The Legacy of the Silk Road: To What Extent can this be Considered Cultural or Commercial?” *Routes Journal*, 3:3(2022), pp.210-223.

次則是在帝國佔據優勢下造成之骨牌性遷徙。關於後者，第一波發生在西元前二世紀，主要是匈奴和烏孫將月氏向西推移，結果讓巴克特里亞（大夏）遭到滅亡，甚至間接順勢推倒了孔雀帝國；第二波則是西元一世紀末匈奴遭東漢徹底壓制後分為兩支，其中，南匈奴先內附中原政權，接著在四世紀初聯合其他部族大舉南侵（史稱五胡亂華），[489]自此控制黃河流域文明軸心將近兩百年，至於北匈奴則先往西方推擠日耳曼人，接著又由於貴霜王朝擋住南下之路，迫使其繼續西進並與後者一同進入歐洲大陸，[490]結果將原先居於南俄羅斯草原的薩爾馬提亞人（Sarmatians）推向多瑙河，從而讓羅馬軍團在一七二年與這些「新蠻族」有了第一次接觸。[491]

事實上，大約在三到五世紀之間，中國和羅馬這兩個東西帝國中心幾乎同時困於內政凋敝與邊疆移民壓力，尤其最致命的後者主要來自歐亞大陸腹地，被廣義稱為匈奴之前述游牧群體；[492]除了一般所知在西元九一年被東漢擊退至西域，一五一年又由此繼續西遷或南移的狹義匈奴，另一支源於阿爾泰山的紅匈奴（Kermichiones or Kidarites）在薩珊滅亡貴霜勢力的一個世紀後，於三五〇年左右進據巴克特里亞這個戰略要衝，[493]甚至南下與笈多王朝發生衝突，至於還有一支被稱為白匈奴的嚈噠人（Hephthalites）或許因為氣候變化導致牧場乾旱之故，[494]接力在三七〇年進入河中地區，[495]並於五世紀中葉晉身巴克特里亞與阿富汗高原的新主人，最後則是早就活動於亞速海東北方伏爾加河流域，於四世紀末大舉西進歐洲為羅馬帶來毀滅性壓力的匈人（Huns）。

若將目光移至歐亞大陸西側，或因鐵器時代寒冷期的影響，若干分布於北歐的部族早在西元前七〇〇至二〇〇年間便開始慢慢往南移入奧德河與易北河流域，然後向西進入萊茵河地區，一般被羅馬統稱為高盧人（Gallia），後來紛紛臣服於帝國控制之下。無論如何，羅馬真正的威脅來自於遙遠的東方，在前述西進的匈人在三七四年於第聶伯河畔打敗東哥德人之後，逃竄的部落隨即越過多瑙河防線，加上羅馬帝國於三九五年正式分裂為東、西兩部，促使汪達

489 Thomas Barfield, *The Perilous Frontier: Nomadic Empires and China 221 BC to AD 1757* (New York: John Wiley & Sons, 1992), chapter 3.

490 Guy Halsall, *Barbarian Migrations and the Roman West* (Cambridge: Cambridge University Press, 2007).

491 William H. McNeill, *The Rise of West: A History of the Human Community* (Chicago: The University of Chicago Press, 1992), p.321.

492 Jonathan Holslag, *A Political History of the World: Three Thousand Years of War and Peace,* chapter 7.

493 Richard Payne, "The Reinvention of Iran: The Sasanians and the Huns," in Michael Maas, ed., *The Cambridge Companion to the Age of Attila* (Cambridge: Cambridge University Press, 2014), p.284.

494 Etienne de la Vaissière, "Central Asia and the Silk Road," in Scott F. Johnson, ed., *The Oxford Handbook of Late Antiquity* (Oxford: Oxford University Press, 2012), pp.144-146.

495 Beate Dignas and Engelbert Winter, *Rome and Persia in Late Antiquity: Neighbours and Rivals* (Cambridge: Cambridge University Press, 2007), p.97.

爾人在四〇六年成功突破萊茵河西進，其後，歷經羅馬城在四一〇、四五五與四七二年先後遭到西哥德、汪達爾與勃艮地人攻陷洗劫，以及東哥德在四七六年為西羅馬畫上歷史句點，「後羅馬時代」（Post-Roman Pericd）乃隨之自然降臨於大陸西側。[496]

關於這些遷徙群體之間的血緣聯繫，迄今仍無定論，[497]但可確定的是，他們都分佈於歐亞大草原，除了游牧生活，也成為絲路的「依賴者」並因此與帝國瓜葛不斷；由於帝國推行貿易制裁政策，加上草原在二四二至二九三年間之明顯乾燥化，[498]從而刺激他們為了求生而冒險大規模攻擊農耕地區，抑或被迫轉移陣地遠離他鄉。另一方面，面對來自北方部族（尤其是白匈奴）的沉重壓力，薩珊帝國被迫在西元五至六世紀於裏海和黑海之間，修築了一條大致與高加索山脈平行，長一百九十五公里的戈爾根長城（Gorgan Wall），此一複雜工事平均間隔十到五十公里共設有三十餘座防禦堡壘，[499]目的在作為南方「有序世界」與北方「無政府地帶」之界線，這不僅是具開放性特徵之波斯系列帝國首度推進類似積極防禦措施，甚至由於面對同一威脅來源，薩珊和東羅馬在彼此糾纏之餘，也理性地採取共同措施，例如，後者同意對前述長城提供若干維修費用並派遣部隊支援防禦，[500]相對地，根據四四五年簽訂的一項協議，薩珊若協助安納托利亞免於其東邊山道之攻擊威脅，將可獲得東羅馬支付報酬。

總而言之，主要爆發於西元三至七世紀的這波草原民族大遷徙，不但衝擊了原先一度穩定並立之世界帝國結構，更為下階段歷史帶來重大變數。如同麥克尼爾指出，若聚焦二〇〇至六〇〇年人類軍事或政治領域發展，從萊茵河一路延伸到黑龍江之「文明與野蠻之間的邊界線」無疑是關鍵所在；[501]至於另一個經常被忽略的角度是，無論長期以來的跨世界貿易或此處大規模人口遷徙，無疑都提供了微寄生（microparasite）疾病傳染擴張之途徑，由此間歇性引爆之大小瘟疫，往往為歷史進程帶來微妙但有時極其關鍵之影響，至於無法適應遙遠異域中潛藏之疾病威脅，有時也為帝國長程投射設下了擴張之地理極限。[502]

496 Guy R.W. Halsall, "Movers and Shakers: The Barbarians and the Fall of Rome," *Early Medieval Europe*, 8:1(1999), pp.131-145.

497 Walter Pohl, "Huns," in G.W. Bowersock, Peter Brown and Oleg Grabar, eds., *Late Antiquity: A Guide to the Postclassical World* (Cambridge, Mass.: The Belknap Press of Harvard University Press, 1999), pp.501-502.

498 Michael Macormick, et al. "Climate Change during and after the Roman Empire: Reconstructing the Past from Scientific and Historical Evidence," *Journal of Interdisciplinary History*, 43:2(2012), pp.169-220.

499 Warwick Ball, Rome in the East: *The Transformation of an Empire* (New York: Routledge, 2016), p.365; H. Omrani Rekavandi, et al. "The Enigma of the Red Snake: Revealing One of the World' s Greatest Frontier Walls," *Current World Archaeology*, 27(2008), pp.12-22.

500 R Blockley, "Subsidies and Diplomacy: Rome and Persia in Late Antiquity," *Phoenix*, 39:1(1985), pp.66-67.

501 William H. McNeill, *The Rise of West: A History of the Human Community*, p.362.

502 William H. McNeill, *Plagues and Peoples* (New York: Anchor Books, 1998), chapter 3.

第二印度帝國：笈多（319-550）

漫長的帝國重建之路 必須指出，與其他「世界」相比，南亞次大陸在宗教文化影響下形成的某種堪稱「強社會—弱國家」模式，一方面使其內部政治單位之彼此爭鬥激烈程度明顯低於其他個案，由此既影響了其中央集權程度，[503]也讓重建帝國更加困難。

在歐亞南部世界部分，隨著阿育王在西元前二三二年去世之後，孔雀王朝隨即面臨由盛轉衰的分水嶺，[504]帝國最終於西元前一八四年覆滅，自此將此一世界帶入分崩離析的「黑暗時代」；[505]其中，弒君篡位的華友（Pushyamitra）建立的巽伽（Shunga）王朝以舊帝國首都華氏城為中心，只能控制著恆河中下游流域，西元前七二年經由類似「權臣奪位」模式轉為甘婆（Kanvas）王朝後，[506]很快又於西元前二七年左右被來自德干高原的百乘（Satavahanas）勢力征服。巽伽以東是重新獲得獨立的羯陵伽（Kalinga），它和前述勢力的鬥爭延續至二世紀。至於德干高原以南，存在著幾個由泰米爾人建立的酋邦，以潘地亞（Pandya）影響力較大，它們經常以聯盟形式對抗來自北方的威脅。[507]最後，從印度河流域上游到喀什米爾地區則淪入南下的斯基泰（月氏）部族之手，自此存在之分裂局面長達五個世紀之久。

相較於從歐亞東部、歐亞西部乃至地中海次世界，自西元前三世紀起開始受到游牧通道群體之長期騷擾，次大陸由於地緣位置並不直接面對歐亞草原，最初看似有機會在此浪潮中置身事外，無論如何，不僅希臘系的巴克特里亞（大夏）幾乎在孔雀帝國滅亡同時便翻越興都庫什山進入並控制了北印度，在月氏西進滅亡巴克特里亞之後，開伯爾南下山道從此向北洞開，這也意味著歐亞南部終究難以倖免於游牧勢力影響。其中，西元三〇年建國的貴霜，在一二七年迦膩色伽（Kanishka）即位後臻於高峰，除了控制從阿姆河流域到次大陸西北部之大片疆域，結合了印度式「大王」（maharaja）、波斯「萬王之王」（jajatiraja）與中國傳統「天子」（devaputra，神之子）之自封頭銜，[508]充分顯示其地緣位置背後之錯綜複雜文化背景。幾乎與貴霜立國同時，也源自斯基泰系統的西薩特拉普王朝（Western Satraps）則在次大陸中西部地區立穩腳跟，一方面長期與東部的百乘存在著交戰關係，[509]直到西元二世紀末，貴霜、西薩特

---

503 Francis Fukuyama, *The Origins of Political Order: From Pre-human Times to the French Revolution* (London: Profile Books, 2012), chapter 12.

504 Tim Dyson, *A Population History of India: From the First Modern People to the Present Day* (Oxford: Oxford University Press, 2018), pp.16-17.

505 John Zubrzycki, *The Shortest Story of India* (New York: The Experiment, 2022), p.60.

506 Rama Shankar Tripathi, *History of Ancient India* (New Delhi: Motilal Banarsidass, 1999), p.189.

507 Stanley Wolpert, *A New History of India* (Oxford: Oxford University Press, 2008), pp.76-77.

508 Hermann Kulke and Dietmar Rothermund, *A History of India* (New York: Routledge, 2004), p.81.

拉普和百乘也是鼎立於歐亞南部世界之三股最強大政治勢力。

儘管人們迄今無法確認其起源與最初歷史，[510]一般認為，笈多（Gupta）王朝大約在西元二世紀中葉崛起於次大陸東北部，此時，西部的貴霜陷入衰退分裂階段，西薩特拉普雖然最終擊敗百乘，並未能夠完全吸收消化其領地，致使印度東部成為邦國林立之處；在前述政治背景下，第三代笈多統治者旃陀羅笈多一世（Chandragupta I，與孔雀帝國奠基君主同名）在三二〇年透過聯姻取得摩揭陀地區華氏城統治權之後，即使尚未正式開展對外擴張，便正式啟用「萬王之王」（Maharajadhiraja, Great King over kings）稱號，[511]因此經常也被視為帝國開創者；無論如何，三三五年繼位的海護王（Samudragupta）或許才堪稱是真正的征服者，在其任內，笈多勢力向西方擴張至恆河上游與印度河東部，迫使殘存的貴霜勢力成為地方性附庸，然後回師東進再度覆亡羯陵伽，接著先征服了恆河下游三角洲地區，隨後南下進入德干高原東部，[512]迫使周邊十餘個酋邦與部落單位向其朝貢，[513]包括尼泊爾與斯里蘭卡，甚至部分東南亞小型城邦。

最後，笈多在旃陀羅笈多二世（Chandragupta II，或稱超日王）任內達到極盛，不僅西方的貴霜與西薩特拉普兩個單位被徹底征服，這讓其版圖兩側同時面對海洋，甚至選擇在烏賈因（Ujjain）建立第二首都，以便管控廣大的西方領土。在南方，面對幾乎於笈多同時出現並控制了德干高原的瓦卡塔卡（Vakataka）王朝，旃陀羅笈多二世則選擇出嫁女兒，藉此與其維持了長期和平。至此，在孔雀王朝結束的五個多世紀後，歐亞南部世界終於再度出現了另一個帝國及其帶來之穩定秩序。

由於一度重新控制了犍陀羅地區，使其得以透過興都庫什山道與薩珊互動，透過印度洋非但可往東接觸東南亞與中國，向西則可和東羅馬進行交易，這使得笈多成為貿易相當繁榮的國度，地方行會（shreni）十分發達，有時甚至受託管理城鎮與街區。在內部治理方面，帝國核心被劃分成若干行省（Bhukti），由中央任命的總督（uparika）負責管理，但與孔雀王朝時期相較，地方官員被賦予更大自主權，甚至部分被征服單位若宣誓效忠，亦可保留其傳統治理地位（類似中國邊疆土司）；不過，若從經濟來看，笈多的集權程度似乎更高於孔雀，例如它對食鹽、金屬礦產、首都周邊土地和特殊工匠（尤其提供皇室需求者）等，都傾向以國有化方

---

509 B.V. Rao, *World History from Early Times to AD 2000* (New Delhi: Sterling, 2007), p.97.

510 Ashvini Agrawal, *Rise and Fall of the Imperial Guptas* (Delhi: Motilal Banarsidass, 1989), p.79.

511 Dilip Kumar Ganguly, *The Imperial Guptas and Their Times* (New Delhi: Abhinav, 1987), p.13.

512 Ramesh Chandra Majumdar, *Ancient India* (Delhi: Motilal Banarsidass, 2004), p. 234.

513 Hermann Kulke and Dietmar Rothermund, *A History of India*, p.89.

式來處理。[514]軍事方面，與孔雀時期主要差異在於它擁有一支水軍部隊，使其大大提高對於恆河水域之控制能力。[515]總的來說，笈多時期通常被史學家稱為「古典黃金時代」或「印度文藝復興時期」，除了藝術文化表現突出與數學研究令人驚豔之外，一般認為，在此一時期出現並被稱為Chaturanga之策略性棋盤遊戲乃是現代西洋棋前身。

草原勢力南下與帝國興衰 儘管笈多在西元四世紀中葉於歐亞南部成功完成帝國重建，一方面逐離貴霜勢力，並因為薩珊一度控制巴克特里亞與河中地區，扮演了次大陸與草原地區屏障，致使其暫時免於正處於遷徙高潮之游牧力量影響；無論如何，正如前述，在紅匈奴（Kidarites）於三五〇年進據巴克特里亞並隨之繼續南下後，便開始與笈多爆發衝突，更關鍵的是，由於被稱為白匈奴的嚈噠人（Hephthalites）接力在五世紀控制了巴克特里亞與阿富汗高原之故，紅匈奴於三九〇至四一〇年間被推向北印度並佔據旁遮普（Punjab）中西部，[516]隨著嚈噠人最終在四八三年擊敗薩珊波斯，佔領呼羅珊地區並迫使其進貢，[517]不僅鼓勵他們乘勢以犍陀羅為橋頭堡，在首領頭羅曼（Toramana）率領下大舉侵入次大陸，由於成功結合若干地方力量，嚈噠人自五〇〇年起數度深入恆河流域，甚至推進至摩揭陀，致使帝國一蹶不振並逐漸分崩離析。

庫爾克（Hermann Kulke）認為，雖然嚈噠人或許是印度次大陸西北部最短命的統治者，其影響卻極其深遠，因為他們在摧毀當地城市貿易中心與帝國影響力之餘，亦促使更多中亞部落南下，[518]在替印度「古典時代」畫上句點之際，文化消亡或多元化加上地緣門戶洞開，自此次大陸始終難以免於中亞之影響，甚至伊斯蘭還接踵而至，結果讓歐亞南部世界還要等上近千年才出現另一個帝國。

值得注意的是，自五世紀至十五世紀，地中海次世界北部（歐洲）與歐亞南部世界非常巧合地同時進入休眠式「中古黑暗時代」，儘管此種描述不無誤導偏見，事實是兩者都在「無帝國」狀態下維持了長期的分裂局面。在此期間，次大陸被分割成四塊在地理和政治上各自獨立發展的區域：北方是傳統的「印度河－恆河」兩河流域，東部是孟加拉和阿薩姆地區，中區以

---

514 Stanley Wolpert, *A New History of India*, pp.95-96.

515 Timo A. Nieminen, "The Asian War Bow," in E. Barbiero, P. Hannaford and D. Moss, eds., *19th Australian Institute of Physics Congress*, ACOFTAOS, 2010.

516 Ahmad Hasan Dani and B.A. Litvinsky, *History of civilizations of Central Asia, Vol.3: The Crossroads of Civilization: A.D. 250 to 750* (New York: UNESCO, 1996), pp.119-122.

517 Jams Millward, Eurasian Crossroads: *A History of Xinjiang* (New York: Columbia University Press, 2007), pp.30-31.

518 Hermann Kulke and Dietmar Rothermund, *A History of India*, p.97.

德干高原作為核心，至於高原以南包括東岸與斯里蘭卡等則是另一區域，此處在十至十三世紀曾經崛起一個注輦（Chola）王朝，其影響力一度籠罩了整個環孟加拉灣周邊。[519]

即便在政治上陷入分裂紛擾，印度洋貿易始終暢旺，例如南印度與宋朝時期中國來往密切，與羅馬之經濟互動更構成歐洲人對印度的長期印象基礎，例如黑格爾（Hegel）便曾如此評述：「對印度的渴求乃是我們一個重要的歷史動力，自古代以來，眾多民族都將其希望與夢想指向那個神奇國度，……隨著大量財富經過貿易路線被運至西方，從而影響了許多民族的命運」。[520]甚至直到葡萄牙在十五世紀末投入地理發現事業時，尋找「通往印度航道」仍舊是其首要目標，[521]其深遠影響由此可見一斑。

第二地中海帝國：東羅馬（395-717）

分裂與混戰　在歷史上，帝國即便最初看似「無敵」卻最終難以「永存」，理由往往來自於「過度擴張」（overstretch）或「過度守諾」（over-commitment）的結果，前者意指帝國之肆意擴張很難在「理性之投射極限」停下來，由此導致征服成本遞增以致超過其負荷能力，最終因為財政困難埋下帝國衰頹伏筆，不過，更重要的或為後者，由於前工業時代之威望性「虛擬治理」原本便難以真正從制度面來維持秩序，問題是權力與治理義務本即一體兩面，一旦被迫信守（即便口頭宣示）承諾又無法真正提供公共財，威望滑落的結果終將成為帝國崩解之引爆點。儘管如此，相較上述分析主要聚焦從制度運作立論，從現實看來，上層結構的權力鬥爭還是另一關鍵所在。

519 Malcolm H. Murfett, John Miksic, Brian Farell and Chiang Ming Shun, Between *Two Oceans: A Military History of Singapore from 1275 to 1971* (Singapore: Marshall Cavendish, 2011), p.16.

520 G.W.F. Hegel, *Vorlesungen uber die Philosophie der Geschichte* (Stuttgart: Reclam, 1961), p.215.

521 Divakaran Padma Kumar Pillay, “Arrival of Portuguese in India and its Role in Shaping India,” *Portuguese Journal of Asian Studies, 27*(2021), pp.27-47.

以羅馬為例，非但繼承規範不明確引發之循環內亂早已成為「羅馬病」特徵，環繞地中海帝國地理結構呈現之破碎性，負擔尤為沉重；例如，儘管成功結束了所謂「三世紀危機」，為處理與波斯戰事，二八四年即位的戴克里先（Diocletian）皇帝將大本營設在小亞細亞西側的尼科米底亞（Nicomedia），然後增設另一個「奧古斯都」駐守首都羅馬，接著於二九三和三〇五年在兩邊各自增設一位「凱撒」作為副手，從而形成「四帝共治」局面，[522]由此一方面引發君士坦丁（Constantine）於三三〇年決定在此營建「新羅馬」之序曲，同時埋下三九五年帝國正式分裂之鋪墊。[523]其後，不僅羅馬政治與經濟發展重心逐漸東移，薩珊時期「波斯中興」帶來之戰略壓力亦迫使羅馬必須持續往東投射能量，再加上被匈人擊敗之東哥德在三七四年越過多瑙河防線，三七八年羅馬軍隊在阿德里安堡對哥德人戰役中失利潰敗，[524]以及帝國於三九五年正式分裂為東、西兩部之發展等，都再再加深了地中海次世界之不穩定性。

事實上，君士坦丁雖然在三二四年終結了所謂「四帝共治」，[525]羅馬重心東移已然難以逆轉，帝國東西方對峙也成為常態，結果不僅促使君士坦丁決定營建新都，為強化對於帝國東部之控制，狄奧多西（Theodosius）在三八〇年頒布《薩洛尼卡敕令》（Edict of Thessalonica）宣布將基督教定為國教後，三九二年又下令禁止所有異教儀式並摧毀所有神殿建築，據此建立了某種以政領教之「政教合一」（Caesaropapism）體制，[526]從而成為東羅馬帝國分立後之統治基礎。無論如何，在狄奧多西於三九五年以遺囑獨斷地將帝國一分為二，各自由他的兩個兒子繼承後，非但羅馬自此不曾再度統一，甚至地中海次世界存在於單一實體治理下的現象迄今亦成為「絕響」。

更甚者，由於兩位羅馬繼承者都尚未成年，[527]大權旁落除了引發政治紛爭，尤其在帝國重心東移之後略顯空虛的西部，更引發此時已渡過多瑙河南下的游牧部落覬覦，從而導致西哥德人在四一〇年首度洗劫了羅馬城，[528]失去「萊茵河—多瑙河」戰線屏障的西羅馬帝國自此只能

---

522 Peter Heather, *Fall of the Roman Empire: A New History of Rome and the Barbarians* (Oxford: Oxford University Press, 2005), p.130.

523 David Abulafia, *The Great Sea: The Human History of the Mediterranean* (Oxford: Oxford University Press, 2014), p.227.

524 Thomas S. Burns, "The Battle of Adrianople: A Reconsideration," *Historia*, 22(1973), pp.336-345.

525 Vasiliki Limberis, Divine Heiress: *The Virgin Mary and the Making of Christian Constantinople* (New York: Routledge Publisher, 2012), p.9.

526 Rafal Marek, "Caesaropapism and the Reality of the 4th-5th Century Roman Empire," *Cracow Studies of Constitutional and Legal History,* 9:1(2016), pp.1-24.

527 Joseph Vogt, *The Decline of Rome: The Metamorphosis of Ancient Civilization* (London: Weidenfeld, 1993), p.179.

528 Thomas S. Burns, *Barbarians Within the Gates of Rome: A Study of Roman Military Policy and the Barbarians* (Indianapolis: Indiana University Press, 1994), p.244.

在「蠻族」肆虐的陰影下苟延殘喘，特別是四三四年成為匈人部落首領的阿提拉（Atilla），不啻是此際兩個羅馬頭頂上最大的一片烏雲，他曾兩度跨越多瑙河掠奪相對富庶之巴爾幹半島，並於四四三年圍攻君士坦丁堡，猶如西元前二世紀冒頓單于之於中國，最終以收取鉅額黃金為代價撤退。其後，相較東羅馬成功地重新鞏固防線，陷入政治動盪且幾乎無險可守的西羅馬則在四七六年走向歷史終點，來自東方的日耳曼人與從北歐南下的維京人在西元六至七世紀之間肆無忌憚地在帝國廢墟上遊走並建立起自己的國家，從而將歐洲西部送進「漫長的中古黑暗時期」，[529]於此同時，東羅馬則成為僅餘殘存的「文明之光」。

重建帝國之背景與挑戰　隨著東、西羅馬分裂，「帝國」一度不復存在。在西羅馬滅亡之際，佔有巴爾幹半島、小亞細亜、黎凡特與埃及的東羅馬，由它控制之地中海周邊地區比例尚不及一半，透過慷慨繳納貢金，同時持續強化君士坦丁堡城牆，雖然讓東羅馬暫時免於面對如同其西部兄弟之窘境，但想重建帝國顯然困難重重；其主要挑戰是，起自二至三世紀之游牧民族大遷徙，不僅對於以農耕文明為核心之四大「世界」帶來明顯衝擊，特別在五世紀後半葉影響更臻於高峰；例如，在歐亞東部世界，歷經三〇四至四三九年所謂「五胡十六國」階段後，由鮮卑拓跋氏建立的北魏政權　度成功支配了整個黃河流域，為南方殘餘文明勢力帶來極大威脅，在地中海次世界，西羅馬在四七六年滅亡當然絕對是個歷史分水嶺，至於在歐亞西部與南部世界，則 噠人在四八三年擊敗薩珊波斯，非但使其控有了部分波斯與阿富汗高原，更由此大舉南下次大陸，為笈多王朝之終局敲響喪鐘。

東羅馬抑或羅馬分裂之歷史起點，基本上有以下五種說法：首先是戴克里先在二八四年推動之階段性「東西分治」，其次是君士坦丁在三三〇年決定營建新都，象徵著帝國重心東移，更重要的是狄奧多西在三九五年的切割帝國，接著是四七六年西羅馬滅亡與重返單一化，最後則是五二七年查士丁尼（Justinian）繼位後帶來的「帝國中興」時期。進言之，在查士丁尼登基前夕，不但阿提拉在四五三年去世讓整個西歐陷入四分五裂狀態，[530]隨著西羅馬滅亡，東哥德盤據了義大利半島至巴爾幹西側，西哥德佔有大部分伊比利，薩丁尼亞與北非握在汪達爾手

529 Charles Oman, *The Dark Ages* (Ottawa: East Indian Publishing, 2023).

530 Geoffrey Greatrex, "Political-Historical Survey, c. 250-518," in Robin Cormack, John F. Haldon and Elizabeth Jeffreys, eds., *The Oxford Handbook of Byzantine Studies* (Oxford: Oxford University Press, 2008), pp.242-243.

531 Anthony Kaldellis, *The New Roman Empire: A History of Byzantium* (New York: Oxford University Press, 2023), pp.193-196.

532 It's usually called the Iberian War; Geoffrey Greatrex and Samuel N.C. Lieu, *The Roman Eastern Frontier and the Persian Wars, Part II, 363-630 AD* (New York: Routledge, 2002), pp.82-97.

圖：世界帝國分布（300-500 AD）

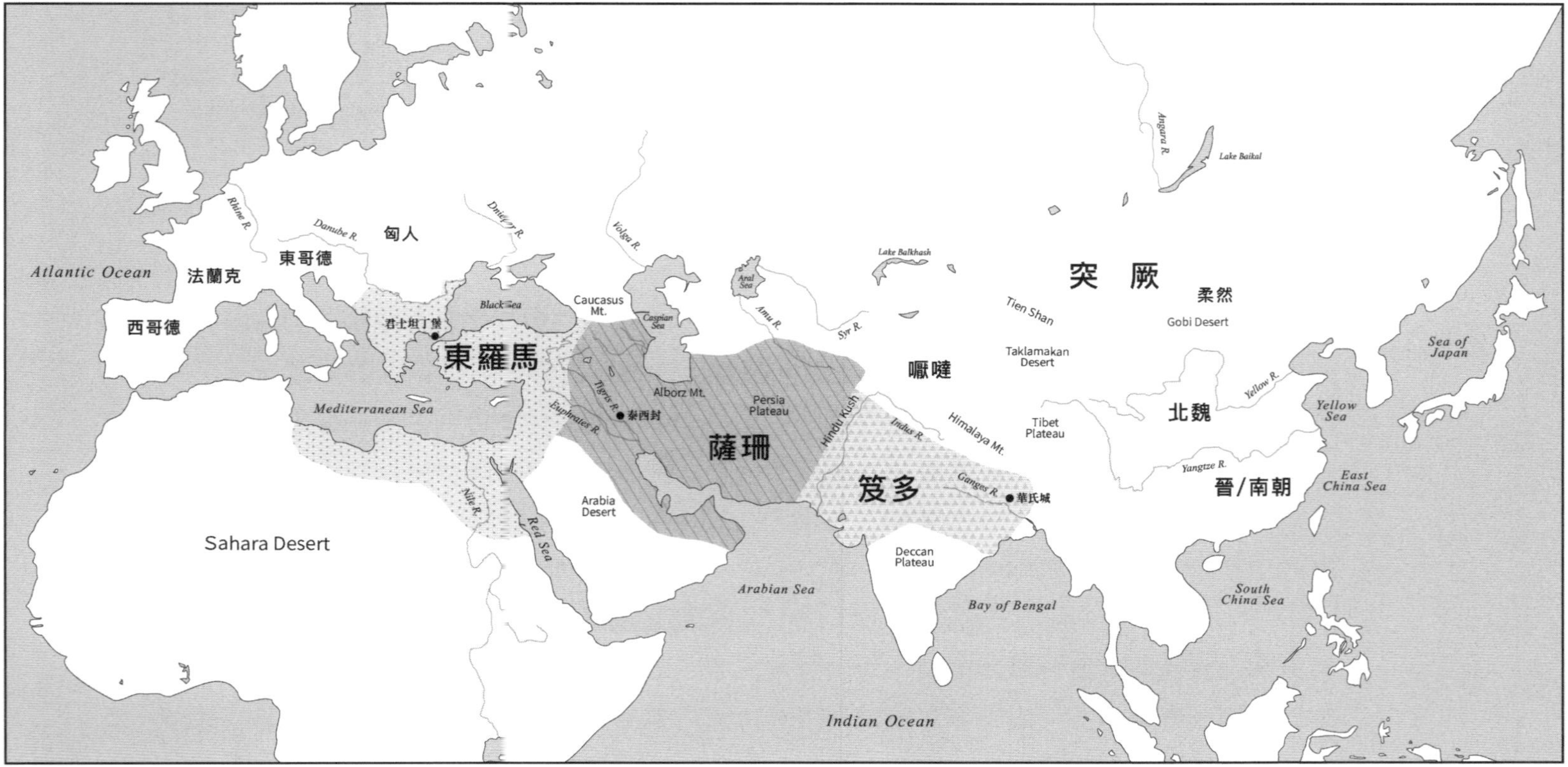

Atlantic Ocean
西哥德
法蘭克
東哥德
匈人
Rhine R.
Danube R.
Dniepr R.
Volga R.
Black Sea
Caucasus Mt.
Caspian Sea
君士坦丁堡
東羅馬
Mediterranean Sea
Nile R.
Red Sea
Sahara Desert
Arabia Desert
Tigris R.
Euphrates R.
泰西封
Alborz Mt.
Persia Plateau
薩珊
Aral Sea
Amu R.
Syr R.
Lake Balkhash
Hindu Kush
Indus R.
Himalaya Mt.
Ganges R.
華氏城
笈多
Deccan Plateau
Arabian Sea
Bay of Bengal
Indian Ocean
嚈噠
Tien Shan
Taklamakan Desert
Tibet Plateau
突厥
柔然
Gobi Desert
Angara R.
Lake Baikal
北魏
Yellow R.
Yangtze R.
晉/南朝
Yellow Sea
East China Sea
South China Sea
Sea of Japan

中，法蘭克稱霸高盧地區，其他地方則還存在著大大小小的割據勢力。[531]

對查士丁尼而言，歐洲的分崩離析固然提供了西進再造帝國之契機，前提是必須先解決位於其背後的薩珊帝國隱患，為此，他發動一場對波斯戰爭，並於五三二年簽下一紙《永久和平》（Eternal Peace）約定；[532]其後，東羅馬先在五三三年回頭攻擊以北非突尼西亞為基地的汪達爾，收復了這個羅馬「非洲行省」，接著在五三五年劍指東哥德，雙方激烈交戰至五五〇年左右，並曾經導致羅馬城數度易手，最後則是在五五二年趁西哥德內亂取得直布羅陀周邊大片土地，至此，東羅馬達到其極盛疆域，除了目前西班牙瓦倫西亞至法國馬賽之間一段，幾乎控有五分之四以上地中海沿岸地帶，加上五六二年再度與薩珊波斯簽署一項五十年和平條約，[533]整個「帝國重建」工作乃大致底定。

無論如何，是否存在東羅馬「帝國」仍有些許討論空間：首先必須考慮五四一至五四四年爆發的大瘟疫（Plague of Justinian），這場歐洲乃至人類史上第一次爆發的大規模致死流行病，[534]估計奪走了東羅馬三分之一人口，由於五五七年再度爆發，一度導致薩珊趁虛而入；其

533 James Allan Evans, *The Emperor Justinian and the Byzantine Empire* (London: Greenwood Press, 2005), p.90.

534 Gabriel-Viorel Gardan, "The Justinianic Plague: The Effects of a Pandemic in Late Antiquity and the Early Middle Ages," *Romanian Journal of Artistic Creativity*, 8:4(2020), pp.3-18.

次，前述帝國最大疆域並未持續太久，包括倫巴底人在五六八年侵入亞平寧半島北端，西哥德在六二四年將東羅馬徹底逐出伊比利，位於多瑙河盆地的阿瓦爾部落（Avar）雖曾受雇查士丁尼，六一五年對帝國攻勢甚至逼近君士坦丁堡等，都不斷蠶食著其影響力；更甚者，貫穿帕提亞與薩珊時期之漫長的「羅馬－波斯戰爭」在六〇二至六二八年迎來最終決戰，儘管東羅馬先衰後盛完成一次成功逆轉，事實是兩個帝國都因此精疲力竭，[535]終究讓伊斯蘭阿拉伯人漁翁得利；最後，在西元六九五至七一七年的「二十年無政府狀態」當中，[536]帝國不僅連續更換了六任皇帝，此後數世紀其疆域很少超過小亞細亞西側與巴爾幹半島南端，且長期處於伊斯蘭威脅之下，因此，雖然一般歷史「常識」指稱東羅馬最終結束於一四五三年君士坦丁堡陷落，究其體量與政治實質早已不具備帝國性質，是以此處傾向將七一七年視為其「帝國」終點。

後羅馬時期的歐洲與西方 有趣的是，相較薩珊努力推動「波斯化」，希望消除自亞歷山大以來超過五個世紀之「希臘化」（Hellenisation）影響，在查士丁尼作為最後一位以拉丁文為母語的皇帝之後，東羅馬則逐步推動「希臘化」政策，從而使其拉丁特徵日益消退，特別是六一〇年上台的希拉克略（Heraclius）在六二九年首度啟用basileus此一希臘式國王頭銜，並讓希臘語取代拉丁語成為官方語言，更具有象徵意義。[537]另一方面看來，如同威爾斯（Colin

Wells）特別指出，比起一般聚焦蠻族征服，查士丁尼反攻義大利半島之「拜占庭再征服」帶來的歷史浩劫，或許才是終結西方古代世界之真正原因，[538]至於羅馬與君士坦丁堡教會為了爭奪宗教主導權，在四八四至五一九年因「一性論」（monophysitism）爭議導致分裂，[539]也提供了另一個推進東羅馬文化轉向之關鍵分水嶺。

總的來說，在西羅馬滅亡後，除了哥德人、汪達爾人和法蘭克人等騎馬部族控制了多數鄉間，維京海盜從北海進入地中海四處劫掠，印歐語系斯拉夫人湧進巴爾幹半島並威脅君士坦丁堡，穆斯林更趁著東羅馬逐漸「非帝國化」契機，積極西進並於七世紀橫掃地中海南岸，甚

535 John Haldon, *Byzantium in the Seventh Century: The Transformation of a Culture* (Cambridge: Cambridge University Press, 1997), pp.43-45.

536 Walter Kaegi, *Byzantium and the Early Islamic Conquests* (Cambridge: Cambridge University Press, 1992), p.186.

537 Dickran Kouymjian, "Ethnic Origins and the 'Armenian' Policy of Emperor Heraclius," *Revue des études arméniennes*, 17(1983), pp.635-642.

538 Colin Wells, *Sailing from Byzantium: How a Lost Empire Shaped the World* (New York: Delta Books, 2007), p.11.

539 君士坦丁堡修士歐迪奇（Eutyches）在四四四年提出「一性論」，亦即耶穌在復活後，其神性與人性已獲得統一，但此種說法在四五一年被羅馬教會視為異端，並以此為由將君士坦丁堡牧首革除教籍。

540 布雷斯特德（J.H. Breasted），《地中海的衰落》（北京：中國友誼出版公司，二〇一五年），頁五七五

541 Jerry Bentley and Herbert Ziegler, *Traditions & Encounters: A Global Perspective on the Past* (New York: McGrew-Hill, 2010), pp.327-328.

至在七一一年跨過直布羅陀海峽肆虐伊比利半島，[540]從而讓中古初期的歐洲處於某種「後帝國黑暗情境」之中。如同本特利（Jerry Bentley）等人指出，「在入侵及人口削減引發的崩潰之後，與西南亞人和中國人不同的是，西歐人並未重返中央集權的帝國統治，而是建立起一個分權式政治秩序，將多數公共權威交付地方或地區性統治者」；[541]嚴格來說，上述所謂「並未」應當是「無法」，更重要的是，歐洲西側帝國結構與文明界線之崩解帶來了明顯的政治倒退，此地「新主人」必須重新由部落開始去摸索其演進道路，亦正因他們缺乏歷練，曾經身為「國教」、政治經驗豐富且組織架構成熟的基督教會乃有機會趁勢而出。

至少為了確保與君士坦丁堡教會之競爭優勢，[542]加上西歐存在皇權空窗，五九〇年繼任教宗的額我略一世（Gregorius I）一方面宣稱其地位高於任何主教，從而奠下中世紀教皇制度之基礎，加上八世紀羅馬與拜占庭關於聖像使用議題衝突愈演愈烈，利用伊琳娜（Irene）在七九七年成為東羅馬與歐洲歷史上第一位女皇帝引發之衝擊，[543]教宗利奧三世（Leo III）乃藉機在八〇〇年加冕法蘭克領袖查理曼（Charlemagne）為「受上帝委託統治羅馬帝國的偉大皇帝奧古斯都陛下」，自此，法蘭克御璽上都鐫刻著「羅馬帝國再生」字樣，象徵取回正統，[544]亦意味著西歐教會與世俗政體藉此透過交換正當性與權力支持，建構出某種「完美政教結合」，其後，此種模式在九六二年又被複製到神聖羅馬帝國身上，[545]成為支撐中世紀歐洲秩序之重要政治象徵基礎。

關鍵在於，此一「皇帝」頭銜僅存在威望意義，與權力無關，更無法藉此創造一個有意義之政治秩序，反而深化了正統性紛爭。進言之，政治分裂始終是種西歐現象，由查理曼建立的加洛林（**Carolingian**）王朝不過具備部落聯盟特徵，至於東羅馬雖然在九至十世紀由馬其頓王朝再度迎來一段中興時期，隨即受制穆斯林沉重壓力，甚至羅馬教會與法蘭克人在一〇九六至

542 基督教會原先在羅馬帝國境內設置五大主教（牧首）區（Pentarchy），分別是羅馬、君士坦丁堡、亞歷山大港、安提阿和耶路撒冷，前兩者因具備首都性質而影響略高，後三者在七世紀先後遭到伊斯蘭擴張以致名存實亡，君士坦丁堡教會則因羅馬勢力東移而深受政治力影響。

543 Lisa M. Bitel, *Women in Early Medieval Europe, 400-1100* (Cambridge: Cambridge University Press, 2002).

544 Henry Mayr-Harting, "Charlemagne, the Saxons, and the Imperial Coronation of 800," *The English Historical Review*, 111:444(1996), pp.1113-1133.

545 James Bryce, *Holy Roman Empire* (New York: Alpha Edition, 2019); David Criswell, *Rise and Fall of the Holy Roman Empire: From Charlemagne to Napoleon* (Dallas: Fortress Adonai, 2005); Barbara Stollberg-Rilinger, *The Holy Roman Empire: A Short History* (Princeton: Princeton University Press, 2018).

一二九一年發動的八次「十字軍東征」（Crusades Wars）雖然高舉對抗伊斯蘭之旗幟，卻導致君士坦丁堡在一二〇四年首度陷落並遭到洗劫，致使東羅馬淪為僅僅控制馬爾馬拉海（Sea of Marmara）兩側局部土地之區域勢力，自此一蹶不振至一四五三年滅亡為止。

明顯可見，從五世紀迄今超過一千五百年以上，「歐洲」從未被統一過乃是個不爭事實，例如孟德斯鳩（Montesquieu）便指出，相較於「人們在亞洲總是習慣看到大帝國存在，在歐洲則從未出現這種帝國，其原委或許因為亞洲擁有大平原，無法形成自然障礙，歐洲則被自然切割成許多不太大的國家，以致每一個地方都難以被征服的緣故」，[546]此種見解不算錯但也不完全對，卷三部分將對此詳述，尤為關鍵的是，歐洲自身雖然再也不曾有過帝國，卻始終面對著尤其來自穆斯林帝國之長期環繞與威脅，由此不但埋下它對於「控制世界」（world domination）之自然恐懼，使其總是習慣從陰謀論角度來看待此種潛在性，此種思考邏輯亦深深影響了歐洲人的處事原則、交往之道，乃至世界觀與後來的國際關係理論發展，對此，可參考拙著《戰爭的年代》，我們亦會在後面篇幅中進一步詳述。

546 Montesquieu, *The Spirit of the Law* (Cambridge: Cambridge University Press, 1989), p.17.

547 Michael Barkun, *A Culture of Conspiracy: Apocalyptic Visions in Contemporary America* (Berkeley: University of California Press, 2003).

伊斯蘭崛起與地緣政治變遷

Islam Rise and Its Impact on Geopolitics

歐亞東部非農耕勢力擴張　且讓我們將目光再次轉向東方。在西進式民族遷徙於四至六世紀達到高潮，從而讓歐亞西部、歐亞南部與地中海次世界同感沉重壓力之際，東亞一波民族躁動也終結了漢帝國，並帶來了一段「大分裂」時期。[548]如前所述，歐亞大草原自西元前九世紀起，便在四個世界北側構築了一條由草原民族控制之游牧通道，至於這批多元並呈的人們則在西元前二世紀形成了兩個主流群體，在西側一般被稱為印度塞種人（Indo-Scythians or Indo-Sakas），在東方則是匈奴。必須再次說明，如同個人以所謂「游牧半帝國」指稱處於高峰時期的匈奴勢力，王明珂亦傾向不描述匈奴的「國家結構」，而是將其視為「發生在北亞游牧部族間的一個社會經濟與政治現象」，[549]他認為以分枝性社會結構（segmentary society）為主的游牧群體，[550]所以形成集權化階序性政治體的原因，主要來自（秦漢）帝國擴張並構築某種資源封鎖線（長城與逐離戰爭）導致之反制性演化結果。儘管如此，一旦對抗失敗，裂解後的游牧群體將有三種選擇：其一是宣示忠誠獲得帝國接納並安置於邊疆（南匈奴），其次是保持一定距離靜觀其變（鮮卑），第三則是選擇遠離另闢新天地（北匈奴）。

值得補充的是，儘管多數人往往聚焦游牧（歐亞大草原）與農耕（文明軸心）勢力之間的漫長歷史糾葛，實則在歐亞東部世界，位於長城以北、蒙古草原與大興安嶺以東至太平洋濱，還存在另一個以森林為主的空間，此地主流部族在中國歷代典籍中擁有著不同名稱，例如周朝的肅慎、秦漢至南北朝的挹婁和勿吉，以及隋唐的靺鞨等，其經濟生活以漁獵和採集為主，兼營游牧與農耕，與蒙古草原和長城以南農耕文明之間保持著長期的互動關係。[551]

回到歷史，在西元一世紀匈奴分裂，加上漢帝國成功逐離北匈奴之後，南匈奴與東胡後裔烏桓部落選擇歸附，成為拱衛帝國邊疆之附屬勢力，東亞草原頓成真空地帶，至於同樣源自東胡的鮮卑則繼之而起，[552]在二至三世紀成為最具影響力且持續施壓長城邊緣地帶之草原部落聯盟，並於三一一年大舉南下後陸續建立若干割據政權，[553]此一浪潮之背景或如近期氣候史研究

548 大分裂起自一八四年黃巾之亂導致地方割據混戰，其後歷經三國時期，西晉雖在二六六至三一六年帶來半世紀短期統一，隨後進入五胡十六國與魏晉南北朝階段，至五九〇年隋朝統一，長達四個世紀之久。

549 王明珂，《游牧者的抉擇：面對漢帝國的北亞遊牧民族》（台北：聯經出版，二〇〇九年），頁一一六。

550 Marshall D. Sahlins, "The Segmentary Lineage: An Organization of Predatory Expension," *American Anthropologist*, 63:2（1961）, pp.322-345.

551 閻崇年，《森林帝國》（北京：華文出版社，二〇二二年），頁四四至四五。

552 參見《後漢書》卷九十〈烏桓鮮卑傳〉：「和帝永元中，大將軍竇憲遣右校尉耿夔擊破匈奴，北單于逃走，鮮卑因此轉徙據其地。匈奴餘種留者尚有十餘萬落，皆自號鮮卑，鮮卑由此漸盛。」

553 例如在「十六國」當中，包括前燕、代國、後燕、西秦、南涼、南燕等，都由鮮卑人建立。

指出，北半球自二世紀末起進入小冰川期，由此延續至四世紀末左右，不僅原本緯度適中的農耕區深受嚴寒與旱災侵擾，亦迫使歐亞大陸內側受乾燥化所苦的遊牧民族向南遷徙。[554]

儘管迄今未能確認前述論證，游牧民大規模移動乃是事實，尤其隨著鮮卑南下而且逐漸「漢化」而融合於農耕文明體系，柔然隨即填補了前者遺留之草原權力真空，除在四〇二年正式啟用「可汗」（Khan）此 稱號（自此超過一千年以上成為草原領袖最高威望頭銜），[555]多次與北魏政權激烈交戰，但在五五二年遭到突厥擊潰之後，柔然一部分往東遷徙成為契丹的前身，一部分併入後來成為蒙古黃金家族源頭的室韋部落，至於另一部分則向西進入多瑙河流域與巴爾幹半島，成為七世紀威脅東羅馬之阿瓦爾（Avar）部落。[556]更甚者，由鮮卑或柔然改良的馬蹬不僅大大提升騎兵攻擊力，在透過阿瓦爾人傳入歐洲大陸後，[558]更對後者歷史帶來關鍵影響。

恰逢查士丁尼開啟羅馬「中興」時刻之際，嚈噠人（Hephthalites）在擊敗薩珊並佔領波斯高原東部後，隨即南下肆虐印度河流域，至於柔然與繼起之突厥則壓制著歐亞東部文明核心；在此情況下，儘管跨世界貿易依舊進行當中，由於失去帝國之經濟與安全支撐，曾在西元一至二世紀首度臻於高峰的絲路系統開始支離破碎，其中，位於天山南麓的兩條通道逐漸停頓下來，只有原先便處於草原勢力控制下，由天山北麓途經準噶爾一路向西的北道繼續運作，[559]

例如玄奘在六二九年前往印度便是由此路徑先抵達河中地區，然後轉而南下，回程則因唐朝重新控制西域，纔得以從南道返國。

東亞草原力量之極盛與衰落 如同前述充滿著「牛頓第三運動定律」之進程，首先是農業文明核心擴張帶來了逐離行動，其次是遭到逐離並逐漸專事游牧的群體，為求生存並受到帝國經濟果實誘惑，於是自西元前二世紀展開一波拉鋸反擊，接著是帝國憑藉其龐大人口與綜合國力，在一至二世紀之間成功壓制游牧民，但在帝國中衰、氣候變遷與游牧民透過文化採借

---

554 Michael McCormick, et al,“Climate Change during and after the Roman Empire: Reconstructing the Past from Scientific and Historical Evidence,” *Journal of Interdisciplianry History*, 43:2(2012), pp.269-220.

555 René Grousset, trans. by Naomi Walford, *The Empire of the Steppes: A History of Central Asia* (New Brunswick: Rutgers University Press, 1970), pp.61, 585.

556 Guido Alberto Gnecchi-Ruscone and Anna Szécsényi-Nagy, et al.,“Ancient Genomes Reveal Origin and Rapid Trans-Eurasian Migration of 7th Century Avar Elites,” *Cell*, 185:8(2022), pp.1402-1413.

557 Zaheer Baber, *The Science of Empire: Scientific Knowledge, Civilization, and Colonial Rule in India* (New York: State University of New York Press, 1996), p.96.

558 Albert Dien,“The Stirrup and Its Effect on Chinese Military History,” *Ars Orientalis*, 16(1986), pp.33-56.

559 紀宗安，《九世紀前的中亞北部與中國交通》（北京：中華書局，二〇〇八年），第三章。

（cultural adoption）自我提升後，[560]除了薩珊波斯，包括西方的羅馬與東方的漢帝國幾乎同時在內外交迫下面對「三世紀危機」挑戰，結果亦都遭逢大規模「蠻族」入侵與長期政治分裂的結果。進言之，普遍性帝國危機在五至六世紀來到高峰，首先是中亞的嚈噠人南下突破了薩珊波斯防線，一路挺進印度河平原，其次則東羅馬雖在查士丁尼一世任內迎來中興時刻，並未能改變西歐受到蠻族割據之現實，且東羅馬也在其死後面對一波挑戰，[561]至於東亞則在鮮卑和柔然相繼崛起之後，突厥在六世紀中葉成為最具影響力之稱霸力量。

世居阿爾泰山以鍛鐵貿易維生的阿史那（Ashina）部落，原先歸附於柔然，其首領土門於五四六年自組部落聯盟並於五五〇年擊敗鐵勒，接著以結盟西魏政權為基礎，在五五二年成功壓制柔然並自稱「伊利可汗」，從而建立了突厥半帝國；不過，土門隨即過世，且長子科羅上台數月亦跟著死去，接著繼任的次子木杆可汗雖身為名義領袖，土門之弟同時自稱「葉護可汗」，後者在五五七年與薩珊波斯締結同盟，[562]一方面開始追擊向西遁逃的柔然殘部阿瓦爾人，自此至五六一年並與薩珊合攻殲滅了嚈噠人；由於失去共同敵人，突厥和薩珊波斯開始交惡，直到五七一年雙方議和為止。與此同時，部分突厥勢力隨著追擊阿瓦爾人而不斷向西挺進，除了五六八年在粟特人仲介下首度派遣使節前往君士坦丁堡，[563]其前鋒更越過北高加索地區，在五七六年左右抵達克里米亞，直到五八九年敗於薩珊波斯才逐漸向後撤退。

由於政治結構本即傾向鬆散，加上勢力範圍陡然放大，位於蒙古草原的本部與不斷西進分支之間的矛盾隱然升高，以致在隋朝「遠交近攻、離強合弱」外交操作下，自五八三年起分裂為東西兩部，同時在隋朝刻意引導下陷入多方混戰，甚至西突厥部分也因過度擴張從而勢力林立，包括從準噶爾到河中東部的十箭（On Oq）部落、統領中亞南部的吐火羅葉護、位於北高加索草原的可薩（Khazar）汗國，以及最西側靠近多瑙河的保加爾（Bulgar）汗國等。[564]其中，東突厥沙鉢略可汗在五八四年被迫向隋稱臣，但雙方並未就此真正休戰，且因為隋在六一〇年爆發民變後隨即陷入內部混戰，最終導致朝代終結，致使突厥反而有機會由衰再盛，甚至

---

560 Reuven Amitai and Michal Biran, *Nomads as Agents of Cultural Change: The Mongols and Their Eurasian Predecessors* (Honolulu: University of Hawaii Press, 2015).

561 Peter Sarris, *Empires of Faith: The Fall of Rome to the Rise of Islam* (Oxford: Oxford University Press, 2013), p.145.

562 Stefan Kamola, "I Made Him Praiseworthy: The Kül Tegin Inscription in World History," in Alva Robinson, et al, eds., *Heritage and Identity in the Turkic World* (Berlin: De Gruyter, 2023), pp.13-14.

563 Li Qiang and Stefanos Kordosis, "The Geopolitics on the Silk Road: Resurveying the Relationship of the Western Türks with Byzantium through Their Diplomatic Communications," *Medieval Worlds*, 8(2018), pp.109-125.

564 Christopher I. Beckwith, *Empires of the Silk Road: A History of Central Eurasia from the Bronze Age to the Present* (Princeton: Princeton University Press, 2009), p.117.

唐朝初年有紀錄之南下攻勢還達到六十七次之多，[565]帶來之安全威脅可以想見；直到東、西突厥分別於六三〇與六五八年被唐滅亡，才終於為這個近一個世紀之草原霸主畫上句點。[566]

無論如何，突厥堪稱是自匈奴以來，勢力與影響範圍最大之歐亞草原力量。與主要活動侷限於從蒙古草原至河中地區的匈奴相較，由於西突厥追擊阿瓦爾人，且曾與東羅馬取得聯繫的緣故，後者影響力一度延伸越過歐亞邊界進入烏克蘭南部草原區，地理橫向跨度之大，不容忽視；[567]其次亦如同前述，對比主要影響歐亞東部世界的匈奴，突厥不僅同時與歐亞西部的薩珊糾纏不清，和地中海次世界的東羅馬也存在互動；最後則突厥固然如同匈奴一般，表面上存在世襲中央王權，[568]其游牧封建主義之運作顯然具備較多分權特徵，究其原委，或許因為匈奴伊始便直接面對秦漢帝國，在強力對抗下自然朝向垂直性演化發展，突厥則建政之初中國本部尚處於分裂狀態，本身內部亦不盡統一，非但可汗之位更迭頻繁，由於為方便管理龐大領地所委任之分區治理者也稱可汗，致使其治理結構呈顯某種疊床架屋且事權不一狀態，加上不僅東西突厥分裂，西突厥內部實則呈現某種部落聯盟狀態，[569]這些都對其影響力發散帶來一定限制。

遊牧勢力增強下之帝國重建　隨著秦漢第一帝國大大自我強化了中央集權框架與政府效能，並確定中國本部以定居式農耕為主的經濟發展累積形態，在文明範圍持續擴大帶來的排擠效應下，帝國為確保邊界安全對國境交易進行之諸多管制，迫使相對利益受損的遊牧群體必須透過「戰略性劫掠」加以反制，[570]後者目的雖在藉此捍衛自身群體生存，所施加壓力往往成為帝國崩解的關鍵之一。從另一角度來看，帝國架構擁有之較高安全係數，經常也說服其願意採

565 René Grousset, *The Empire of the Steppes: A History of Central Asia*, p.81.

566 Jonathan Karem Skaff, "Tang Military Culture and Its Inner Asian Influences," in Nicola Di Cosmo, ed., *Military Culture in Imperial China* (Cambridge, Mass.: Harvard University Press, 2009), p.183.

567 其歷史遺緒甚至在二〇〇九年促成「突厥國家聯盟」（Organization of Turkic States），正式成員包括亞塞拜然、哈薩克、吉爾吉斯、土耳其和烏茲別克，土庫曼、匈牙利與北賽普勒斯則為觀察員。

568 Peter Golden, "The Turk Imperial Tradition in the Pre-Chinggisid Era," in S. Sneath, ed., *Imperial Statecraft: Political Forms and Techniques of Governance in Inner Asia* (Bellingham: Western Washington University Press, 2006), pp.23-61.

569 Christopher I. Beckwith, *The Tibetan Empire in Central Asia: A History of the Struggle for Great Power Among Tibetans, Turks, Arabs and Chinese During the Early Middle Ages* (Princeton: Princeton University Press, 1993), p.209.

取更開放的邊境政策，例如羅馬在三七六年接受被匈人追擊之東哥德部落越過多瑙河定居，[572]東漢則更早在西元四八年便將內附的南匈奴呼韓邪單于安置在河套地區的「邊境八郡」（現今甘肅、陝西和內蒙古），作為與北匈奴之間的安全緩衝區，並將部分漢民遷至此地雜居，其後，由於西元三世紀氣候趨冷，不僅導致華北地區農民南下，長城以北的遊牧部族迫於飢寒也同時往南移動，逐漸滲入關中地區。[573]更重要的是，自一八四年爆發的「黃巾之亂」拉開帝國崩解引信之後，即便西晉曾自二六六年起提供半世紀短暫統一，內部政治鬥爭帶來之文明核心衰退，依舊在三一一年誘使遊牧部族填補真空，史稱「五胡亂華」或「永嘉之禍」，其結果是作為歐亞東部世界文明核心的黃河流域首度遭到游牧民控制。

早在前述政治巨變前夕，江統曾於二九九年提出「徙戎論」，除指出「關中之八百餘萬口，率其少多，戎狄居半」之現實，並強調「非我族類，其心必異，戎狄志態，不與華同」的潛在危機，據此建議遣返「人面獸心」的胡人；事實上，此種充滿敵對意識之排他性族群論調，往往在秩序動搖時順勢而出，例如春秋時期《國語．晉語》便有類似「同姓則同德，同德則同心，非我族類，其心必異」的描述，反映出該時期中原文明處於外部威脅下存在之普遍不安全感。儘管如此，從後續發展看來，由於數量龐大之異族進駐，非但位居帝國核心的黃河中下游地區由此開啟了一段延續至七世紀的民族融合過程，即便被迫往南遷徙的農耕民，亦逐漸與長江中下游乃至珠江流域的當地部族（例如百越）相互結合，從而帶來某種具雙向採借特徵之涵化（acculturation）現象，[574]更甚者，在北方新遊牧政體多數將典章制度與禮儀法律交由漢人制定，以及南遷之舊帝國政治核心（自稱正統的政治機構）在江南地區推動的「漢化」行動外，由主流文化團體向原先弱勢族群學習之「逆向涵化」（reverse acculturation，此處可稱胡化），[575]也是此際不容忽視的另一層面發展。

---

570 王明珂將遊牧者之侵擾分成「生計性掠奪」（subsistence raids）與「戰略性掠奪」（strategic raids）兩大類，前者通常在秋季或初冬為配合季節活動所進行，後者則是為了威脅恐嚇定居國家而發動，見《遊牧者的抉擇：面對漢帝國的北亞遊牧部落》（台北：聯經出版，二〇〇九年），頁一四七；但此處將前類行動併入後者考量，例如匈奴對漢朝施加壓力的結果不僅換得後者對其納貢，亦迫使文帝與景帝開放邊境貿易（設置關市），對其經濟所得亦大有助益，可參考余英時，《漢代貿易與擴張：漢胡經濟關係的研究》（台北：聯經出版，二〇〇八年）等。

571 Thomas Burns, *Barbarians within the Gates of Rome: A Study of Roman Military Policy and the Barbarians, ca. 375-425 A.D.* (Bloomington: Indiana University Press, 1994).

572 參見《後漢書》〈顯宗孝明帝紀〉：「十一月，北匈奴寇五原；十二月，寇雲中，南單于擊卻之。」

573 Connie Chin, "Climate Change and Migrations of People during the Jin Dynasty," *Early Medieval China*, 2(2008), pp.49-78.

574 John W. Berry, "Immigration, Acculturation, and Adaptation," *Applied Psychology,* 46:1(1997), pp.5-34; "Acculturation: Living Successfully in Two Cultures," *International Journal of Intercultural Relations*, 29:6(2005), pp.697-712.

進言之，在第一帝國崩解之後，歐亞東部之帝國重建面臨三大挑戰：首先是南移的中原政權從東晉到南朝陳，除了失去長期文明與經濟中心，[576]二百七十二年間共歷經五個朝代與四十位君主，政權更迭頻繁帶來之政治動盪不啻指出其明顯劣勢；相對地，南下之游牧民雖然部族各異且隨即割據自立，彼此攻伐，在前秦符堅於三七六年首度短暫統一北方（儘管三八三年淝水戰敗後又陷入瓦解）之後，三八六年建政的北魏於四四三年再度統一整個黃河流域，直到五三四年分裂為東、西魏之前，共存續橫跨了從東晉至南朝梁等四個朝代，無疑是南方勢力試圖重建帝國必須面對之主要障礙，相對地，北周於五七七年之第三次統一北方，則再度為五八一年篡位建立的隋朝提供了必要的權力基礎。無論如何，重建帝國最後且更重要的挑戰，當然來自五五二年成功崛起之塞北新霸主，此際影響力正臻於高峰的突厥不僅迫使北方政權臣屬納貢，例如第四代他鉢可汗便曾公開宣稱「但使我在南兩個兒（按：指北齊與北周）孝順，何憂無物邪」，即便隋唐陸續完成統一「中國本部」，如何壓制或解決突厥問題，也成為歐亞東部再度重建帝國之最後一哩路。[577]

以混合為特色之新帝國架構　儘管十九世紀迄今在民族主義（nationalism）成為支配性主流意識形態之影響下，致使凸顯以「單一民族」為主之歷史敘事成為多數國家之認同政策重點，[578]實則近代源自歐洲的民族主義思潮主要反映出自封建解體後，該區域國際關係因為戰亂頻仍導致的反射性自保想法。以中國為例，所謂「中國中心觀」內涵亦非始終一致，在「真正」的帝國結構（秦漢、隋唐與滿清）當中，它主要以「世界主義」（cosmopolitanism）之包容性面貌出現，強調自身良善霸權（benign hegemon）身份並支持具寬容特色之價值觀，但在弱勢王朝與分裂時期則相對透露出如同歐洲之「族群自我主義」，重視凝聚內部共識並更多地暗示隔離與對抗之必要。無論如何，從普遍歷史現實看來，透過文化採借接納更多異文化並強調兼容並蓄的「融合」（hybrid）途徑才是邁向建構帝國的不二法門，無論從阿契美尼德到羅馬，抑或奠定歐亞東部第一帝國基礎的秦朝（統一六國本即充滿融合意味），身為第二帝國的

575 Richard Bourhis, et al, "Towards an Interactive Acculturation Model: A Social Psychological Approach," *International Journal of Psychology*, 32:6(1997), 17; Colleen Ward and Arzu Rana-Deuba, "Acculturation and Adaptation Revisited," *Journal of Cross-Cultural Psychology*, 30:4(1999), pp.422-442.

576 Ting Chen and James Kai-Sing Kung, "War Shocks, Migration, and Historical Spatial Development in China," *Regional Science and Urban Economics*, 94:3(2022), pp.103718.

577 森安孝夫，《絲路，游牧民與唐帝國》（台北：八旗文化，二〇一八年），頁一五八至一六〇。

578 Lloyd Kramer, "Historical Narratives and the Meaning of Nationalism," *Journal of the History of Ideas*, 58:3(1997), pp.525-545; Paul Lawrence, "Nationalism and Historical Writing," in John Breuilly, ed., *The Oxford Handbook of the History of Nationalism* (Oxford: Oxford University Press, 2013), p.716.

隋唐亦復如此，[579]甚至現代超級強權美國，何嘗不是藉由「民族融爐」特色以致成就霸業。

或許部份源自統治階層的「混血」本質，[580]與第一帝國時期比較起來，隋唐第二帝國之政策「包容性」特徵愈發明顯可見；非但「華夷之辨」不再重要，高級皇族胡漢通婚相當普遍，社會日常習俗隨處可見「胡風」，[581]以西元六三〇年前後大量內附的突厥與鐵勒人貴族「皆拜將軍中郎將，布列朝廷，五品以上百餘人，殆與朝士相半」，可見不同部族在政治上受到的「平等」待遇。[582]

儘管隋朝於五八一年建立同時，便與突厥爆發了長期戰爭，在五八三年利用後者內部政爭與陷入嚴重災荒以致分裂之際，迫使東突厥向隋稱臣求和後，首先在五八九年滅亡南朝陳，翌年更將領地推進至越南北部，從而在相隔近三百八十年後再度統一「中國本部」，[583]接著並於六〇九年以攻滅吐谷渾為基礎，[584]重新控制河西走廊，但部分由於六一二至六一四年三度發動高句麗戰爭失利之故，隨即引爆普遍民變，致使唐朝在六一八年取而代之。尤其在六二六年繼位的唐太宗李世民任內，除了六三〇年滅亡東突厥並納入漠南之地，六三五年再度攻下吐谷渾，六五七年更擊潰西突厥並再度控制西域。特別因為成功壓制突厥，唐太宗被周邊諸國尊為「天可汗」之舉，[585]相較秦漢時期堪稱進一步確認了位居世界體系核心地位。[586]事實上，自太宗直到代宗年間，歷代唐朝皇帝均有被尊稱「天可汗」的紀錄，單單唐玄宗時期便達七次，除了其

579 谷川道雄，《世界帝國的形成》（台北：稻鄉出版社，二〇〇九年），頁一七五至一七六。

580 例如隋文帝楊堅之父楊忠便被懷疑具鮮卑血統，至少楊堅之妻獨孤氏乃鮮卑人，除此之外，唐高祖李淵之母乃前述獨孤皇后姊妹，其家族亦長期與鮮卑貴族通婚；Howard J. Wechsler, "The Founding of the Tang Dynasty: Kao-tsu," in Denis C. Twitchett, ed., *Cambridge History of China, Vol.3: Sui and Tang China, 589-906*（Cambridge: Cambridge University Press, 1979）, pp.150-151.

581 所謂「胡風」是指流行於唐朝之非漢族社會習俗，包括當時從北方草原和西域傳來以及魏晉南北朝遊牧民族遺留者，可參考：石見清裕，《唐代的國際關係》（上海：中西書局，二〇一九年）；朴漢濟，《大唐帝國的遺產：胡漢統合與多民族國家的形成》（台北：八旗文化，二〇二〇年），頁八八至九五。

582 有關隋唐時期胡漢互動關係可參考：劉義棠，《中國西域研究》（台北：正中書局，一九九七年）；林天蔚，《隋唐史新論》（台北：東華書局，一九九六年）；章群，《唐代蕃將研究》（台北：聯經出版公司，一九八六年）；劉義棠，《中國邊疆民族史》（台北：台灣中華書局，一九八二年）等。

583 高明士，《隋唐五代史》（台北：里仁書局，二〇〇六年），頁三五至四三。

584 吐谷渾屬鮮卑慕容部，四世紀初起控制祁連山脈與黃何上游谷地之間，先後臣屬隋、唐和吐蕃。

585 天可汗乃Tangri Qaghan之音譯。遊牧民稱「天」為Tangri，唐朝譯作「登里」、「登利」或「騰里」，部落領袖則稱為Qaghan（可汗）。實則游牧君長經常自稱Tängri Qaghan，漢文史料為凸顯「中國中心觀」，多半僅將中國皇帝譯作「天可汗」，遊牧領袖所獲同樣稱號卻譯為「登利（登里）可汗」。杜佑《通典．邊防十六》記載「大唐貞觀中，戶部奏言，中國人自塞外來歸及突厥前後降附開四夷為州縣者，男女百二十餘萬口。時諸蕃君長詣闕頓顙，請太宗為天可汗。制曰：我為大唐天子，又下行可汗事乎？群臣及四夷咸稱萬歲。是後以璽書賜西域、北荒君長，皆稱皇帝天可汗。諸蕃渠帥死亡者，必詔冊立其後嗣焉。臨統四夷，自此始也」；此為中國史書中最早完整提及相關始末。

586 Jonathan Karam Skaff, *Sui-Tang China and Its Turko-Mongol Neighbors: Culture, Power, and Connection, 580-800* (New York: Oxford University Press, 2012), pp.120-121.

本身確實擁有帝國所需之不對稱優勢，另一原因或來自伊斯蘭阿拔斯帝國不斷向東擴張入侵中亞，以致該區國家紛紛要求唐朝保護其安全所致。

值得注意的是，對比第一帝國透過冊封（確認階層性關係）、和親（建立血緣姻親聯繫）、互市（利用經濟誘因）和設置屬國（戰略緩衝區）等「羈縻」政策來維持世界體系秩序，[587]在沿襲舊制之餘，唐朝更以都督府為中心，先後從東北至西北地區設置了八百五十六個半自治性羈縻州以便強化對邊陲之控制能力，[588]除此之外，包括六四〇年針對天山南路的安西都護府、六四七年面對陰山北側的安北都護府、六五〇年滅東突厥之後建立的單于都護府、六六八年征服高句麗後的安東都護府、六七九年的安南都護府與七〇二年瞄準天山北路的北庭都護府等，唐朝共陸續建立了六個軍事重鎮來穩定於玄宗時期達到極限之遼闊帝國疆土。[589]其次，第二帝國之另一發展特徵凸顯於經濟重心逐漸由黃河流域南移至長江中下游地區之現實，[590]至於其歷史影響，不僅導致「政經中心分離」（此後帝國首都難以同時身兼政經中心）之趨勢，由於歐亞東部帝國外部威脅主要依舊來自北方草原，經濟重心南移不啻造成補給線拉長與後勤成本大幅提高的負面效果，以致在第二帝國崩解後，遊牧民族隨著再度南下，長期控制了舊體系核心地區，並讓其後完成統一中國本部的朝代，被迫面臨著更嚴酷的重建帝國條件。

進言之，隋代開鑿運河聯絡江南地區，固然有彌補大分裂以來南北長期隔閡，並加強對新征服區統治之意義，將長江下游經濟成果往帝國首都輸送也是重要戰略考量，其後自元代至清朝運河建設之政策背景大致略同。[591]

歐亞東部之地緣挑戰　雖然唐帝國最遠控制範圍直抵準噶爾以西、巴爾喀什湖以南的「七河之地」（Zhetysu），不僅與薩珊波斯接壤，亦為歐亞東部帝國展延極限，[592]其高峰並未持續太久，一方面在七五五至七六三年「安史之亂」後便由盛轉衰，[593]除了吐蕃自六四二年控制青

587 彭建英，《中國古代羈縻政策的演變》（北京：中國社會科學出版社，二〇〇四年），頁一五至六〇。

588 可參考《新唐書》卷四十三下〈地理志下〉所載：「自太宗平突厥，西北諸蕃及蠻夷稍稍內屬，即其部落列置州縣，其大者為都督府，以其首領為都督、刺史，皆得世襲，雖貢賦版籍多不上　部，然聲教所暨，皆邊州都督、都護所領，著於令式。」

589 Michael Dillon, ed., *China: A Historical and Cultural Dictionary* (Richmond, Surrey: Curzon, 1998), p.36.

590 鄭學檬，《中國古代經濟重心南移和唐宋江南經濟研究》（長沙：岳麓書社，二〇〇三年）。

591 付崇蘭，《運河史話》（北京：社會科學文獻出版社，二〇一一年），頁六至一〇。

592 Mark Edward Lewis, *China's Cosmopolitan Empire: The Tang Dynasty* (Cambridge, Mass.: The Belknap Press of Harvard University Press, 2009), p.152.

593 Christopher I. Beckwith, *Empires of the Silk Road*, p.158.

藏高原後便不斷在河西走廊附近與唐朝長期纏鬥，直到八二一年雙方訂下「長慶會盟」為止，六八二年「復國」的突厥亦盤據於內蒙古一帶，在七五五年遭回鶻再度滅亡；至於回鶻原屬突厥分支之部落聯盟，最大勢力範圍涵蓋了阿爾泰山至大興安嶺之間的草原地帶，隨即成為唐朝後期最大外患，直到九世紀末瓦解西遷為止。為應對前述邊疆威脅，七一〇年最初設置時本來僅為臨時頭銜的「節度使」開始轉為固定編制，[594]其後，唐朝先在七四二年將沿邊六十餘處軍鎮分別隸屬由節度使指揮的十大軍區，五年後更決定多數由蕃將出任節度使，從而埋下地方割據與日後內亂源頭。

無論如何，自三至六世紀游牧民大規模南移乃至其後第二帝國之演進，此一階段發展對後世影響最大者在於：如同前述，中國的長城走向與地理上森林與草原植被的分界大致重疊，自西元前四世紀戰國時代開啟逐離行動乃至漢帝國時期，它也隱然成為農耕與游牧群體生活的分界線，長期以來，長城既是農業地區的防禦底線，亦是發動先制攻擊的起點，不過，基於帝國架構提供自身安全感，加上其有意操作「以夷制夷」的戰略手段，愈來愈多內附的游牧民被允許進入長城南北定居，此一「無縫接軌」的結果，非但致使原先作為隔離用途之緩衝地帶遭到填補，[595]甚至反過來成為草原民族的屏障或攻擊起點，這也是所謂「永嘉之禍」的背景之一。隨著「大分裂」時期來臨，一方面盤據黃河流域之游牧政權沒有修築長城的理由，隋唐時期基於國力及其開放性帝國特徵，除少數戰略要地，亦沒有系統性建立長城防禦網的計畫，[596]加上在十世紀「小分裂」（五代十國）時期，多數北方政權被迫臣服契丹勢力，甚至後晉還在九三八年割讓燕雲十六州，無異讓長城東部出現重大戰略缺口，這些發展在導致歐亞東部地緣結構浮現關鍵變化之餘，也根本性地衝擊了存在數世紀之傳統「中國中心觀」。對此，我們將在後續篇幅進一步詳述。

---

594 David A. Graff, *Medieval Chinese Warfare, 300-900* (New York: Routledge, 2001), chapter 10.

595 Herbert Franke and Denis Twitchett, "Introduction," in Franke and Twitchett, eds., *Cambridge History of China, Vol.6: Alien Regimes and Border States, 907-1368* (Cambridge: Cambridge University Press, 1979), pp.8-9.

596 Nicolas Tackett, "The Great Wall and Conceptualizations of the Border Under the Northern Song," *Journal of Song-Yuan Studies*, 38(2008), p.106.

第一伊斯蘭帝國：伍麥葉（661-750）

宗教與政治　關於宗教因素在國際關係中可能扮演的角色與作用，哈森克列夫（Andreas Hasenclever）認為可以從三個角度加以觀察，[597]首先是原生論者（Primordialists），這派人士認為宗教文化差異乃是影響群體互動之重要自變項，結果將引發人群必然分裂，並埋下無可避免之衝突伏筆，杭廷頓（Samuel Huntington）的「文明衝突論」便是最佳例證；[598]其次是工具論者（Instrumentalists），他們同意宗教信仰分歧確實會加深衝突，但指出衝突多半並非由於宗教差異所致，政治利益依舊是本質所在，[599]儘管部分領袖確實傾向利用信仰來建立群體認同並據此展開動員；[600]第三則是溫和建構主義者（Moderate Constructivists），他們認為社會衝突根源於某些既存的價值結構，至於由這些結構衍生之概念將影響人們的戰略選擇，政治利益與領導者之引導固然相當重要，但宗教之影響主要由當下社會結構內涵決定，未必只能扮演被動之工具角色。[601]

事實上，除了原生論者稍嫌主觀武斷之外，無論工具論或溫和建構主義對於詮釋並理解宗教之政治角色，都有一定助益；其次則除了可能影響國際關係之外，宗教對於帝國治理之影響亦不容小覷，例如芬納（Samuel Finer）試圖強調若干歷史性宗教（Historic Religion）所扮演的角色，[602]無論是波斯的瑣羅亞斯德教、羅馬的基督教、印度的婆羅門教或佛教、中國的佛教或道教，乃至主宰中東的伊斯蘭教等，它們往往在特定時期獲得了所謂「國教」（National Regilion）地位，從而由統治者賦予其特權地位或將之強加於臣民身上。

進言之，宗教所以獲致前述政治支持的理由，主要來自帝國以寬容精神來維持「差異政治」之背後理性思考；由於缺乏現代科技輔助，無法透過數字管理的帝國不僅難以避免「虛擬治理」本質，此種虛擬性又經常是累積相對剝奪感與誘發反叛的來源，於此同時，帝國雖為酋

---

597 Andreas Hasenclever and Volker Rittberger, "Does Religion Make a difference? Theoretical Approaches to the Impact of Faith on the Political Conflict," in Fabio Petito and Pavlos Hatzopoulos, eds., *Religion in International Relations: The Return from Exile* (New York: Palgrave Macmillan, 2003), pp.107-109.

598 Samuel Huntington, *The Clash of Civilizations and the Remaking of World Order* (New York: Simon & Schuter, 1996).

599 Joseph Nye, Jr., "Conflict after the Cold War," *The Washington Quarterly*, 19:1(1995), pp.5-24.

600 Anthony Smith, "The Ethic Sources of Nationalism," *Survival*, 35:1(1993), p.53.

601 Alexander Wendt, "Collective Identity Formation and the International State," *American Political Science Review*, 88:2(1994), pp.384-396; "The Agent-Structure Problem in International Relations Theory," *International Organization*, 41:3(1987), pp.335-370.

602 Samuel Edward Finer, *The History of Government from the Earliest Times, Volume II: The Intermediate Ages* (Oxford: Oxford University Press, 1999), pp.613-616.

邦與部落聯盟之進化版本，最初仍難以完全擺脫神權（theocracy）統治特徵，據此，帝國威望既需要主流信仰加持，藉由宗教之神秘性亦可彌補其政治說服力之不足。儘管如此，一方面基於「狡兔死，走狗烹」之政治常態，更重要的是，帝國之排他壟斷性權力分配設定，終究與宗教背後之至高神性並不相容（一旦皇帝與祭司指示矛盾，人民將何去何從），由此乃導致宗教與政治互動之複雜化。

例如在孔雀王朝建立之前，婆羅門教早就是歐亞南部世界主流信仰，[603]帝國最初也接受並與其保持密切聯繫，但隨後給予反對種姓制度與主張非暴力的耆那教與佛教更多支持，[604]尤其在阿育王極力推崇下，佛教一度成為全國性宗教，但其「變造教法」讓佛教可調合與傳統印度思想和耆那教的差異，使其成為統治權力基礎的作法，亦埋下佛教分裂衰退伏筆。又如羅馬早期沿襲地中海世界多元神話傳統，一方面在征服擴張過程中不斷吸收其他宗教信仰，[605]其後更由皇帝兼任大祭司長（Pontifex Maximus），據此，主張一神論的基督教當然與其相扞格並屢遭打壓，其中，最後也最嚴重的一次發生在三〇三年戴克里先皇帝任內，[606]儘管如此，隨後於三一二年登基的君士坦丁大帝卻逆轉式開啟了基督教的「國教化」歷程。另一個例證是波斯，早在阿契美尼德時期，瑣羅亞斯德教（或稱祆教）便被認定具備國教性質，但當時對於其他不同信仰大體採取開放共存政策，到了薩珊時期，雖因「波斯化」政策導致瑣羅亞斯德教復興，沙普爾一世時期一度更重視摩尼教（Manichaeism）此個人化宗教。[607]最後，歷經南北朝時期普遍傳播與禪宗帶來的「中國化」激勵，自西元一世紀傳入中國以來，佛教發展在六至七世紀隋唐時期達於鼎盛狀態，堪稱當時最普及之主流宗教，儘管如此，在「沙門敬不敬王者」誘發佛法與名教之辯，以及「老子化胡說」引來佛道之爭的背景下，一方面不能忽視所謂「三武之禍」對佛教之壓力，[608]包括唐朝重新確認儒學權威，以及自太宗至高宗之崇敬道教讓後者儼然成為國教等發展，亦深深影響了第二帝國時期宗教內涵。

---

603 Sailendra Nath Sen, *Ancient Indian History and Civilization* (New Delhi: New Age International, 1999), p.164

604 Jerry Bentley, *Old World Encounters: Cross-Cultural Contacts in Pre-Modern Times* (New York: Oxford University Press, 1993), p.46

605 Janet Huskinson, *Experiencing Rome: Culture, Identity and Power in the Roman Empire* (New York: Routledge, 2000), p.261; Valerie Warrior, *Roman Religion* (Crunbridge: Crunbridge University Press, 2006), pp.9-10.

606 Michael Gaddis, *There Is No Crime for Those Who Have Christ: Religious Violence in the Christian Roman Empire* (Berkeley: University of California Press, 2005), pp.30-31.

607 Azim Shahbakhsh, "An Analysis of Manichaeism as the First Ideological Challenge During the Sasanian Dynasty," *Iranian Journal of Archaeological Studies*, 12:1(2022), pp.123-132.

608 指四四六至四五二年北魏太武帝，五七二至五七八年北周武帝，和八四〇至八四六年唐武宗等三次由中央政府下令沒收寺院財產並打壓佛教傳播之事件。

總的來說，宗教雖看似只是一種面對個人心理之社會信仰，但因為其可能影響人心之巨大潛力，在部分個案中，往往由於政治力介入而朝向政治性宗教（political regilion）性質發展；[609]至於前述幾個案例，即便統治者之信仰轉換經常被由個人角度解讀，利用新興宗教來牽制盤根錯節之舊信仰，仍可理解為理性之政策操作。無論如何，相較多數個案呈現政治力介入宗教發展之軌跡，七世紀之伊斯蘭由宗教團體出發，居然形成並擁有堪稱帝國之政治影響，無疑是最具特殊性之逆向演化案例。

伊斯蘭擴張與歐亞地緣政治之重組　隨著帝國崩解之後的政治碎裂化成為某種「新常態」，地中海世界周邊之文化異質性愈發凸顯：在東方，拜占庭雖然表面上成為羅馬帝國遺產主要繼承與捍衛者，相較西部以「蠻族」為主的拉丁區，其思想文化之希臘特徵不僅非常明顯，再加上領土收縮並以歐亞非三洲陸橋為基礎，與東方文明交流融合之影響不可磨滅。無論如何，更值得注意的是南方，自七世紀伊斯蘭爆炸性擴張以來，從敘利亞、埃及乃至北非沿岸與伊比利半島等地，「阿拉伯化」（Arabization）既成為一時潮流，與基督教之間的「一神之爭」也在地理層面劃上一道新鴻溝。

進言之，自西元四到六世紀，東羅馬與薩珊波斯兩大帝國彼此對抗乃此際歷史主軸線，雖然雙方在五世紀就對抗嚈噠人（白匈奴）部分具有共同利益且促成合作，並不能阻止彼此沿高加索、小亞細亞、亞美尼亞與敘利亞這條戰線上激烈交戰且互有勝負，並於六〇二至六二八年迎來最後一波高潮，[609]薩珊最初占有優勢，尤其六一三年攻佔耶路撒冷和六一八年進據埃及，[610]一度迫使東羅馬考慮遷都避難，[611]甚至在六二六年君士坦丁堡遭遇圍城戰時面臨絕境，但後者隨即與西突厥結盟兩面夾攻波斯，接著在六二八年藉由劫掠兩河流域為薩珊帶來致命一擊。無論如何，戰爭的真正結局是兩敗俱傷，[612]甚且如同利斯卡（George Liska）所言，「這場不必要的長期戰爭，終究為伊斯蘭征服開闢了康莊大道」。[613]

609 Emilio Gentile, *Politics as Religion* (Princeton: Princeton University Press, 2006).

610 Walter Emil Kaegi, *Byzantium and the Early Islamic Conquests* (Cambridge: Cambridge University Press, 1995), pp.65-78.

611 John Julius Norwich, *A Short History of Byzantium* (New York: Vintage Books, 1997), p.91.

612 James Howard-Johnston, *East Rome, Sasanian Persia and the End of Antiquity: Historiographical and Historical Studies* (Burlington: Ashgate Publishing, 2006), p.291; John Haldon, *Byzantium in the Seventh Century: The Transformation of a Culture* (Cambridge: Cambridge University Press, 1990), pp.49-50.

613 George Liska, *Expanding Realism: The Historical Dimension of World Politics* (New York: Rowman & Littlefield, 1998), p.170.

此處所稱伊斯蘭（Islam）源起阿拉伯半島此一全球最大的半島，總面積達三百二十萬平方公里（約略與印度相當），帠單沙漠地區便占了九成，東西兩側分別隔著波斯灣和紅海與波斯、埃及相望，年雨量平均僅一百公釐，人口有限且多數以游牧維生，半島西側至紅海出口亞丁灣附近由於涉及羅馬與印度貿易，存在若干港口城邦。儘管伊斯蘭早期相關資料十分晦澀，就在前述帝國大戰如火如荼之際，聲稱在六一〇年受到先知啟示的穆罕默德（Muhammad），決定在薩珊攻陷耶路撒冷的六一三年開始傳教，並在戰爭帶來經濟緊縮之社會背景下加速了思想傳播；[614]教派名稱islam意為順從，其崇拜對象Al lah的Al意為「唯一」，lah則是ilaah的簡稱，意謂「神」，至於其經典*Quran*則為吟誦之意，教義部分援引自猶太教與基督教，但更重視建立一個服從神旨之平等主義社會。[615]歷經十年累積勢力，六二四年的巴德爾戰役（Battle of Badr）開啟了伊斯蘭的對外軍事擴張過程，同時確認了穆罕默德之領導地位；[616]其後，穆斯林首先逐步統一了阿拉伯半島，陡然成為拜占庭與薩珊之外的第三勢力，接著在六三二年穆罕默德死後建立「哈里發」（khalifa，意即代理人）制度，以延續團體凝聚力，[617]並於六三六年的敘利亞戰爭中首度與拜占庭帝國正面對壘，六三八年正式佔領耶路撒冷後開始兩路並進，其中，東線在六五一年滅亡薩珊後直指呼羅珊地區，西線則沿著地中海南岸，經由埃及進入利比亞。

必須指出，伊斯蘭崛起猶如超級地震帶來板塊推擠效應一般，重組了歐亞大陸之地緣政治結構，尤其是西側部分。由於伊斯蘭勢力於七一一年跨過直布羅陀進入伊比利半島，接著甚至翻越了庇里牛斯山攻入今日法國西部，直到七三二年普瓦捷戰役（Battle of Poitiers）失利才停下腳步，[618]儘管十八世紀的吉朋（Edward Gibbon）極力頌揚前述戰役讓歐洲免於被「伊斯蘭化」命運，[619]實則直到十世紀，穆斯林不僅仍占有多數伊比利半島，在控制北非沿岸後亦不斷侵擾西西里、義大利半島南部、普羅旺斯，甚而登陸遠至阿爾卑斯山，[620]即便西班牙在「收復

---

614 Chase Robinson, "The Rise of Islam, 600-750," in Michael Cook, et al. eds., *The New Cambridge History of Islam* (Cambridge: Cambridge University Press, 2010), pp.180-181.

615 Karen Armstrong, *Islam: A Short History* (New York: The Modern Library, 2002), pp.4-5.

616 Marshall Hodgson, *The Venture of Islam: The Classical Age of Islam* (Chicago: University of Chicago Press, 1974), pp.176-178.

617 Tamim Ansary, *Destiny Disrupted: A History of the World through Islamic Eyes* (New York: Public Affairs, 2009), pp.33-52; the first khalifa is Abu Bakr (632-634).

618 Roger Collins, *The Arab Conquest of Spain: 710-797* (Oxford: Blackwell, 1989); William E. Watson, "The Battle of Tours-Poitiers Revisited," *Providence: Studies in Western Civilization*, 2:1(1993), pp.51-68.

619 Edward Gibbon, *Decline and Fall of the Roman Empire* (London: Wentworth Press, 2019).

620 Marc Bloch, *Feudal Society* (New York: Routledge, 1989), pp.3-8.

失地運動」（Reconquista）中，[621]於一四九二年拿下格瑞納達並將穆斯林徹底逐出伊比利，整個北非直到今日仍是伊斯蘭勢力範圍，加上十五至十八世紀鄂圖曼與歐洲長期處於對峙狀態，致使地中海次世界之一分為二幾乎已是恆定狀態。

除了地中海次世界可能一去不復返，原先的歐亞西部世界也由新的伊斯蘭世界（後來所稱中東）所取代，此一新世界包括阿拉伯半島、撒哈拉以北非洲與兩河流域，八至十五世紀曾經涵蓋波斯，十五至十九世紀又納入小亞細亞，甚至影響力曾滲透整個環印度洋地區。值得一提的是，首先，相較原先歐亞大陸上分立之四個「世界」，主要由地理條件決定其大致範圍，這個新世界則由宗教文化來定義；其次，在七世紀受困於羅馬分裂、民族遷徙與伊斯蘭擴張的地中海北側區域，一度被徹底邊緣化，僅存的羅馬文化圈只能在庇里牛斯山和博斯普魯斯海峽之間努力苟延殘喘，基於意識對立設定，「基督教世界」一詞在九世紀出現，[622]無論如何，在八〇〇到一二〇〇年左右降臨的「中世紀溫暖期」（medieval warm period）提供了一個環境變遷契機，[623]加上中古封建體制創造之穩定社會秩序，人口增長與城鎮貿易興起，特別是十五世紀大航海時代來臨，從而讓另一個具意義之「歐洲世界」開始走上歷史舞台。[624]

教團世俗化與帝國建構　在穆罕默德死後，伊斯蘭面臨了一個轉型關鍵點，因為嚴格來說，他既是宗教領袖更是「新社會的建立者」，[625]但整個組織政治化程度不高，從而讓其繼任與擴張行動存在隱憂。儘管他們暫時選擇了「哈里發」此一準政治框架來面對前述挑戰，過程當中的爭議與分歧依舊埋下日後遜尼派（Sunnis，贊成世俗化者）與什葉派（Shi'a，亦即由追隨者組成的黨派）之對立根源；[626]更甚者，第三與第四任哈里發接連在六五六與六六一年接連遇刺身亡，既反映出此種過渡性框架之不穩定，至於穆阿維亞（Muawiyah bin Abi-Sufyan）的繼任則成為伊斯蘭歷史另一轉捩點。

---

621 Derek William Lomax, *The Reconquest of Spain* (London: Longman, 1978).

622 J.R.S Phillips, *The Medieval Expansion of Europe* (Oxford: Oxford University Press, 1988), p.32.

623 Hubart Lamb, *Climate, History and the Modern World* (New York: Routledge, 1995); see also T.M. Cronin, et al. "Medieval Warm Period, Little Ice Age and 20th Century Temperature Variability from Chesapeake Bay," *Global and Planetary Change*, 36:1(2003), pp.17-29.

624 Gerard Delanty, *Inventing* Europe: *Idea, Identity, Reality* (London: Palgrave Macmillan, 1995), pp.30-31.

625 小杉泰，《伊斯蘭帝國的吉哈德》（台北：八旗文化，二〇一九年），頁一四八。

626 阿拉伯文的shi'表示「追隨」，a則指穆罕默德女婿阿里（Ali），他也是最後一位正統哈里發。

穆阿維亞來自麥加古萊什（Quraysh）部族下面一個稱為伍麥葉（Umayyad）的分支，這個部族在六〇〇年左右建立了一個橫跨半島的貿易網路，並與控制阿拉伯沙漠北部的游牧民取得聯繫，儘管穆罕默德亦來自此一部族，但他們早期對伊斯蘭傳教採取反對立場，至於族人奧斯曼（Uthman）決定追隨穆罕默德並成為第三任哈里發，[627]則為其家族改宗轉向提供契機，更重要的是穆阿維亞接手領導權後，首先在六一一年將首都由麥地那移往大馬士革，[628]六七九年宣布其子耶齊德（Yazid）為下一任哈里發，更不啻開啟了伊斯蘭朝向世襲制王朝演化的過程。[629]當然，此種直接挑戰傳統的作為引來了必然的反彈，繼奧斯曼遭到刺殺在六五六至六六〇年帶來第一次伊斯蘭內戰（Fitna）後，耶齊德繼位在六八〇至六九二年則導致規模更大的第二次內戰。

值得注意的是，首先，畢竟伍麥葉乃伊斯蘭首度政治化嘗試，持續遭遇反彈也讓不穩定成為此一階段重要特徵；其次，基於宗教信仰影響，依舊處於擴張階段的伊斯蘭世界存在著某種二分法，除了區分被設定永遠處於衝突狀態的「伊斯蘭（和平）之地」（Dar al-Islam，穆斯林控制區）與「戰爭之地」（Dal al-Harb，擴張交戰對象或位於穆斯林社區邊緣地區），其佔領區也將穆斯林社區（Umma）分開對待，後者生活依循伊斯蘭《律法》（Sharia）規範，穆斯林不允許在社區外的占領地建立產業；[630]第三則部分基於前述區隔原則，穆斯林對其他宗教（基督教或猶太教）保持尊重，被征服者皆可保留自身信仰，甚至在七一七年之前，伍麥葉並不鼓勵其臣民（Dhimmi）改信伊斯蘭，從而使其間接呈現出某種「寬容」特色，當然，此一寬容有著現實財務考量，因為非穆斯林乃收取人頭稅主要來源，這讓後來的鼓勵改宗政策導致帝國收入急遽流失；第四，即便伍麥葉努力將哈里發時期的軍事寡頭制改為世襲君主制，基於阿拉伯長期游牧生活養成之分權習慣，集權嘗試未能完全成功，且因此一時期之「阿拉伯優先」色彩明顯，許多人也將伍麥葉稱為「阿拉伯王國」。[631]

以正統哈里發時期擴張為基礎，伍麥葉一方面將伊斯蘭勢力往東延伸至河中地區乃至直抵興都庫什山，更重要的是，除了征服整個北非沿岸，以及六七四與七一七年兩度圍攻君士坦丁

---

627 Wilfred Madelung, *The Succession to Muhammad: A Study of the Early Caliphate* (Cambridge: Cambridge University Press, 1997), p.135.

628 Fred M. Donner, *Muhammad and the Believers: At the Origins of Islam* (Cambridge, Mass.: Havard University Press, 2010), p.167.

629 Gerald Hawting, *The First Dynasty of Islam: The Umayyad Caliphate, 661-750* (London: Routledge, 2000).

630 Karen Armstrong, Islam: *A Short History*, pp.30-31, 41.

631 Julius Wellhausen, *The Arab Kingdom and Its Fall* (Calcutta: University of Calcutta, 1927).

堡，差一點就讓拜占庭危在旦夕，[632] 七〇九年橫渡直布羅陀海峽進入伊比利半島，更是穆斯林首度接觸歐洲，當時阿拉伯人稱此地為al-Andalus，後來轉成西班牙語的Andalucia，意即「汪達爾人的土地」，如同前述，這趟遙遠旅程還翻越庇里牛斯山，雖然最終於七三二年戛然而止，無論如何，伍麥葉都奠定了所謂「伊斯蘭世界」之大致地理基礎。

第二伊斯蘭帝國：阿拔斯（750-945）

具實質意義之伊斯蘭帝國　伊斯蘭從源起阿拉伯半島一隅的個人性新興宗教，利用東羅馬與薩珊波斯兩強相爭契機，發展成一股足以顛覆傳統地緣結構並形塑新世界之巨大力量，從某個角度來看，不啻再度印證本書指出的「邊緣動力學」概念。當然，不容否認的是，此處雖認定伍麥葉建構了第一個伊斯蘭帝國，從它短短不及一個世紀、充滿內部動盪且中央集權有限的歷史看來，其「帝國」地位確實不無爭議；不過，若將眼光聚焦於其後繼者阿拔斯（Abbasid），則多數疑問或將煙消雲散。甚至如同路易斯（Bernard Lewis）指出，阿拔斯取代伍麥葉領導伊斯蘭社區，「不能單純視為朝代更迭，而是一場伊斯蘭歷史上的革命，一個猶如法國革命或俄國革命之於西方歷史的轉捩點」，某些極端觀點還認為他們建立的乃是披著伊斯蘭外衣的新波斯帝國。[633]

阿拔斯所以成功取代伍麥葉，基本上利用了三個因素：首先是自先知去世以來便陷入分裂之內部宗派鬥爭，從六三二年建立哈里發制度乃至六五六年爆發第一次內戰，希望由穆罕默德家族接任教團領袖始終是核心訴求，阿拔斯家族正是利用此種期待，強調自身源自先知叔父血脈，並藉此呼喊長期受打壓的什葉派；其次，在伊斯蘭擴張帶來的一波「阿拉伯化」浪潮中，阻力最大者便是擁有悠久文化底蘊的波斯地區，這也讓波斯人深感受到壓迫並選擇和什葉派結盟；[634]最後，當然是伍麥葉始終無法穩定下來的政治現實與挑戰，特別是七三九年北非的柏柏爾人（Berbers）大起義與七四四年的第三次伊斯蘭內戰。總而言之，在七四八年正式起兵之後，[635]不到兩年時間，阿拔斯便擊敗最後一位伍麥葉哈里發並建立了自己的政權。

632 Eickhoff, Ekkehard, *Seekrieg und Seepolitik zwischen Islam und Abendland: das Mittelmeer unter byzantinischer und arabischer Hegemonie* (Berlin: De Gruyter, 1966), p.55.

633 Bernard Lewis, *The Arabs in History* (New York: Oxford University Press, 1993), pp.84-85.

634 Tamim Ansary, *Destiny Disrupted: A History of the World through Islamic Eye*, pp.80-81.

635 R. Ernest Dupuy and *Trevor N. Dupuy, The Encyclopedia of Military History from 3500 BC to the Present* (New York: Harper & Row Publishers, 1986), p.233.

如同伍麥葉當年血腥掃蕩麥地那，阿拔斯第一位君主阿布（Abu or al-Saffah）也將伍麥葉家族屠戮殆盡，[636]令人吃驚的是，七五四年繼任的君主曼蘇爾（al-Mansur）同時決定殺掉開國功臣波斯裔的阿布（Abu Muslim）並以具潛在威脅為由掃蕩了什葉派，難怪許多人認為阿拔斯更具備「帝國」之現實政治性質。[637]即便支持政權建立者包括其自身阿拉伯家族與什葉派，後者完全未享受「分贓」特權，除了什葉派遭到清洗，阿拔斯宣布將首都由大馬士革遷往兩河流域的巴格達（此處距離薩珊舊都泰西封僅三十五公里，周遭猶如位處關中的長安，自古巴比倫時期以來便長期作為建都首選），一方面仿效波斯傳統建立中央集權政府體制，授權宰相（Wazir）綜理政務，哈里發則淡化宗教領袖色彩並選擇與臣民保持距離以增添神秘崇高感，自認為是「真主在地上的影子」而非僅是「先知代理人」，除以職業軍隊取代阿拉伯穆斯林民兵，同時宣布對所有地區與種族一視同仁，這意味阿拉伯人與穆斯林不再享有特權，儘管其政治「勢力範圍」略小於伍麥葉時期（例如伊比利半島便受到伍麥葉流亡政權長期控制），但手中持有者多數屬於確切統治下的「領土」。

由於不可能完全切割與伊斯蘭的關聯，阿拔斯之治理方式大致存在兩個層次，一般人民生活還是受到《律法》約制，但政府管理則依循世俗法律，其結果讓遜尼派迅速成為社會多數，[638]加上王朝領導人非常重視文化發展，例如八世紀創建的智慧宮（House of Wisdom）堪稱當時最大的圖書館，在吸引大量學者進駐的情況下，包括天文學、煉金術、數學、醫學及光學都有長足進步，許多古希臘經典也被翻譯成阿拉伯文（其後由此翻譯為拉丁文傳回歐洲，則激勵了十四世紀的文藝復興），[639]致使巴格達成為當時全球學術研究重鎮，[640]也是帝國統治真於高峰之主要象徵。

布隆迪（Alain Blondy）認為，阿拔斯王朝乃是一場「真正的革命」，因為自此所有改宗信仰伊斯蘭的人都與阿拉伯人一律平等，更甚者，相較在此之前的阿拉伯擴張主要著重武力征伐，然後以納貢和戰利品建立經濟基礎，阿拔斯則是一個立基於農耕、商業和賦稅等經濟活動之多民族龐大複合體，在伍麥葉奠下之帝國規模上，進一步賦予了帝國生命力。[641]

636 Hugh N. Kennedy, *The Early Abbasid Caliphate: A Political History* (London: Routledge, 2016), p.55.

637 Sylvain Gouguenheim, *Les Empires médiévaux* (Paris: Perrin, 2019), chapter 3.

638 William H. McNeill, *The Rise of West: A History of the Human Community* (Chicago: The University of Chicago Press, 1992), p.434.

639 Eugene Myers, *Arabic Thought and the Western World* (New York: Frederick Ungar Publishing, 1964), p.30.

640 Toby E. Huff, *The Rise of Early Modern Science: Islam, China, and the West* (Cambridge: Cambridge University Press, 2003), p.48.

641 布隆迪（Alain Blondy），《地中海一萬五千年史》（台北：馬可孛羅，二〇二〇年），頁二一九至二二〇。

圖：世界帝國分布（750-900 AD）

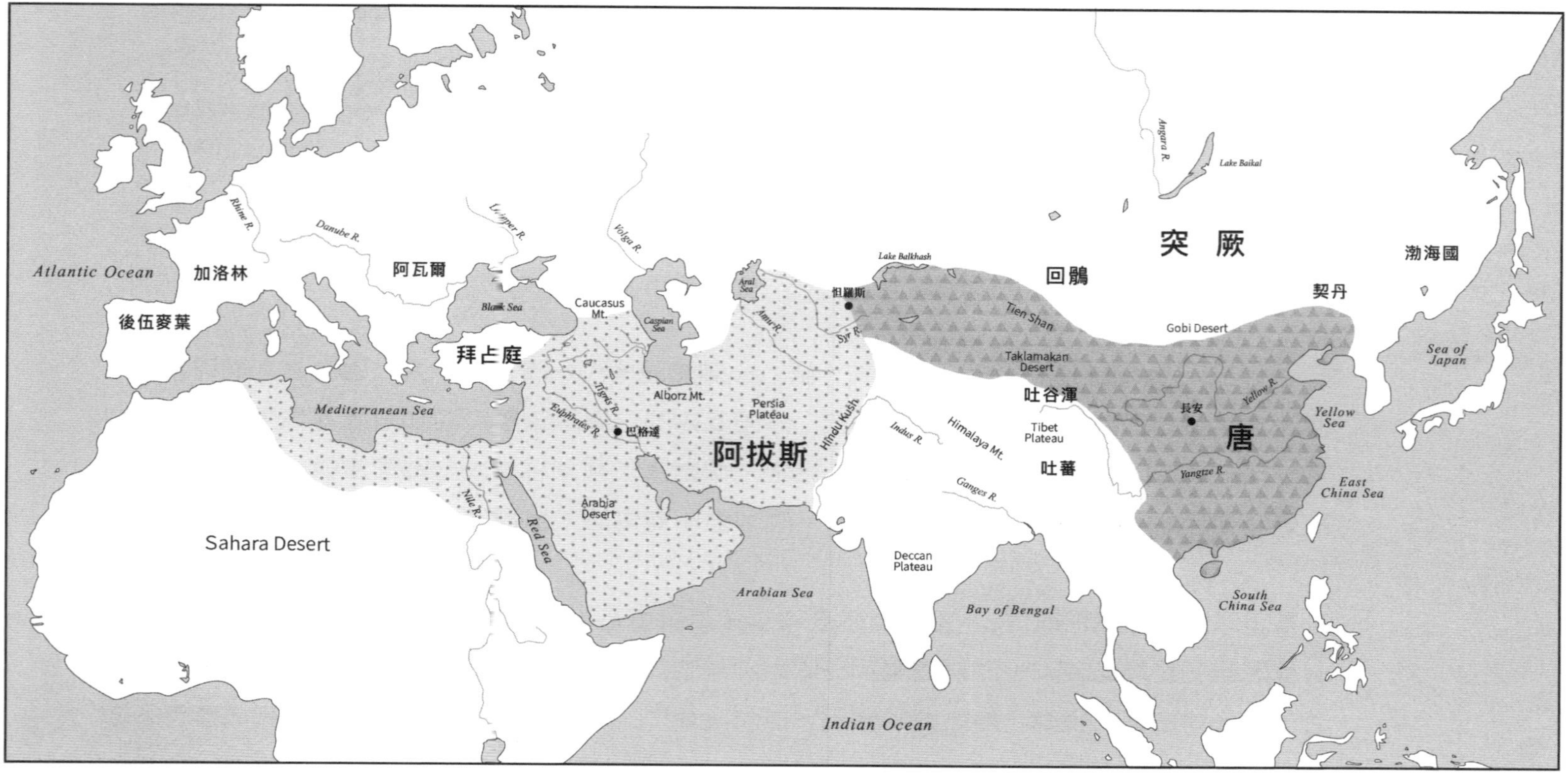

Atlantic Ocean
加洛林
後伍麥葉
阿瓦爾
拜占庭
Rhine R.
Danube R.
Dnieper R.
Volga R.
Black Sea
Caucasus Mt.
Caspian Sea
Aral Sea
Amu R.
Syr R.
Mediterranean Sea
Nile R.
Red Sea
Tigris R.
Euphrates R.
巴格達
Alborz Mt.
Persia Plateau
阿拔斯
Hindu Kush
Arabia Desert
Sahara Desert
Arabian Sea
Indian Ocean
Lake Balkhash
怛羅斯
Tien Shan
Taklamakan Desert
吐谷渾
Tibet Plateau
吐蕃
Himalaya Mt.
Indus R.
Ganges R.
Deccan Plateau
Bay of Bengal
回鶻
突厥
Angara R.
Lake Baikal
Gobi Desert
契丹
渤海國
長安
唐
Yellow R.
Yangtze R.
Yellow Sea
East China Sea
South China Sea
Sea of Japan

值得一提的是，與古典時期帝國（阿契美尼德、孔雀、秦漢）傾向各自獨立發展相較，除了基於地緣鄰接性，讓位於地中海次世界的羅馬與重建後的兩個波斯帝國（帕提亞、薩珊）曾經長期對峙與激烈交戰，特別在游牧民大規模遷徙以及游牧通道貿易化的影響下，一方面帝國之間均明確知悉彼此的存在，直接與間接接觸頻率亦大大提高，例如，阿拔斯便曾經在七五一年和唐帝國爆發怛羅斯之戰（Battle of Talas），[642]儘管戰爭結果對雙方影響甚微，根據中國方面史籍記載，阿拔斯（唐朝稱黑衣大食）自七五二至七九八年共十七次派遣使節至長安，[643]也有人認為中國造紙術正式在此一時期左右傳播至歐亞西部。[644]

642 William H. McNeill, *A World History* (Oxford: Oxford University Press,1998), p.227.
643 白壽彝主編，《中國回回民族史》（北京：中華書局，二〇〇三年），頁二四一至二四二。
644 Joseph Needham, *Science and Civilisation in China: Volume 5, Chemistry and Chemical Technology; Part 1, Paper and Printing* (Cambridge: Cambridge University Press, 1985), p.296-298.

後阿拉伯伊斯蘭時代　即使阿拔斯努力學習並仿效波斯帝國傳統，藉此透過政治世俗化來改造伊斯蘭世界，大幅提升中央集權性，同時降低阿拉伯優先性，並更加尊重種族文化多樣性，[645]使其更具備「世界帝國」之樣貌特徵，八〇六年對拜占庭發動的大規模攻擊讓後者再度面臨生存危機，從而進一步見證其帝國力量臻於極盛，儘管如此，不滿與反叛行動依舊不久便隨後而至。

由於阿拔斯選擇將權力下放給行省總督（Emir）以管理其廣袤多元領土，從而埋下地方割據之隱憂與伏筆，他們往往藉此建立半獨立性的酋長國（emirate），例如在帝國建立伊始，流亡至伊比利半島之伍麥葉家族便在七五六年建立了哥多華酋長國（Emirate of Cordoba），其次是七八八年由聲稱阿里後裔者在摩洛哥建立的伊德里斯（Idrisid）王朝，[646]以及八〇〇年在突尼西亞獨立，並同時控制了義大利南部與西西里地區的阿格拉布（Aghlabid），接著在東部，呼羅珊地區的塔希爾（Tahir）利用八一三年帝國內部一場兄弟鬩牆內戰，於八二〇年建立世襲總督制，從而引爆波斯各地割據浪潮，其家族甚至兼任巴格達防務直到八九一年，[647]然後，繼圖倫（Tulunids）王朝在八六八年取得自治地位並控制埃及和敘利亞之後，[648]由什葉派分支伊斯瑪儀派（Isma'ilism）主導的法蒂瑪（Fatimid）王朝在九〇九年崛起並隨即佔有整個北非地區，他們也是第一個領導者自稱哈里發（與中國稱帝意義相同）的政權。顯然，同樣不到一個世紀，阿拔斯內部也面臨某種分崩離析的危機，只不過，與伍麥葉時期差異在於，阿拔斯領導者依舊佔據威望最高點，並透過控制貿易路線來維持一定政治影響力，直到在來自裏海南岸的什葉派布維西（Buyid）勢力於九四五年攻入兩河流域後，由於哈里發自此形同傀儡，所謂阿拔斯帝國終於名存實亡，來自伊朗系統的布維西不僅嘗試恢復波斯文化傳統，[649] 其崛起也揭開一段「伊朗復興」（Iranian Intermezzo）的序幕。[650]

645 Benson Bobrick, *The Caliph's Splendor: Islam and the West in the Golden Age of Baghdad* (New York: Simon & Schuste, 2012), p.40.

646 Jamil Abun-Nasr, *A History of the Maghrib in the Islamic Period* (Cambridge: Cambridge University Press, 1987), p.41.

647 Clifford Bosworth, *The New Islamic Dynasties: A Chronological and Genealogical Manual* (New York: Columbia University Press, 1996), pp.168-169; Julie Scott Meisami, *Persian Historiography: To the End of the Twelfth Century* (Edinburgh: Edinburgh University Press, 1999), pp.15-20.

648 Peter Holt, *The Crusader States and Their Neighbours, 1098-1291* (New York: Pearson Longman, 2004), p.6.

649 Arthur Goldschmidt, *A Concise History of the Middle East* (Boulder: Westview Press, 2002), p.87.

650 Sheila Blair, *The Monumental Inscriptions from Early Islamic Iran and Transoxiana* (Leiden: Brill, 1992), p.103.

就在布維西以巴格達為中心控制美索不達米亞之際，具備突厥波斯（Turco-Persian）背景的蘇布克特金（Sabuktigin）在九七七年建立了加茲尼（Ghaznavid）王朝，其子馬哈茂德（Mahmud）不但首度啟用了蘇丹（sultan）此一新頭銜，任內讓王朝勢力範圍涵蓋波斯高原至河中地區，並藉由控制阿富汗而多次入侵劫掠印度次大陸，[651]最後佔領了旁遮普地區。儘管馬哈茂德將加茲尼勢力推至巔峰，於此同時，同樣源自突厥波斯背景並由圖格魯勒（Tughril）和查格里（Chaghri）兄弟建立的塞爾柱（Seljuk）在一〇三四年攻入河中地區，先是跟加茲尼王朝在呼羅珊地區展開拉鋸，[652]接著在一〇六二年滅亡布維西王朝並占據巴格達之後，一〇六八年進軍小亞細亞安納托利亞，隨即於一〇七一年與拜占庭爆發曼齊克爾特戰役（Battle of Manzikert），成為拜占庭邁向衰亡及伊斯蘭與基督教在此地區此消彼長的分水嶺，[653]並迎來一段塞爾柱的黃金時代，直到一〇九二年內部分裂為止。

由上可見，伊斯蘭世界在九至十世紀面臨了三個重大變化與挑戰：第一是阿拔斯勢力衰退及其為這個世界所帶來超過五百年以上的分裂與混戰（儘管其「哈里發」頭銜作為最高威望象徵持續到一二五八年為止），其次是創始之阿拉伯人將領導權讓位給突厥波斯系統，後者主要指擁有突厥血統但尊崇波斯傳統的穆斯林，[654]至於第三則是一度在伊斯蘭包圍陰影下幾乎陷入絕境的基督教世界，有機會利用此一分裂契機進行反擊，此即一〇九六至一二九一年長達兩個世紀十字軍東征運動之歷史背景。[655]

十字軍運動及其意涵　基於曼齊克爾特戰役引發之深刻生存危機意識，拜占庭立刻向西方發起救援請求。[656]據此，教皇烏爾班二世（Urban II）在一〇九五年召開克萊蒙宗教會議，呼籲大家「投入一場神聖的戰爭，一場為主而重獲聖地之偉大的十字軍東征，……從那個邪惡種族手中奪回聖地」，並公開承諾：「凡參與東征者，死後靈魂將直接升入天堂，不必在煉獄中經受煎熬；無力償債的農民和城市貧民，可免付欠債利息且出征超過一年還可免納賦稅；凡動身

651 Tanvir Anjum, "The Emergence of Muslim Rule in India: Some Historical Disconnects and Missing Links," *Islamic Studies*, 46:2(2007), pp.217-240.

652 Osman Aziz Basan, *The Great Seljuqs: A History* (New York: Taylor & Francis, 2010), p.62.

653 John Haldon, *The Byzantine Wars: Battles and Campaigns of the Byzantine Era* (Stroud: Tempus, 2001), pp.172-180.

654 Robert L. Canfield, "Introduction: The Turko-Persian Tradition," in Canfield, ed., *Turko-Persia in Historical Perspective* (Cambridge: Cambridge University Press, 1991), p.12.

655 Peter M. Holt, *The Age of the Crusade* (London: Longman, 1986), pp.14-15.

656 Edward Peters, ed., *The First Crusade* (Philadelphia: University of Pennsylvania Press, 1971), p.1.

前往，不論途中在陸地、海上或在反異教徒戰爭中失去生命，其罪愆將在那瞬間獲得赦免」。且不論上述激昂宣示與伊斯蘭聖戰者如出一轍，究其背後動機，主要或許為了解決自中世紀以來，羅馬教會相較拜占庭之弱勢以及皇帝對教權擴張之牽制（雙方最近一次齟齬乃一〇五四年東羅馬驅逐教廷使節事件，自此基督教會正式分裂），[657]同時藉此施惠具強烈擴張動機之法蘭克貴族，以鞏固教會在西歐地區之影響力與發言權。

由於戰事主要集中於地中海東岸，從小亞細亞延伸至敘利亞與以色列周邊地區，對歐陸本身影響有限，至於其後續發展具有若干重要歷史意義：首先是相較中世紀衝突多半屬於中小規模短期局部戰爭，十字軍無異是自帝國時期以來，歐洲再度展開之大規模長程投射，部分反映出「中世紀溫暖期」帶來之刺激經濟復甦成果；其次，為了替近兩百年共九次遠征行動提供充足後勤支援並進行有效動員，[658]舊有封建莊園采邑制度傾向徹底瓦解，歐洲開始朝向新興王權國家演進；[659]第三，基於戰爭動能需求，貿易商與金融家之地位逐漸凌駕傳統土地貴族，他們與新興王權的互動結合也是未來國家形塑之新特徵；第四，運動之成功動員雖使得教權高漲成為直接效果，正所謂「禍福相依」，亦埋下兩個世紀後宗教改革的種子；[660]第五，一度由於伊斯蘭崛起以致分裂式微的地中海地區，[661]儘管宗教對立依舊，貿易活動重新熱絡化促使諸如威尼斯、熱那亞等義大利城邦崛起，從而替未來的文藝復興提供了關鍵背景；最後，十字軍猝然來襲固然帶來重大損失，結果則在相對強化了伊斯蘭世界團結與內部重組之餘，亦刺激並醞釀了某種「文明衝突」氛圍之歷史思考基礎。

657 Frank Leslie Cross and Elizabeth A. Livingstone, "Great Schism," *in The Oxford Dictionary of the Christian Church* (Oxford: Oxford University Press, 2005), p.706.

658 包括一〇九六至一〇九九、一一四七至一一四九、一一八九至一一九二、一二〇二至一二〇四、一二一七至一二二一、一二二八至一二二九、一二四八至一二五四、一二七〇，以及一二七一至一二七二（最後兩次有時也被合併計算），所謂正統十字軍遠征活動共計九次。

659 Rudolf Hiestand, "Kingship and Crusade in Twelfth-Century Germany," in Alfred Haverkamp and Hanna Vollrath, eds., *England and Germany in the High Middle Ages* (Oxford: Oxford University Press, 1996), pp. 235-265.

660 Richard Allington, "The Ruins of Jerusalem: Psalm LXXVIII, the Crusades and Church Reform," *The Journal of Ecclesiastical History,* 73:2(2022), pp.254-274.

661 David Abulafia, *The Great Sea: The Human History of the Mediterranean* (Oxford: Oxford University Press, 2014), pp.241-250, 287-290.

歐亞全盛時代與晚期帝國

Golden Age of Eurasia and the Late Empires

蒙古崛起前之歐亞樣貌　在一二〇六年蒙古領袖鐵木真於斡難河源頭召開忽里勒台大會，正式建立「大蒙古國」（Yeke Mongghol ulus），並自號「成吉思汗」（意寓萬王之王）之際，[662]歐亞大陸正經歷著某種深刻且巨大之地緣變化。首先，從歐亞東部（秦漢、隋唐）、歐亞南部（孔雀、笈多）、歐亞西部（阿契美尼德、帕提亞、薩珊）到地中海次世界（統一羅馬、東羅馬），原先的四個帝國潛在區都各自歷經至少一次以上的帝國更迭，從而確認且奠定了某種政治經驗與想像基礎。於此同時，帝國的存在除了提供一定時間的「普世秩序」，另一重要公共財則是經濟累積及其「外溢」，亦即大大刺激了跨世界貿易活動，並自一世紀起逐步推動了「絲路系統」之常態化，[663]從而為生活於游牧通道的人們提供了更強動能（無論分享經濟果實或進行劫掠）；接著，在帝國逐離行動與氣候變遷之雙重壓力下，游牧民面臨兩種選擇，其一是消極地被迫利用自身生活習性進行遠距逃離性遷徙，其次是積極主動利用帝國衰退趁虛而入，事實是，無論選擇哪一個，都會間歇性帶來大規模之「世界」震動，至於現象往往是數世紀秩序蕩然下之混戰與政治分裂，在最極端的情況下，例如地中海次世界北部（歐洲）與歐亞南部便在五世紀至十五世紀之間進入休眠式的漫長「中古黑暗時代」。

帝國更迭帶來之「政治」演化固然是迄今歷史紀錄之主軸線，並成為「經濟」交換之最大變數，倘若將貿易單純視為政治之下的依賴變數，或許是一大誤解。事實上，歐亞跨世界貿易早自一至二世紀間便形成某種準三角大經濟圈（triangular mega-economic circle），除了最初連接漢和羅馬之中亞絲路主線，一條支線由河中地區往南進入印度河流域，並直通次大陸西海岸，另一邊則由地中海東岸經埃及進入紅海，然後利用季風橫渡印度洋連接南亞西岸，[664]後者也是所謂「海上絲路」之雛形。[665]更甚者，來往世界之間的貿易商不僅是分享帝國繁榮的「搭便車者」，其本身也開始朝向專業化發展，其中最重要的一支，便是曾在五至十世紀幾乎壟斷

662 David Morgan, *The Mongols* (Oxford: Blackwell Publishing, 2007), pp.49-73.

663 Vadime Elisseeff, "Approaches Old and New to the Silk Roads," in Elisseeff, ed., *The Silk Roads: Highways of Culture and Commerce* (Paris: UNESCO, 1998), pp.1-2.

664 Philip D. Curtin, *Cross-Cultural Trade in World History* (Cambridge: Cambridge University Press, 1984), p.93.

665 Pierre-Yves Manguin, "Austronesian Shipping in the Indian Ocean: From Outrigger Boats to Trading Ships," in Gwyn Campbell, ed., *Early Exchange between Africa and the Wider Indian Ocean World* (London: Palgrave Macmillan, 2016), pp.51-76.

絲路交易的粟特人（Sogdiana）。[666]自從阿契美尼德的居魯士進軍中亞之後，河中地區既長期作為兵家必爭之地，[667]各方所以爭奪此處，亦因為它乃位居絲路系統核心之關鍵貿易中轉站；與一般想像不同的是，由點與線構成的絲路，多數活動發生在貿易點（綠洲城市），路線本身主要由中間商把持，粟特人便是其中翹楚，他們多半以商隊（caravan）形式成群往來各地，有時也會建立小型殖民聚落，或挾其經濟影響力介入政治，例如在唐朝。[668]

無論如何，伴隨七世紀伊斯蘭崛起，歐亞絲路系統在「隋唐—阿拔斯」時期邁向其第二次高峰，除了熱衷傳教，穆斯林對貿易的高度興趣也跟著其勢力擴張，對既有的交易網路注入豐沛動能，非但相較其他宗教，伊斯蘭本即對貿易和商人抱持著更友好態度，宗教擴張之主要動能甚至亦未必來自征服者，而是貿易商。[669]

特別在阿拔斯鼎盛階段，其往東擴張直達唐帝國邊陲，將大量中亞貿易綠洲和交通據點均收入囊中，[670]於此同時，伊斯蘭也從紅海、阿拉伯半島和波斯灣出發，沿著前述自波斯時代起便存在之傳統海路，橫渡印度洋來到東南亞，[671]接著越過麻六甲海峽從南中國海北上，甚至七五八年還在廣州引發一場騷亂。[672]其頻繁交流可見於一本據稱在八五一年由商人蘇萊曼（Sulayman al-Tajir）等人撰寫的《中國印度見聞錄》（*Akhbar Al-Sin wa'l-Hind*）書中。不只九世紀的波斯學者塔巴里（al-Tabari）形象地指出，「底格里斯河讓我們得以與遠至中國的國家進行交易，並帶來所有海洋產物以及美索不達米亞的食物，幼發拉底河則向我們輸送來自敘利亞方向所產物品」，十世紀阿拉伯地理學家穆卡達西（al-Muqadassi）也表示，「除了來自埃及和中國的商隊從沙漠之路而來，各種產品亦藉海路從中國，並經由底格里斯河由希臘國度以及摩蘇爾送到你的手中」。[673]值得一提的是，穆斯林控制北非在促使此地區呈現阿拉伯伊斯蘭化之餘，

---

666 Mark J. Dresden, "Sogdian Language and Literature," in Ehsan Yarshater, ed., *The Cambridge History of Iran, Vol. II* (Cambridge: Cambridge University Press, 2003), p.1219; Jenny Rose, "*The Sogdians: Prime Movers between Boundaries,*" *Comparative Studies of South Asia, Africa and the Middle East*, 30:3(2010), pp.410-419.

667 Kirill Nourzhanov and Christian Bleuer, *Tajikistan: A Political and Social History* (Canberra: Australian National University Press, 2013), p.12.

668 Michael C. Howard, *Transnationalism in Ancient and Medieval Societies: The Role of Cross Border Trade and Travel* (Jefferson: McFarland & Company, 2012), pp.132-135.

669 Philip Curtin, *Cross-Cultural Trade in World History* (Cambridge: Cambridge University Press, 1984), p.107.

670 David Graff, "Strategy and Contingency in the Tang Defeat of the Eastern Turks, 629-30," in Nicola Di Cosmo, ed., *Warfare in Inner Asian History, 500-1800* (Leiden: Brill, 2002), pp.31-71.

671 D.R. SarDesai, *Southeast Asia: Past and Present* (Boulder: Westview Press, 1997), p.56.

672 時為唐肅宗乾元元年，參見《資治通鑑》卷二百二十記載：「癸巳，廣州奏大食，波斯圍州城，刺史韋利見逾城走，二國兵掠倉庫，焚廬舍，浮海而去。」

673 Gene W. Heck, Charlemagne, *Muhammad and the Arab Roots of Captitalism* (Berlin: Walter de Gruyter, 2006), pp.66-67.

也激勵並納入了跨撒哈拉貿易（Trans-Saharan trade），[674]從而使得前述貿易系統擴張為一個更加龐大的跨歐亞非網路。

必須指出，這個規模無與倫比的「經濟世界」不受到政治邊界約束，也沒有任何一個帝國能夠單獨掌控，在九至十世紀成形之後，包括伊斯蘭之重商政策、十字軍東征運動，乃至歐亞東部宋朝採取準資本主義政策之挹注等，[675]都有助於其持續成長壯大；尤其海上絲路的浮現，促使在南中國海與印度洋交接處出現若干分享貿易利益之次區域強權，例如十至十三世紀影響著環孟加拉灣的注輦（Chola）王朝，九至十世紀控制蘇門答臘、馬來半島以及麻六甲海峽的三佛齊（Srivijaya），[676]以及在中南半島上於十至十二世紀臻於高峰的高棉（Khmer）或稱吳哥（Angkor）王朝。[677]

除了前述經濟背景，在唐朝此一開放性帝國於十世紀初崩解後，儘管宋朝在九七九年再度統一「中國本部」，並被認為是當時全球最繁榮之經濟體，[678]接下來稱霸歐亞東部者其實是契丹（遼）與女真（金）這兩個森林勢力，後者在一一二七年滅亡北宋之後曾經控制黃河流域長達一個世紀，甚至自認繼承了中原正統性，[679]從宏觀面來看，此時歐亞東部陷入勢力分散狀態；其次，歐亞南部繼續處於休眠與內部混戰當中，十一世紀則不斷受到加茲尼王朝之間歇性侵擾；最後，猶如東羅馬與薩珊捉對廝殺為伊斯蘭擴張提供契機一般，伊斯蘭世界在後阿拔斯時期內鬨不斷加上與十字軍展開纏鬥，亦不啻為蒙古打開了另一扇機會之窗。

成吉思汗與蒙古之征服浪潮 所謂「邊緣動力學」之具體操作例證，不僅頻繁出現於前述帝國建構的過程中，同樣適用於游牧民領域；例如在匈奴遭到壓制衰退之後，鮮卑趁機入主中原，柔然則接著一度控制蒙古草原，但最終稱霸者乃世居阿爾泰山且最初不過作為柔然勢力邊

674 Toyin Falola and Matthew M. Heaton, *A History of Nigeria* (Cambridge: Cambridge University Press, 2008), pp.32-33; see also Timothy Insoll, *Trans-Saharan Trade and Islam: Great States and Urban Centres in the Medieval West African Sahel* (New York: Routledge, 2018).

675 Kent Deng, "One-Off Capitalism in Song China, 960-1279 ce," in Kaveh Yazdani and Dilip M. Menon, eds., *Capitalisms: Towards a Global History* (Oxford: Oxford University Press, 2020), pp.227-250.

676 Paul Michel Munoz, *Early Kingdoms of the Indonesian Archipelago and the Malay Peninsula* (Singapore: Editions Didier Millet, 2006), p.171.

677 Benjamin Walker, *Angkor Empire: A History of the Khmer of* Cambodia (Calcutta: Signet Press, 1995).

678 Joseph P. McDermott andYoshinobu Shiba, "Economic change in China, 960-1279," in John Chaffee and Denis Twitchett, eds., *The Cambridge History of China, Vol.5, Part.2: Sung China, 960-1279 AD* (Cambridge: Cambridge University Press, 2015), p.435; Robert Hymes, "Song China, 960-1279," in Ainslie T. Embree and Carol Gluck, eds., *Asia in Western and World History* (Armonk: M. E. Sharpe, 1997), pp.336-351.

679 Yuan Julian Chen, "Legitimation Discourse and the Theory of the Five Elements in Imperial China," *Journal of Song-Yuan Studies*, 44:1(2014), pp.325-364.

陲附庸的突厥，同樣地，隨著突厥時代終結與回鶻短暫崛起，來自東部森林的契丹與女真相繼主導東亞草原，至於蒙古則在九至十世紀之交，從大興安嶺遷徙至草原東北方，位於斡難河、克魯倫河和土拉河「三河之源」的不兒罕山（肯特山）地區，成為一個對抗契丹之小型部落聯盟成員，[680]直到十二世紀依舊內部紛亂不休，甚至鐵木真所屬之孛兒只斤部落亦不過是其中一個無足輕重的小氏族。

作為亞歷山大之後第二位帶來「世界擴張效應」之偉大征服者，不同於前者英年早逝時年僅三十三歲，在一二〇六年統一漠北草原後，當成吉思汗在一二一一年利用攻擊金國踏出征服擴張第一步時，已然年逾五十；與重視血緣、彼此對抗且相對鬆散之傳統游牧組織的差異在於，鐵木真致力融合不同部族，嘗試以制度性設計取代部落建制，並將流傳許久之古老習俗整合編纂成一套成文法典《大札撒》作為法治依據，同時為了替遠征做準備，他還建立了一套快馬驛傳制度（站赤）。[681]

以此為基礎，成吉思汗在一二〇五至一二〇九年攻打西夏以消除側翼隱憂，首先在一二一五年大致壓制了金國，[682]接著在一二一八年控制了天山南北路此一西進通道，下一步便瞄準花剌子模（Khwarazmian）發動第一波「西征」，後者曾趁塞爾柱衰退進佔河中地區與阿富汗，一度成為當時最強大之伊斯蘭勢力，[683]沒想到短短兩年，便亡於蒙古鐵蹄之下，成吉思汗在一一二二一年借道犍陀羅南下印度河平原追擊其殘餘勢力，隨即北返蒙古草原，但另一分遣隊於同年進入波斯北部呼羅珊地區，在越過高加索山之後，直抵亞速海北岸，最終繞行渡過伏爾加河（Volga River）才緩緩東返；翌年，成吉思汗再度將矛頭指向西夏，最終以六十六歲高齡於一二二七年病逝軍中。總計在他走出漠北之後，所征服面積幾乎是亞歷山大的四倍與羅馬帝國兩倍有餘，而這不過才是蒙古擴張極限的一半與第一步而已。[684]

繼任的窩闊台首先選擇南下，在一二三四年滅亡金國之後，翌年接著進軍南宋，儘管此部分直到他去世為止仍進展有限，同年發動之第二波「西征」，無疑是蒙古針對歐亞西部之最大規模軍事行動，大軍再次兵臨伏爾加河流域，於一二三九年劫掠克里米亞並在一二四〇年拿下

680 Thomas Barfield, *The Perilous Frontier: Nomadic Empires and China*, p.182.

681 Jack Weatherford, *Genghis Khan and the Making of the Modern World* (New York: Broadway Books, 2004), pp.66-70.

682 Stanley W. Toops, "Where Inner Asia Meet Outer China," in Susan Walcott and Corey Johnson, eds., *Eurasian Corridors of Interconnection: From the South China to the* Caspian Sea (New York: Routledge, 2014), p.56.

683 Clifford Bosworth, *History of Civilizations of Central Asia* (Paris: UNESCO, 1998), p.164.

684 John Man, *Mongol Empire: Genghis Khan, His Heirs and the Founding of Modern China* (London: Bantam Press, 2014), chapter 26.

基輔，由此征服整個烏克蘭草原，隨後穿越匈牙利，在一二四一年焚毀了波蘭王國首都克拉科（Krakow），[685]同年，遠征軍前鋒甚至進入多瑙河流域並抵達維也納近郊。由於聽聞窩闊台死訊，蒙古人被迫迂迴保加利亞，並途徑巴爾幹半島折回東方，包括拔都、貴由和蒙哥等主要領軍者都返回蒙古參與繼承競爭，多數主力部隊則待機駐紮在黑海北岸的伏爾加河流域。

歷經貴由兩年短暫統治與後續汗位競爭，蒙哥在一二五一年繼位大汗，任內除了發動對南宋的大規模征服戰爭，為免後顧之憂也六次出兵朝鮮半島，同時派遣其弟旭烈兀進行了第三波與最後一次「西征」，他們在一二五六年剿滅長期盤據在裏海南側厄爾布爾士山區，隸屬伊斯瑪儀教團的阿薩辛派（Assassins）勢力，一二五八年攻陷巴格達為早已名存實亡的阿拔斯劃上句點，[686]也終結了所謂「伊斯蘭黃金時代」，[687]翌年佔領大馬士革後準備揮軍埃及，但一二六〇年在耶路撒冷北方的阿音札魯特戰役（Battle of Ain Jalut）中敗於馬穆魯克，使其遭遇西征之路首次頓挫。[688]

必須指出，儘管後人常以「蒙古帝國」（Mongol Empire）指稱由成吉思汗奠基且延續至十四世紀中葉之政治勢力，個人仍傾向稱其「蒙古系統」（Mongolian System），原因是成吉思汗在一二二五年便以蒙古舊俗分封諸子，除了四子拖雷依「幼子守產」傳統繼承蒙古本土，長子朮赤獲封額爾濟斯河（Irtysh River）以西直至「蒙古人馬蹄所達之處」，後來由拔都建立

「欽察汗國」（金帳汗國），次子察合台獲封天山南北路至河中地區，後稱「察合台汗國」，三子窩闊台則獲封阿爾泰山至額爾濟斯河之間土地，[689]加上旭烈兀於一二五六年西征後在波斯故地建立「伊兒汗國」，蒙古系統等於一分為五，且原即各自分立的汗國，在一二五九年蒙哥去世引發內戰後紛紛正式獨立；雖然忽必烈在一二七一年重訂國號改稱「大元大蒙古國」，隨即於一二七九年滅亡南宋，歷經長期彼此交戰與獨立發展，四大汗國且在一三〇四年終於承認元朝之宗主地位，並未改變各自為政之現實。[690]

總而言之，一個橫跨歐亞大陸統一的「蒙古帝國」從來就不存在。

---

685 J.J. Saunders, *The History of the Mongol Conquests* (Philadelphia: University of Pennsylvania Press, 1971), p.85.

686 Thomas Allsen, "The Rise of the Mongolian Empire and Mogolian Rule in North China," in Herbert Franke and Denis Twitchet, eds., *The Cambridge History of China, Vol.6, Alien Regimes and Border States, 907-1368* (Cambridge: Cambridge University Press, 1994), p.404.

687 Matthew E. Falagas, Effie A. Zarkadoulia, and George Samonis, "Arab Science in the Golden Age (750-1258 C.E.) and Today," *The FASEB Journal*, 20:10(2006), pp.1581-1586.

688 Morris Rossabi, *Khubilai Khan: His Life and Times* (Berkeley: University of California Press, 1988), pp.54-55.

689 蕭啟慶，〈蒙古帝國的崛起與衰落〉，《歷史月刊》，第三十四期（一九九〇年），頁三四。

690 Peter Jackson, *The Mongols and the West, 1221-1410* (New York: Longman, 2005), p.127.

蒙古系統之歷史意義

蒙古擴張不僅一般被認為是人類歷史上破壞性最大的事件之一，[691]如同波本克（Jane Burbank）的疑問，「相較羅馬人用了四百年的時間才打造出自己的地中海帝國，成吉思汗及其直系子孫卻只用了七十年，就創造出比羅馬大得多的歐亞帝國，究竟是什麼樣的社會能駕馭此種長距離戰爭，並將歐亞大陸散佈各處的人們編織成一個物質和文化交流網路？」[692]這個問題儘管不易回答，蒙古的橫空出世仍具有眾多無可忽視之歷史意義：首先，繼四到六世紀南北朝與十二至十三世紀宋金對立等兩次游牧民佔據黃河流域之經驗，蒙古乃是第一個完全控制「中國本部」的北方民族；其次，蒙古征服不僅帶來第二次世界擴張效應，正如前述，在伊斯蘭崛起觸發歐亞地緣結構變遷，以致其只剩下三個世界（伊斯蘭、歐亞南部與歐亞東部）的情況下，蒙古系統不啻幾乎整合了整個歐亞大陸，[693]即便因為沒有任何蒙古單位（元朝與其他汗國）能單獨支配在此系統下的新世界，何況各勢力之間傾軋不斷，致使「帝國」自然不存在，系統之內部協調仍讓某種「秩序」得以浮現；[694]第三，在以農業文明為主軸的人類歷史進程中，蒙古不啻代表了游牧群體對歐亞大陸（尤其文明軸心地區）支配性的最高峰；最後，自一世紀以來便始終存在「分段管理」現象的絲路通道，由於蒙古系統提供之「超連結」，讓它首度（也是唯一的一次）被整合在單一勢力控制之下。[695]

進言之，雖然忽必烈建立的元朝，由於在中國本部採取一定程度「漢化」（行政典章考選制度）而長期被視為中國「正統王朝」之一，實則費正清（John Fairbank）論述所稱「在蒙古帝國之內的中國」的說法，不啻是某種更為符合史實的註腳，[696]猶如欽察汗國在十三世紀轉向突厥化（Turkicization），[697]以及伊兒汗國在一二九五年將伊斯蘭定為國教等，[698]都顯示出蒙古人在如此多元複雜環境中之強大自我調適能力，元朝之制度採借並不能等同它選擇被結構化。

---

691 M. White, Atrocities: *The 100 Deadliest Episodes in Human History* (New York: W.W. Norton, 2011), p.270.

692 Jane Burbank and Frederick Cooper, *Empires in World History: Power and the Politics of Difference* (Princeton: Princeton University Press, 2010), p.94.

693 Nicolay P. Kradin, "The Mongol Empire and the Unification of Eurasia," in Peter Fibiger Bang, C.A. Bayly and Walter Scheidel, eds., *The Oxford World History of Empire: Volume Two: The History of Empires* (Oxford: Oxford University Press, 2021), pp.507-532.

694 Ayse Zarakol, *Before the West: The Rise and Fall of Eastern World Orders* (Cambridge: Cambridge University Press, 2022), pp.47-88.

695 David Christian, "Silk Roads or Steppe Roads? The Silk Roads in World History," *Journal of World History,* 11:1(2000), pp.17-18.

696 John Fairbank, *China: A New History* (Cambridge, Mass.: Harvard University Press, 1992), pp.119-125.

697 Janet Martin, "North-eastern Russia and the Golden Horde," in Maureen Perrie, ed., *The Cambridge History of Russia, Vol.1: From Early Rus' to 1689* (Cambridge: Cambridge University Press, 2006), p.130.

698 Peter Jackson, *The Mongols and the Islamic World: From Conquest to Conversion* (New Haven: Tale University Press, 2017), chapter 12-13.

更甚者，即便在制度與信仰選擇充分因地制宜，事實證明各地的蒙古人依舊在生活上維持其傳統習俗。

尤其重要的是，相較長期以來多數人單純從「草原游牧征服者」之陸地視角來看待蒙古，如同卡普蘭（Robert Kaplan）指出，十三至十四世紀的蒙古人乃「早期的全球化實踐者」，目的是企圖將整個歐亞大陸納入一個真正的多元文化帝國當中，[699]據此，一二六七年忽必烈將政治中心遷至一二七二年正式命名為大都（汗八里）的新都城，絕對具有不容忽視之高度象徵意義；跟後來明清兩代承襲舊址並被視為內陸城市的北京，元朝大都其實是個一座「不完全中國化的典型中國城市」，[700]亦堪稱此際整個蒙古系統之海陸交通樞紐，一方面與草原首都哈剌和林（Qaraqorum）之間保持密切聯繫，兩者共同構築一個首都圈，並由此往北銜接草原絲路，當時城內巨大的積水潭亦是一二八一至一二九三年新開鑿之京杭大運河終點，自此若由通州轉經海河前往天津，更可直接進入渤海。[701]

非但大都的「港埠城市」特徵與後來明清時期北京大相逕庭，如同艾爾森（Thomas Allsen）指出，「在游牧帝國中，蒙古是第一個也是唯一擁有廣闊海洋的國家」，[702]不僅同時面對西太平洋、波斯灣和黑海等三片海域，為了控制歐亞外側海上通道，除了積極建設海軍，[703]包括一二五七至一二八七年三度入侵越南、一二七四與一二八一年兩次攻擊日本，以及一二七七與一二八一年兩次對緬甸用兵，甚至一二九三年發動爪哇戰爭等，控制從東北亞經南中國海通往印度洋之海運，堪稱其戰略目標所在。由於秉持重商主義的蒙古，成為人類歷史上第一次同時掌握了歐亞內陸與周邊海洋通道之力量，據此，一個「超級貿易圈」之成形，不但帶來了歐亞歷史的黃金時代，元朝鞏固白銀作為國際貿易本位，[704]以及首度大範圍發行紙鈔等，[705]都為未來世界經濟（特別是十六世紀後由歐洲推動之新一波全球擴張）埋下了深遠影響。

---

699 Robert Kaplan, *The Return of Marco Polo's World: War, Strategy, and American Interests in the Twenty-first Century* (New York: Random House, 2019), p.11.

700 Robert Marshall, *Storm from the East: From Genghis Khan to Khubilai Khan* (Berkeley: University of California Press, 1993), p.205.

701 杉山正明，《忽必烈的挑戰：蒙古與世界史的大轉向》（台北：廣場出版，二〇一二年），頁一四二。

702 Thomas Allsen, *The Steppe and the Sea: Pearls in the Mongol Empire* (Philadelphia: University of Pennsylvania Press, 2019), p.154.

703 David C. Wright, "Navies in the Mongol-Yuan Conquest of Southern Song China, 1274-1279," *Mongolian Studies*, 19(2007), pp.207-216.

704 Akinobu Kuroda, "Economic Exchange: Money, Markets, and Taxation in Mongol Eurasia," in Michal Biran, ed., *The Cambridge History of the Mongol Empire* (Cambridge: Cambridge University Press, 2023), pp.488-524.

705 Hanhui Guan, Nuno Palma, and Meng Wu, "The Rise and Fall of Paper Money in Yuan China, 1260-1368," *The Economic History Review*, January 2024.

最後，一三三一年在中國北方爆發並奪走當地九成人口的一場嚴重瘟疫，據信是後來席捲歐洲之「黑死病」（Black Death）的最初源頭；[706]繼一三三五年波斯與一三三九年中亞出現類似病例，以及一個圍攻克里米亞的蒙古軍團在一三四六年遭到襲擊，這場直接攻擊人類免疫（淋巴腺）甚或呼吸系統以致死亡率極高的瘟疫，在一三四七年蹂躪義大利半島之後，翌年隨即席捲法國，並在一三四九年為英格蘭帶來一場大爆發，接著沿貿易商和牧羊人的足跡，往北從斯堪地半島流傳到整個俄羅斯平原，最終斷斷續續延長到十五世紀中葉左右，據信歐洲人口仍有近三分之一死於這個毀滅性災難之中，[707]可以想見，由此引發之政治、經濟與社會動盪不安。暫且不論瘟疫與蒙古西征之間的確切連結為何，此一巨大衝擊對歐洲的影響將在後面進一步論述。

第三伊斯蘭帝國：鄂圖曼（1453-1922）

後蒙古時期之歐亞格局　當法王路易九世（Louis IX）在一二四八年發起第七次十字軍之際，西進的蒙古軍隊剛剛在一二三七至一二四〇年橫掃羅斯（Rus）諸國，讓此地區陷入長達兩個半世紀的「韃靼之軛」（Tartar Yoke）噩夢，且接著往前直抵匈牙利與波蘭，一度引發教廷與歐洲震動，無論如何，一二四一年窩闊台與一二五九年蒙哥兩度領導人突發死訊，都讓西歐幸運地成為此際局外人，甚至旭烈兀進軍兩河流域非但有助於緩和伊斯蘭對歐洲的壓力，包括法國、羅馬教廷與神聖羅馬帝國亦不無聯絡蒙古來制衡伊斯蘭的想像，[708]雖然結果並不成功。

根據阿布－盧格霍德（Janet Abu-Lughod）的看法，[709]一二五〇至一三五〇年間曾存在著一個從西北歐洲延伸到中國之巨大的「單一世界體系」，一方面包括中東、印度和中國位處此一「舊世界」核心，蒙古統一歐亞大陸核心地區在成功促進貿易擴張與繁榮之餘，由於前述大瘟疫陡然爆發，即便結果未必如她所言，「讓世界體系發展倒退了一百五十年」，[710]蒙古系統

---

706 Christopher Atwood, *Encyclopedia of Mongolia and the Mongol Empire* (New York: Facts on File, 2004), p.41.

707 Ole Benedictow, *The Black Death, 1346-1353: The Complete History* (Woodbridge: The Boydell Press, 2004).

708 Timothy May, "Converting the Khan: Christian Missionaries and the Mongol Empire," *World History Connected*, 12:2(2015), viewed online; Sajjad Shalsouz, "Investigating the Relations between the Mongols and Christians and Its Role in the Collapse of Islamic Governments: From the beginning of the Mongol Conquests until Abaqa Khan' s Death," *Journal of World History*, 14:1(2022), pp.82-92.

709 Janet Abu-Lughod, *Before European Hegemony: The World System A.D.1250-1350* (New York: Oxford University Press, 1989), pp.8-9; see also Andre G. Frank, "The World Economic System in Asia before European Hegemony," *The Historian*, 56:4(1994), pp.259-276.

710 Janet Abu-Lughod, *Before European Hegemony*, p.170.

邁向終點終究無可避免。首先崩解的是一三三〇年代受到內部政爭、欽察（金帳）汗國入侵與瘟疫肆虐等多重打擊的伊兒汗國，其次是未能有效融入以漢人為主幹南方社會環境，自一三五一年紅巾民變爆發後便開始動搖，最後被朱元璋在一三六八年逐回漠北的元朝；由於朱元璋在建立明朝之後，於一三七〇至一三八八年陸續發動了六次逐離性北伐帶來之壓力，退往草原的蒙古勢力先稱「北元」，接著在一三八八年猶如突厥一般，東西分裂成韃靼（Tatars）和瓦剌（Oirats）兩部，分別控制蒙古草原與葉尼塞河上游森林地帶。

另一個值得注意的人物是「跛子帖木兒」（Timur the Lame or Tamerlane）。被伊斯蘭歷史學家伊本赫勒敦（Ibn Khalcun）稱為「最偉大、最強大國王」，出身成吉思汗旁系家族的帖木兒，[711]在一三七〇年奪取舊察合台汗國領地（從天山南北路至河中地區）之後，[712]隨即於一三七一至一三八八年五度攻擊並滅亡鹹海以南的花剌子模，接著在一三八一年入侵卡爾提德（Kartids）王朝控制下的呼羅珊，並於一三八六至一三八九年藉由所謂「三年行軍」君臨整個波斯高原，然後在一三九五年襲擊金帳汗國，[713]一三九八年劫掠位於北印度的德里蘇丹國首都，[714]一四〇〇與一四〇一年分別攻陷屠戮大馬士革和巴格達，並於一四〇二年在安卡拉戰役中擊潰鄂圖曼土耳其，最後，這位征服者將目光移向東方，在一四〇四年組織了二十萬大軍鎖定明朝，但於一四〇五年進軍途中病死於哈薩克南部的訛答剌（Otrar）。[715]在帖木兒死後，其勢力範圍陷入四分五裂且彼此長期混戰，直到一五〇七年徹底滅亡為止。至於位於蒙古系統最西部的欽察汗國，一般認為發展在一三五九年達到高峰，隨後便陷入陷入內部鬥爭以及和帖木兒之間的交戰，不僅核心部分縮小至裏海與黑海之間並改稱大帳汗國（Great Horde），一四八〇年莫斯科大公國停止納貢更為一大打擊，[716]殘餘勢力最終在一五〇二年遭克里米亞汗國征服。

進一步來說，帖木兒崛起見證了在蒙古系統勢力衰頹後，伊斯蘭勢力在十五至十六世紀之間逐步復甦與重組之趨勢，至於鄂圖曼土耳其、薩法維波斯與印度蒙兀兒乃其中三大單位；[717]

---

711 Beatrice Forbes Manz, "Tamerlane and the Symbolism of Sovereignty," *Soviet and North American Studies on Central Asia*, 21:1(1988), pp.105-122.

712 Justin Marozzi, T*amerlane: Sword of Islam, Conqueror of the World* (London: Da Capo Press, 2004), p.48.

713 Michele Bernardini, "Timur and the Frankish Powers," in Norman Hously, ed., *The Crusade in the Fifteenth Century; Converging and Competing Cultures* (New York: Routledge, 2017), pp.109-110.

714 Rene Grousset, *The Empire of the Steppes: A History of Central Asia* (New Brunswick: Rutgers University Press, 1970), p.444; Justin Marozzi, *Tamerlane: Sword of Islam, Conqueror of the World*, pp.269-274.

715 Shih-Shan Henry Tsai, *Perpetual Happiness: The Ming Emperor Yongle* (Seattle: University of Washington Press, 2002), p.161.

716 Kimberly Kagan, ed., *The Imperial Moment* (Cambridge, Mass.: Harvard University Press, 2010), p.114.

717 Stephen F. Dale, *The Muslim Empires of the Ottomans, Safavids and Mughals* (New York: Cambridge University Press, 2010), p.1.

其中，鄂圖曼與蒙兀兒具有較高之官僚化與中央集權特徵，屬於此處分析之帝國個案，將於後面各自敘述，至於由伊斯邁爾（Ismail）在一五〇一年建立並持續至一七二二年的薩法維（Safavid）王朝，[718]雖也立足於伊朗高原，此處並不將它列入波斯、帕提亞與薩珊之帝國系列，原因之一是其政治結構更接近游牧部落聯盟，其次則薩法維不僅正當性與認同核心更接近伊斯蘭（儘管同時自認為古波斯繼承者），[719]更因秉持什葉派建立宗教性國家之信仰，這些都限制了其影響力擴張。

相較於分崩離析的蒙古系統，以及鼎足而立之復興的伊斯蘭世界，歐亞大陸西側的歐洲基督教世界則延續其分權態勢，在某種「封建教權主義」（feudal-clericalism）或「準神權社會」（quasi-theocratic society）之特殊結構基礎上，一頂由教會定義之「羅馬人皇帝」虛擬桂冠，先在八〇〇年被授予法蘭克國王查理曼，九六二年又給了日耳曼國王鄂圖一世，[720]接著，這個虛擬框架在一一五七年由腓特烈一世（Friedrich I）主導加上「神聖」一字，成為後來的「神聖羅馬帝國」（Holy Roman Empire），儘管如此，其組成依舊是碎裂化的，例如在十六世紀初期，「帝國」高層包括三十七位世俗諸侯與五十三位擁有主教頭銜的教會諸侯，其下還有一百四十三位各擁封地的伯爵、超過五萬個貴族家庭（royal family），以及八十個獨立自治城市；[721]在此情況下，歐洲得以維持著某種「鬥而不破」之動態平衡。

鄂圖曼之崛起與擴張 七世紀末的東羅馬不但得面臨自身內部從六九五到七一七年的「二十年無政府狀態」動盪，此際建國的保加利亞幾乎席捲了多數巴爾幹，[722]伍麥葉在七一七至七一八年圍攻君士坦丁堡也是伊斯蘭首度從東側襲擊歐洲，[723]不僅個人傾向認定七一七年已是東羅馬的「帝國」終點，事實上，特別是塞爾柱在一〇七一年戰役中俘虜拜占庭皇帝並占有安納托利亞之後，[724]自此，東羅馬只能蜷曲於馬爾馬拉海（Sea of Marmara）兩側，再加上君士坦丁堡在一二〇四年首度陷落並遭十字軍幾近毀滅性洗劫，即便接下來仍奇蹟式苟延殘喘了兩個

---

718 Stephen F. Dale, *The Muslim Empires of the Ottomans, Safavids and Mughals*, p.5.

719 Sussan Babaie, “Persia: The Safavids, 1501-1722,” in Jim Masselos, ed., *The Great Empires of Asia* (London: Thames & Hudson, 2010), pp.128-166.

720 Norman F. Cantor, *The Civilization of the Middle Ages* (New York: Harper Perennial, 1993), pp.212-215.

721 Peter H. Wilson, *The Holy Roman Empire, 1495-1806* (London: Palgrave Macmillan, 2011), pp.12-13.

722 Warren Treadgold, “The Struggle for Survival, 641-780,” in Cyril Mango, ed., *The Oxford History of Byzantium* (Oxford: Oxford University Press, 2002), pp.134-135; Anthony Kaldellis, *The New Roman Empire: A History of Byzantium* (New York: Oxford University Press, 2023), p.403.

723 Marie-France Auzépy, “State of Emergency, 700-850,” in Jonathan Shepard, ed., *The Cambridge History of Byzantine Empire, c.500-1492* (Cambridge: Cambridge University Press, 2009), pp.251-291.

724 Malcolm Barber, *The Crusader States* (New Haven: Yale University Press, 2012), p.9.

世紀，景況可謂每況愈下，也出於其羅馬特性日益模糊，以致日耳曼史學家沃爾夫（Hieronymus Wolf）在一五五七年第一次以「拜占庭帝國」（Imperium Byzantinum）稱呼希臘化後的東羅馬。

拜占庭所以能在夾縫中延續其生存，除了西側歐洲進入中古封建時期之外，十一世紀塞爾柱崛起後不到半個世紀便分崩離析，以及十二世紀蒙古勢力壓制伊斯蘭世界都是原因所在。無論如何，由奧斯曼一世（Osman I）在一二九九年建立的鄂圖曼，終究帶來一個新變數；[725]此部族源自烏古斯突厥系統，原本是塞爾柱麾下一個不起眼成員，在利用位於安納托利亞西北部，遠離伊斯蘭與蒙古衝突核心之地盤默默崛起之後，他們建立起某種軍事奴隸官僚制度（military slavery-bureaucratic regime），[726]在一三三一年拿下君士坦丁堡周邊重鎮尼西亞（Nicaea），一三五四年攻陷達達尼爾海峽左側的加里波利要塞使其首度踏足歐洲大陸，[727]至於一三九六年征服保加利亞，[728]不僅讓鄂圖曼對君士坦丁堡形成合圍之勢，在拜占庭呼籲下，時隔一個世紀，西歐在同年發動了史上最後一次十字軍，但在尼可波利斯（Nicopolis）慘敗於鄂圖曼之手。[729]

即便帖木兒在一四〇二年於安卡拉戰役中擊潰並俘虜鄂圖曼蘇丹，讓拜占庭趁機續存了半個世紀，君士坦丁堡這座自三三〇年被建為新首都以來，歷經一千一百餘年作為希臘羅馬文明中心的古城在一四五三年終告陷落，[730]並被更名為伊斯坦堡（Istanbul，亦即伊斯蘭之城），依舊帶來一個無可忽視之關鍵歷史分水嶺。其後，鄂圖曼利用此際伊斯蘭世界內部分裂混戰契機，先在一四六一年完全控制安納托利亞，一四七三年擊敗白羊（Ak-Koyunlu）王朝後，接著一路南下陸續取得了敘利亞、庫德斯坦與美索不達米亞北部，最終在一五一七年消滅埃及馬穆魯克王朝，將勢力延伸至北非沿岸地區。[731]

---

725 Eugenia Kermeli, "Osman I," in Gabor Agoston and Bruce Masters, eds., *Encyclopedia of the Ottoman Empire* (New York: Facts on File, 2009), p.444.

726 Hayri Gokşin Ozkoray, "Slavery in the Ottoman Empire," in Damian A. Pargas and Juliane Schiel, eds., *The Palgrave Handbook of Global Slavery throughout History* (London: Palgrave Macmillan, 2023), pp.243-258.

727 Trudy Ring, Robert M. Salkin and Sharon La Boda, *International Dictionary of Historic Places, Vol.3: Southern Europe* (London: Taylor & Francis, 1996), p.267.

728 Stephen W. Reinert, "Fragmentation, 1204-1453," in Cyril Mango, ed., *The Oxford History of Byzantium* (Oxford: Oxford University Press, 2002), pp.269-270.

729 Peter Sarris, Byzantium: *A Very Short Introduction* (Oxford: Oxford University Press, 2015), p.123.

730 Caroline Finkel, *Osman's Dream: The History of the Ottoman Empire* (New York: Basic Books, 2005), pp.49-51; Arthur Goldschmidt Jr. and Lawrence Davidson, *A Concise History of the Middle East* (Boulder: Westview Press, 2006), pp.141-143.

731 Christopher Beckwith, *Empires of the Silk Road: A History of Central Eurasia from the Bronze Age to the Present* (Princeton: Princeton University Press, 2009), pp.206-207.

進言之，鄂圖曼崛起一方面確認了突厥系統取代阿拉伯人，成為伊斯蘭世界新興主導勢力之現實，除了它著力西進之戰略設想，事實上，由於蒙古人入侵並肆虐兩河流域的結果，灌溉系統嚴重受創失修，致使巴格達周邊地區永久失去作為伊斯蘭世界中心的傳統地位，以及作為東西方貿易之交流管道，[732]自此，陸上絲路由波斯高原直接前往安納托利亞與君士坦丁堡（伊斯坦堡），來往印度貿易者十五世紀後很少進入波斯灣，[733]而是選擇經紅海前往埃及，然後在亞歷山大港與地中海商人（威尼斯）進行交易，從而見證了穆斯林世界之某種內涵轉變。

回到鄂圖曼，一四四四至一四八一年在位的穆罕默德二世（Mehmed II），向來被認為是帝國真正奠基者，不僅有「征服者」（Faith）之稱，能流利使用八種語言，在攻陷君士坦丁堡後隨即發布命令，保障所有非穆斯林社區自治和商業特權，除了繳納賦稅之外，也賦予其宗教自由，同時自一四七七年後陸續頒布一系列《法典》（*Kanun*），致力建構一個由官僚和法律支撐之中央集權行政體系，[734]以便讓蘇丹取得再伊斯蘭律法之外的裁量權，從而強化世俗影響力，且為了因應轄地內複雜之宗教文化內涵，[735]鄂圖曼擁有三個法院系統分別處理穆斯林、非穆斯林與貿易事務。為管理龐大帝國領土，鄂圖曼的基本行政單位稱為區或州（sancak），其上則是行省（beylerbeyilik or vilayet），至一五七〇年全境共分成二十四個行省和兩百五十個區；[736]值得注意的是，相較在安納托利亞和巴爾幹等帝國核心區努力貫徹中央集權，鄂圖曼在外圍省分則儘量維持既有行政特色與經濟模式，並授權傳統菁英協助治理，甚至允許其世襲，至於更邊陲則是一些向帝國納貢的藩屬單位，例如瓦拉幾亞、克里米亞或高加索山區小邦等。

正如林佳世子指出，自此讓歐洲長期如坐針氈的鄂圖曼，雖自十六世紀起便被禁錮在「土耳其人威脅」之刻板形象中，至於雙方情勢在十九世紀之逆轉，又進而助長了「曾經鼎盛強大的鄂圖曼帝國（或伊斯蘭文明）經過凋零衰敗，最終敗陣於西歐諸國（或西歐文明）」之歐洲中心史觀，[737] 實則鄂圖曼雖然與塞爾柱同樣源自土庫曼突厥人，向來迴避含有貶意的Turk，而

---

732 Bernard Lewis, *The Middle East: A Brief History of the Last 2000 Years* (New York: Scribner, 1995), p.99.

733 Eliyahu Ashtor, *A Social and Economic History of the Near East in the Middle Ages* (Berkeley: University of California Press, 1976), p.264.

734 Stephen F. Dale, *The Muslim Empires of the Ottomans, Safavids and Mughals*, pp.83-84; Heather L. Ferguson, *The Proper Order of Things: Language, Power, and Law in Ottoman Administrative Discourses* (Stanford: Stanford University Press, 2018), pp.66-105.

735 Benton, Lauren, *Law and Colonial Cultures: Legal Regimes in World History, 1400-1900* (Cambridge: Cambridge University Press, 2001), pp.109-110.

736 Gabor Agoston, "Asia Minor and Beyond: The Ottomans, 1281-1922," in Jim Masselos, ed., *The Great Empires of Asia* (London: Thames & Hudson, 2010), pp.107-137.

737 林佳世子，《鄂圖曼帝國五百年的和平》（台北：八旗文化，二〇一九年），頁一六。

是自稱Rumi（羅馬人），[738]甚至相較於安納托利亞，他們更認同自己是個巴爾幹國家，並在征服拜占庭後自認繼承了「羅馬」此一歷史政治財產，除了統治者自號「羅馬凱撒」（Caesar of Rum）或「皇帝」，[739]其目光始終注視著歐洲基督教世界，除了伊斯坦堡始終寬容地擁有四成信仰基督教人口，在一四八〇年一度登陸佔領義大利半島東南端的奧特朗托（Otranto），引發歐洲震動之餘，特別在一五二〇年蘇萊曼大帝（Suleyman the Magnificent）繼位後，繼一五二一年納入匈牙利多數地區，一五二九年更首度圍攻維也納。

在一五三二年再度西進受阻同時，面對長期受白羊王朝和鄂圖曼打壓，但在一五〇一年建國後日益茁壯的什葉派薩法維波斯，蘇萊曼決定先回頭解決此一隱患，雙方交戰至一五五五年並確認了鄂圖曼對兩河流域的控制權，[740]其後又透過一五七八至一五九〇年戰爭取得高加索地區。值得注意的是，鄂圖曼向歐洲與薩法維兩面開戰，除了促使哈布斯堡與波斯在一五一九至一五三二年之間嘗試結盟未果，[741]由於此際歐洲內部正處於法國瓦盧瓦王朝與哈布斯堡爭霸局面，法蘭西斯一世（Francis I）在一五三六年與蘇萊曼締結同盟對抗維也納，[742]不啻成為基督教與伊斯蘭世界之間第一次跨越宗教藩籬，且堪稱「外交革命」（diplomatic revolution）的合作典範，此一夥伴關係於一五五二年法國奪取科西嘉島時達到高峰，從而呈現出十六世紀在歐洲與中東之間，另一種難得之現實主義國際關係面貌。

環地中海區域之變遷演化　在起自七世紀的伊斯蘭擴張將地中海次世界一分為二之後，隨著東羅馬的「拜占庭化」與阿拔斯崛起，此區域進一步分裂，北邊的基督教國度環繞聖像崇拜爭議導致東西對立深化，[743]南方則因為阿拔斯遷都巴格達加上其鬆散之治理政策，從北非西側至伊比利半島開始浮現若干獨立伊斯蘭勢力。必須指出，儘管在伊斯蘭與基督教範圍之間長期

738 Cemal Kafadar, "A Rome of One' s Own: Cultural Geography and Identity in the Lands of Rum," *Muqarnas*, 24(2007), p.11.

739 Carter V. Findley, *The Turks in World History* (New York: Oxford University Press, 2005), p.115.

740 George C. Kohn, *Dictionary of Wars* (New York: Facts on File, 2007), p.559.

741 Matthew Smith Anderson, *The Origins of the Modern European State System, 1494-1618* (New York: Longman, 1998), p.224; E. Vehse, *Memoirs of the Court Aristocracy and Diplomacy of Austria Part One* (Whitefish: Kessinger Publishing reprinted, 2004), p.71.

742 Maria Rodriguez-Salgado, "The Habsburg-Valois Wars," in G.R. Elton, ed., *The New Cambridge Modern H*istory, *Vol.2: The Reformation, 1520-1559* (Cambridge: Cambridge University Press, 1990), pp.377-400; Virginia Aksan, *Ottoman Wars, 1700-1860: An Empire Besieged* (New York: Routledge, 2007), pp.130-135.

743 Peter Brown, "A Dark-Age Crisis: Aspects of the Iconoclastic Controversy," *English Historical Review,* 88/346 (1973), pp.1-33.

存在紛爭，包括九到十二世紀「中世紀溫暖期」帶動歐洲經濟增長、阿拉伯系統伊斯蘭之重商傾向、十一至十三世紀十字軍運動之需求刺激，再加上有十三至十四世紀蒙古系統為絲路提供了充沛公共財，國際政治紛爭並無礙貿易活動，從而讓環地中海區域呈現某種蓬勃現象，尤其是義大利半島上的貿易城邦，例如熱那亞或威尼斯都因信奉「商人無祖國」得以大發戰爭財。如同克勞利（Roger Crowley）所言，「啟航、冒險、利益、榮譽，這些乃是威尼斯人的日常生活指南」；[744]為了掌握將近兩個世紀十字軍運動這個入世契機，威尼斯為累積財富而組建了龐大艦隊，甚至從拯救者角色轉而趁機劫掠君士坦丁堡，並在一二〇四年瓜分了拜占庭八分之三的領地，儘管對財富的貪得無厭使其「受教會譴責、被拜占庭憎惡、遭穆斯林鄙視」，但也因其立身處世法則如此「簡單明瞭」，讓威尼斯得以一度周旋在蒙古勢力、神聖羅馬帝國、拜占庭與伊斯蘭世界等矛盾平衡之中。

無論如何，情況在十六世紀出現些許變化。由於鎖定歐洲作為擴張目標，鄂圖曼一方面基於堅壁清野之考量，開始限制黑海地區穀物輸出，並且一定程度管制歐亞貿易流通，同時為了增加攻擊範圍而在地中海建立了一支強大海軍力量，[745]據此，它控制了義大利半島以東，包括巴爾幹、黎凡特，乃至突尼西亞以東北非地區將近半數之地中海沿岸，致使愛奧尼亞海幾乎等同「鄂圖曼之海」；至於地中海西側則進入某種「兩極」時刻，為了爭奪歐陸霸權，法國的瓦盧瓦王朝和主導神聖羅馬帝國的哈布斯堡在一四九四至一五五九年爆發了一場義大利戰爭，[746]由於法國略趨下風，這也讓半島以西海域成為某種「西班牙之海」。[747]雙雄之爭的第一個場景爆發於一五六五年的馬爾他島，此地位居兩側海域中央樞紐，其結果是西班牙打破了鄂圖曼的不敗神話，亦奠定自身稱霸地中海基礎，[748]加上它在一五七一年勒班陀戰役（Battle of Lepanto）中與威尼斯聯手取得決定性勝利，最終為鄂圖曼在地中海擴張畫上句點，[749]這也是近代以前最大規模且以槳帆船為主的大規模海戰；[750]與海上相較，鄂圖曼陸上攻勢則在一六八三年的維也

744 Roger Crowley, *City of Fortune: How Venice Ruled the Seas* (New York: Random House, 2011), p.xxvii.

745 Andrew C. Hess, "The Ottoman Conquest of Egypt and the Beginning of the Sixteenth-Century World War," *International Journal of Middle East Studies*, 4:1(1973), pp.55-76; Philip Mansel, *Constantinople: City of the World's Desire 1453-1924* (London: Penguin Books, 1997), p.61.

746 Michael Mallett and Christine Shaw, *The Italian Wars: 1494-1559* (New York: Routledge, 2012).

747 Fernand Braudel, *The Mediterranean and the Mediterranean World in the Age of Philip II, Vol. I* (Berkeley: University of California Press, 1995), pp.135-136.

748 Fernand Braudel, *The Mediterranean and the Mediterranean World in the Age of Philip II, Vol. II* (Berkeley: University of California Press, 1995), pp.1014-1026.

749 Roderick Beaton, *The Greeks: A Global History* (New York: Basic Books, 2012), p.368.

750 Victor Hanson, *The Father of Us All: War and History, Acient and Modern* (New York: Bloomsbury Press, 2010), p.96.

納圍城戰中臻於高潮，自此轉攻為守，[751]直到一六九九年《卡洛維茲條約》（Treaty of Karlowitz）首度割讓土地，終於讓歐洲基督教世界免於穆斯林威脅。

很明顯，鄂圖曼乃歐洲自詡文藝復興之際，經常被刻意忽略之陰影。

總的來說，雖然鄂圖曼致力保障其境內民眾在文化與宗教上的多樣性，[752]由於堅持西進戰略所帶來與歐洲之間長達兩個半世紀的爭鬥，不啻大大損害了地中海貿易，再加上一四九八年葡萄牙發現前往印度航線，以及一五〇二年起香料運至地中海通道遭到切斷，這些無疑使威尼斯成為最大受害者，[753]進言之，「壓垮威尼斯的乃是世界商路慢慢往地中海移往大西洋，以及那些日益壯大且懷抱帝國野心之民族國家的衝突」，[754]在此之後，鄂圖曼與歐洲互動在十八世紀轉向某種僵持性「冷戰」，直到十九世紀由於法國大革命波及（拿破崙於一七九八年遠征埃及）、鄂圖曼衰落與俄羅斯試圖突破黑海（例如一八五四年克里米亞戰爭），以及一八六九年開通的蘇伊士運河成為英國生命線中繼站之後，環地中海地區才迎來了另一個新的地緣格局階段。

第三印度帝國：蒙兀兒（1526-1707）

十六世紀之印度洋與新外來者 如同前述，約莫自十四至十七世紀，非但「亞洲即世界」堪稱是個八九不離十的視野，[755]印度洋隱然成為穆斯林「內海」，儘管參與者絕非僅限穆斯林，由於各種商品與人員得以在波斯語區（從中亞到美索不達米亞）與印度洋港口（從波斯灣到孟加拉灣）之間大量流動，從而使一個「伊斯蘭全球系統」在一二〇〇至一五〇〇年間浮現出來，其中，扮演核心地緣角色的次大陸在蒙兀兒承接某種體系管理者角色後，持續經濟反饋使其人口在一七〇〇年達到一億左右（同時期清朝為一點五億），大約是鄂圖曼的五倍與薩法維

---

751 Walter Leitsch, "1683: The Siege of Vienna," *History Today*, 33:7(1983); Andrew Wheatcroft, *The Enemy at the Gate: Habsburgs, Ottomans and the Battle for Europe* (New York: Basic Books, 2010).

752 Lauren Benton, *Law and Colonial Cultures: Legal Regimes in World History, 1400-1900* (Cambridge: Cambridge University Press, 2001), pp.109-110.

753 William H. McNeill, *Venice: The Hinge of Europe* (Chicago: University of Chicago Press, 1974), pp.127-128.

754 Georges Duby, Fernand Braudel, *La Méditerranée: Les Hommes et l'héritage* (Paris: Flammarion, 2002), p.317.

755 Stewart Gordon, *When Asia was the World* (Philadelphia: Da Capo Press, 2008).

二十倍以上，於此同時，歐洲地區人口最多的法國不過二千萬，英國僅區區五百萬，西班牙若不計入殖民地亦不足一千萬。[756]

進言之，隨著蒙古崩解導致陸上絲路貿易頓挫，以及鄂圖曼將地中海變成一個「戰爭之海」，印度洋不啻成為當時全球最為碩大又相對安全的自由貿易區，以及商品、思想與文化交流之關鍵十字路口，[757]來自不同族群社會且擁有不同信仰與語言的形色人等，在此廣泛且自由地彼此交流，[758]亦正因為其開放性，加上某種積極戰略意圖（為反制來自帖木兒等復興蒙古力量之威脅），明朝中國在一四〇五年啟動了以鄭和為首、前後共七次之「下西洋」長途航行；[759]相較前面三次都鎖定位於印度洋中部（次大陸西南部）的卡利卡特（Calicut）作為終點，自一四一三年第四次航行起，鄭和開始延長距離並最遠抵達東非肯亞附近，總計至一四三一年最後一次旅程為止，這支在歐洲崛起前規模最為恢弘之遠洋艦隊，前後共航行一萬兩千六百一十八海浬。[760]如同費南德茲—阿梅斯托（Felipe Fernandez-Armesto）指出，與十五世紀歐洲的嘗試比起來，「這些遠航顯然並非探路之行」，[761]而是沿著幾個世紀以來貿易交流累積之已知航道，目標明確且小心翼翼地前進，既屬相當客觀正確的見解，亦見證了此際印度洋面貌。

早自四〇〇年前後，印度洋與西太平洋已然形同單一海域，[762]儘管多數船舶基於技術與安全仍然習慣緊靠海岸航行，如同周知，季風（monsoon）在印度洋貿易活動扮演著關鍵角色；[763]

首先是次大陸六月溫度上升形成的低壓系統，在夏季從西南方向吸入涼爽潮濕的空氣，隨著秋季陸地降溫，涼爽乾燥的空氣則在十至十一月從喜馬拉雅山朝西南方向一路越過阿拉伯海直

---

756 Janet Abu-Lughod, "The World System in the Thirteenth Century: Dead-End or Precursor?" in Michael Adas, ed., *Islamic and European Expansion: The Forging of a Global Order* (Philadelphia: Temple University Press, 1993), pp.75-102.

757 Robert B. Marks, *The Origins of the Modern World: A Global and Environmental Narrative from the Fifteenth to the Twenty-First Century* (Lanham: Rowman & Littlefield, 2015), p.41.

758 Kanakalatha Mukund, "Review: Trade on Indian Ocean," *Economic and Political Weekly*, 39:35(2004), pp.3899-3901; Stephanie Wynne-Jones, *A Material Culture: Consumption and Materiality on the Coast of Precolonial East Africa* (Oxford: Oxford University Press, 2016), pp.173-193.

759 Robert Finlay, "The Treasure-Ships of Zheng He: Chinese Maritime Imperialism in the Age of Discovery," *Terrae Incognitae*, 23:1(1991), pp.1-12; "The Voyages of Zheng He: Ideology, State Power, and Maritime Trade in Ming China," *The Journal of the Historical Society,* 8:3(2008), pp.327-347.

760 Louise Levathes, *When China Rules the Seas: The Treasure Fleet of the Dragon Throne, 1405-33* (New York: Oxford University Press, 1994).

761 Felipe Fernandez-Armesto, *Pathfinders: A Global History of Exploration* (New York: W.W. Norton, 2007), p.111-112.

762 J.R. McNeill and William H. McNeill, *The Human Web: A Bird's-Eye View of World History* (New York: W.W. Norton & Co., 2003), p.94.

763 T.P. Barnett, "Interaction of the Monsoon and Pacific Trade Wind System at Interannual Time Scales," *Monthly Weather Review,* 111:4(1983), pp.756-773.

抵非洲西岸。根據前述固定週期，印度洋貿易航線又分為兩條，一條由東向西沿著孟加拉灣與阿拉伯海岸邊行進，可從阿曼灣和亞丁灣分別進入波斯灣與紅海，或者沿著非洲之角（Horn of Africa, HoA）繼續朝南，最遠可達馬達加斯加島，另一條從蘇門答臘或馬來半島出發橫跨大洋，經過斯里蘭卡直達亞丁灣，這也是香料貿易的捷徑。[764]事實上，位於古吉拉特邦的坎貝（Khambhat），自笈多時期以來便是歐亞南部重要港口貿易中心，如同十六世紀葡萄牙探險家皮雷斯（Tome Rires）的描述「坎貝張開了雙臂，右臂觸及亞丁，左臂則伸往麻六甲」，[765]充分描繪了次大陸西岸在此際印度洋貿易當中扮演的關鍵地位。

隨著八至十五世紀香料貿易（spice trade）在印度洋影響日增，[766]鄂圖曼在與歐洲對抗下加強「管理」貿易路線，[767]以及歐洲對香料需求殷切提供之冒險誘因，作為先驅的葡萄牙在一四九八年繞過好望角抵達香料市場卡利卡特之後，一五一〇先奪取其北方的果阿（Goa）作為長期據點，繼翌年佔領麻六甲這個貿易中心，一五一三年隨即回頭攻取紅海入口的亞丁（Aden）並成為第一個將艦隊駛進穆斯林世界心臟（紅海）的基督徒國家，至於一五一五年在波斯灣入口建立荷姆茲（Hormuz）要塞，則堪稱葡萄牙手中印度洋貿易線之最後一塊拼圖。值得注意的是，葡萄牙進入印度洋無疑替這片貿易之海帶來了某種「競賽式」的新變數，作為其主要競爭者，西班牙在一五一一年成功抵達香料原產地摩鹿加群島，不啻成為衝突引爆點，[768]特別是後者在一五六五佔領呂宋島並開闢馬尼拉至墨西哥跨太平洋定期航線之後，雙方對抗更趨於白熱化，直到一五八〇年西班牙以婚姻關係併吞葡萄牙為止。於此同時，為了儘快加入競賽行列，英國女王伊莉莎白一世（Elizabeth I）在一六〇〇年特准「倫敦商人對東印度貿易公司」可以「全面壟斷至東印度群島之所有交通與商品」，[769]僅僅兩年後，尼德蘭也授予「荷蘭東印度公司」（VOC）長達二十一年之香料貿易壟斷權，並明確指示「只要碰上葡萄牙或西班牙人便

---

764 Kirti N. Chaudhuri, *Trade and Civilisation in the Indian Ocean: An Economic History from the Rise of Islam to 1750* (Cambridge: Cambridge University Press, 1985).

765 Tomé Pires, *The Suma Oriental* (London: The Hakluyt Society, 1944), p.42.

766 Michael Loewe, "Spices and Silk: Aspects of World Trade in the First Seven Centuries of the Christian Era," *Journal of the Royal Asiatic Society,* 2(1971), pp.166-179; see also James F. Hancock, *Spices, Scents and Silk: Catalysts of World Trade* (Boston: CABI, 2021), pp.189-205

767 Giancarlo Casale, "The Ottoman Administration of the Spice Trade in the Sixteenth-Century Red Sea and Persian Gulf," *Journal of the Economic and Social History of the Orient,* 49:2(2006), p.170-198.

768 Doz. Udo Pollmer, "The Spice Trade and Its Importance for European Expansion," *Migration & Diffusion*, 1:4(2000), pp.58-72; Giles Milton, *Nathaniel's Nutmeg: How One Man's Courage Changed the Course of History* (London: Sceptre, 1999), pp.30-33.

769 Bruce Brunton, "The East India Company: Agent of Empire in the Early Modern Capitalist Era," *Social Education*, 77:2(2013), pp.78-81, 98.

應毫不遲疑加以攻擊」。[770]

必須指出，首先，葡萄牙雖然看似建立了一條足以滿足利益的航道，並引發其他競爭者群聚至此展開激烈對抗，實則從十六至十七世紀，無論歐洲自身如何描繪此一「香料戰爭」，這些行動對印度洋體系之影響幾乎微不足道且無損於伊斯蘭主導性，非但其擴張利用了十四世紀曾稱霸東南亞海域之滿者伯夷（Majapahit）陷入衰退契機，[771]探險家們非常「明智」地迴避了薩法維、蒙兀兒和明朝等大型政治單位，甚至看到東吁（緬甸）、阿瑜陀耶、安南等中等行為者亦儘量繞道而行，[772]相對地，不僅位於爪哇的淡目蘇丹國（Demak）曾數度攻打葡萄牙佔領的麻六甲，單單以廣東為基地的海盜亦足以威脅這些歐洲人，事實是，在多數情況下，歐洲人只能仰賴當地政權允許，方得以建立貿易港口；[773]其次，葡萄牙越過麻六甲在一五一七年抵達廣州，[774]乃至一五七三年正式獲得明朝同意租借澳門作為貿易站，加上尼德蘭隨即急起直追進入此一海域，都大大強化了東亞（西太平洋）與印度洋之間的交流；最後，儘管十六至十八世紀歐洲從印度洋至東南亞的殖民對當時影響有限，[775]依舊為其後歷史之扭轉埋下重大伏筆。

蒙兀兒之興起與衰落　如同前述，自五世紀起，地中海次世界北部（歐洲）與歐亞南部世界不無巧合地同步進入休眠式「中古黑暗時代」，並在「無帝國」狀態下陷入長期分崩離析；

差異在於，相較歐洲迄今依舊分裂，歐亞南部則由巴布爾（Babur）在一五二六年再度帶來一個帝國時刻。

回到歷史，事實上從紅匈奴於三九〇至四一〇年進佔旁遮普中西部，以及白匈奴嚈噠人自五〇〇年起數度深入恆河流域之後，不僅笈多政權開始動搖，更因犍陀羅地區自此洞開，除了阿拉伯穆斯林在七一二年於印度河下游信德（Sindh）建立據點，[776]其後連同中上游的旁遮普均納入阿拔斯控制範圍，加茲尼王朝的馬哈茂德在一〇〇〇至一〇二五年共十七度襲掠次大陸更

770 Niall Fergusson, *The Ascent of Money: A Financial History of the World* (London: Penguin Books, 2009), p.129.

771 John Miksic, ed., *Ancient History: Indonesian Heritage, Series 1* (Singapore: Archipelago Press, 1999), p.170.

772 Kenneth R. Hall, “European Southeast Asia Encounters with Islamic Expansionism, circa 1500-1700: Comparative Case Studies of Banten, Ayutthaya, and Banjarmasin in the Wider Indian Ocean Context,” *Journal of World History*, 25:2/3(2014), pp.229-262.

773 Anthony J.R. Russel-Wood, *The Portuguese Empire, 1415-1808: A World on the Move* (Baltimore: Johns Hopkins University Press, 1998), p.21.

774 A.R. Disney, *A History of Portugal and the Portuguese Empire,* Vol.2 (New York: Cambridge University Press, 2009), p.120; James Fujitani, “The Ming Rejection of the Portuguese Embassy of 1517: A Reassessment,” *Journal of World History*, 27:1(2016), pp.87-102.

775 Kenneth McPherson, *The Indian Ocean: A History of People and the Sea* (Oxford: Oxfoed University Press, 1993),p.169.

776 Nagendra K. Singh, *Muslim Kingship in India* (New Delhi: Anmol Publications, 1999), pp.43-45.

帶來重創；[777]在此破壞性基礎上，首先是突厥波斯系統的古爾（Ghurid）王朝踩在加茲尼身上肆虐北印度，接著是由其後繼者德里蘇丹國（Delhi Sultanate）建立的一系列軍事政權，[778]在此期間，一二二一至一三二七年來自蒙古系統的攻擊（包括成吉思汗、蒙哥與察合台汗國）不啻為帖木兒在一三九八年大舉南下洗劫德里鋪開道路，[779]也指引了其後裔巴布爾以阿富汗為基地，在一五二六年攻入德里後自立為印度斯坦（Hindustan，清朝譯為痕都斯坦）皇帝。不過，趁蒙兀兒勢力在印度立足未穩，利用一五三〇年繼位的胡馬雍（Humayun）南征古吉拉特契機，薩爾（Sur）王朝在其背後依循舊路從阿富汗襲擊了德里，[780]雙方一直拉鋸到一五五八年蒙兀兒在薩法維波斯支持下滅亡薩爾為止。

一般認為，除了失去對北方關鍵戰略通道（開伯爾山口）的控制，以致歐亞南部被迫面對上千年不斷受到外部力量介入之沉重壓力，種姓制度深化地方割據對立也是不能忽視的原因，甚至蒙兀兒此一「最後帝國」也是個「外來政權」。無論如何，與此前包括古爾王朝或德里蘇丹國所建立之劫掠性軍事封建政權不同，[781]蒙兀兒第三任統治者阿克巴（Akbar）決定採取更制度化的管理，其時，帝國版圖西邊以赫爾曼德河（Helmand River）與薩法維為界，北至喀什米爾，往東則涵蓋整個恆河流域直抵孟加拉，境內多數是以農為生的印度教徒；據此，他將全國劃分為十五個直轄行省（Subah），其下又分為兩層行政單位，保障臣民宗教自由並採取因地制宜的法律體系，同時提供流動法院巡迴各地。為了落實統治，阿克巴推動建設廣泛的道路系統，[782]鞏固以盧比（rupiya）為主之貨幣系統穩定性，而且非常巧合地，與一五八一年明朝中國由張居正推動以銀兩交納稅收之「一條鞭制」幾乎同一時期，蒙兀兒也以全面地籍測量為基礎，採取一套稱為薩巴特（zabt）之現金賦稅制度來穩定預算收支。[783]由於幅員廣大加上眾多人口，估計自十七世紀至十八世紀中葉，其經濟規模可能佔全球四分之一左右，[784]至於銷到歐洲、美洲乃至東亞地區日本的棉織品為出口大宗。[785]

777 John Zubrzycki, *The Shortest Story of India* (New York: The Experiment, 2022), p.84.

778 K.A. Nizami, ed., A *Comprehensive History of India: The Delhi Sultanat, AD 1206-1526* (New Delhi: People's Publishing House, 1992), p.198.

779 Justin Marozzi, *Tamerlane: Sword of Islam, Conqueror of the World* (London: Da Capo Press, 2004), p.241.

780 Alexander Mikaberidze, *Conflict and Conquest in the Islamic World: A Historical Encyclopedia* (Santa Barbara: ABC-CLIO, 2011), p.830.

781 Hermann Kulke and Dietmar Rothermund, *A History of India* (New York: Routledge, 2004), pp.177-178.

782 John J. Richard, *The Mughal Empire* (Cambridge: Cambridge University Press,1995), pp.185-204.

783 John J. Richard, *The Unending Frontier: An Environmental History of the Early Modern World* (Berkeley: University of California Press, 2003), p.27.

784 Angus Maddison, *The World Economy: Historical Statistics* (Paris: OECD Publishing, 2003), p.256.

785 Prasannan Parthasarathi, *Why Europe Grew Rich and Asia Did Not: Global Economic Divergence, 1600-1850* (Cambridge: Cambridge University Press, 2011) p.2.

進一步來說，「寬容」無疑是阿克巴時期最重要政治特色。[786]為了在多民族且信仰各異的帝國中維持政治穩定，他揭櫫了所謂「普世和平」（suhl-i kul）政策，讓臣民可自由選擇宗教，允諾不因非穆斯林身分便額外增稅，並下令將《摩訶波羅多》等著名史詩由梵文翻譯為波斯文；值得注意的是，阿克巴採納伊朗的太陽曆，並使用波斯語作為官方行政語言，從而仍顯露了若干「外來」特徵。

儘管透過宗教寬容與藝術層面的「印度化」讓蒙兀兒得以鞏固其統治，從另一個角度來看，包括阿格拉（Agra）、拉合爾（Lahore）、德里和錫克里（Fatehpur Sikri）先後或同時作為都城，仍可看出部分游牧遺風。[787]無論如何，在前述穩定繁榮基礎上，於一六五八年篡位上台且在任近半個世紀的奧朗則布（Aurangzeb），無疑是最具爭議性且導致帝國由盛轉衰的關鍵，[788]例如，他放棄自阿克巴時代以來的寬容政策，限制印度教與錫克教活動，並重新向非穆斯林收取人頭稅（Jizya），[789]同時自即位起便自稱「世界征服者」（Alamgir），開始新一波擴張，尤其利用巴赫曼尼蘇丹國（Bahmani Sultanate）瓦解契機進佔整個德干高原，從而讓帝國疆域達到最大化。但在一七〇七年奧朗則布去世之後，蒙兀兒隨即陷入長期繼承戰爭，非但至一七一九年共出現十七位角逐者，單單一七一九年一年之內就有四人登上皇帝寶座，[790]政治動盪可見一斑。其後，包括伊朗阿夫沙里德（Afsharid）王朝在一七三九年攻入德里，阿富汗杜蘭尼（Durrani）王朝在一七四八至一七六七年八次入侵印度河流域，[791]接著，位於次大陸南部且長期與蒙兀兒對抗的馬拉塔聯邦（Maratha Confederacy）也在一七五八和一七七一年兩度攻入德里。

正因「帝國」自一七〇七年後已名存實亡，皇帝猶如九四五年後的阿拔斯哈里發一般形同傀儡，即便一八五七年後被英國軟禁在緬甸的巴哈杜爾（Bahadur）名義上是末代皇帝，奧朗則布之後的歷史往往被稱為「後期蒙兀兒」。

---

786 Catherine Asher, "India: The Mughals, 1526-1858," in Jim Masselos, ed., *The Great Empires of Asia* (London: Thames & Hudson, 2010), pp.167-190.

787 Carla Sinopoli, "Monumentality and Mobility in Mughal Captitals," *Asian Perspectives*, 33:2(1994), pp.294-5.

788 Audrey Truschke, *Aurangzeb: The Life and Legacy of India's Most Controversial King* (Stanford: Stanford University Press, 2017).

789 Stanley Wolpert, *A New History of India* (Oxford: Oxford University Press, 2008), pp.163-170.

790 John Zubrzycki, *The Shortest Story of India,* p.104; Klaus Berndl, *National Geographic Visual History of the World* (Washington, D.C.: National Geographic Society, 2005), pp.318-320.

791 Jos J. L. Gommans, *The Rise of the Indo-Afghan Empire* (Leiden: Brill, 1995), p.53.

圖：世界帝國分布（1650-1700 AD）

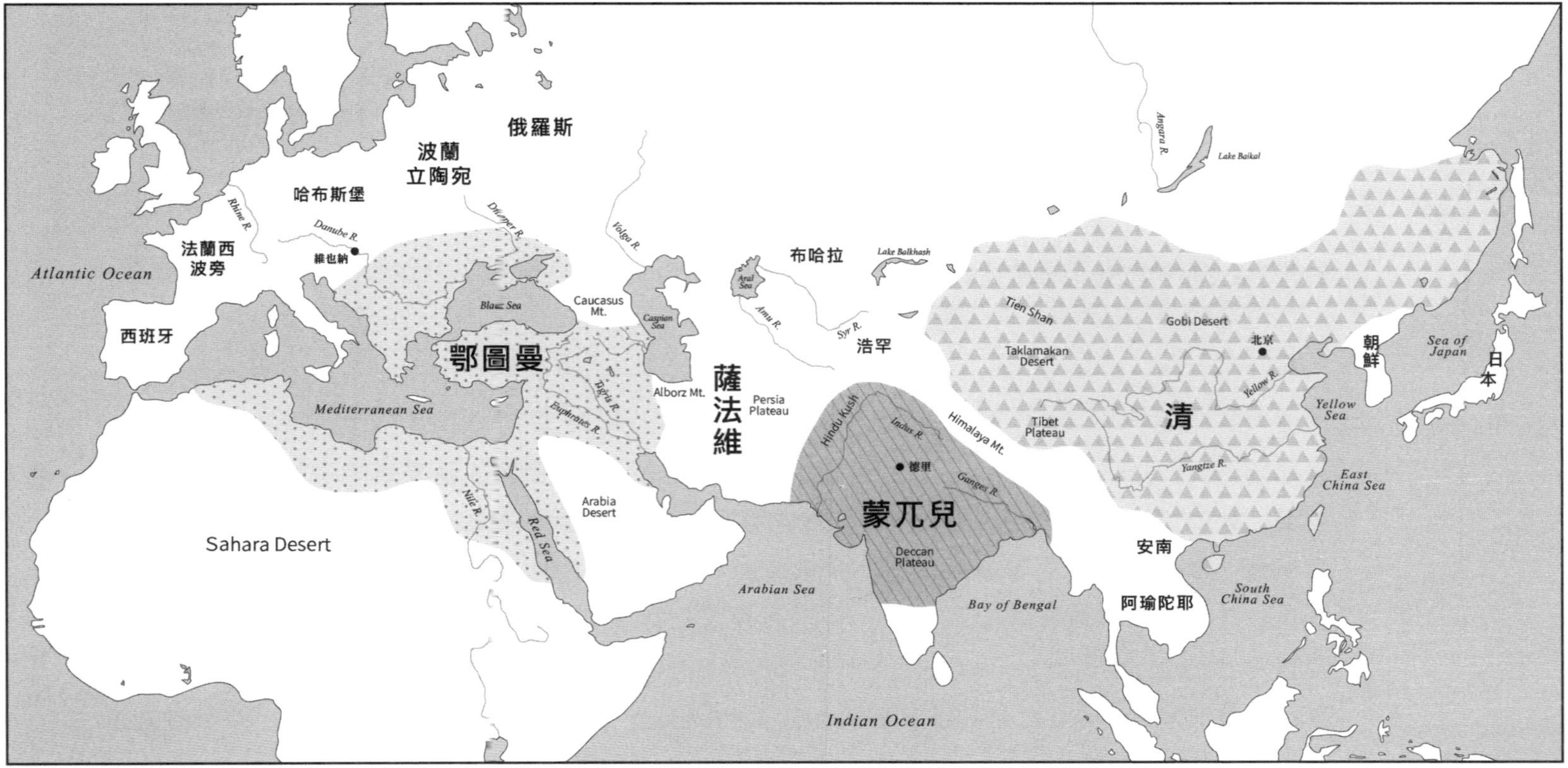

Atlantic Ocean
西班牙
法蘭西
波旁
Rhine R.
哈布斯堡
Danube R.
維也納
波蘭
立陶宛
俄羅斯
Dnieper R.
Volga R.
Black Sea
Caucasus
Mt.
Caspian
Sea
鄂圖曼
Mediterranean Sea
Tigris R.
Euphrates R.
Nile R.
Red Sea
Arabia
Desert
Sahara Desert
Alborz Mt.
薩
法
維
Persia
Plateau
Aral
Sea
Amu R.
布哈拉
Syr R.
浩罕
Lake Balkhash
Hindu Kush
Indus R.
德里
Ganges R.
蒙兀兒
Deccan
Plateau
Himalaya Mt.
Arabian Sea
Bay of Bengal
Indian Ocean
Tien Shan
Taklamakan
Desert
Tibet
Plateau
Gobi Desert
北京
Yellow R.
Yangtze R.
清
Angara R.
Lake Baikal
朝
鮮
Sea of
Japan
日
本
Yellow
Sea
East
China Sea
安南
阿瑜陀耶
South
China Sea

第三中華帝國：滿清（1644-1911）

晚期帝國及其特徵　對西方（歐洲）而言，早期現代（Early Modern Period）經常被指稱在工業革命之前，處於十五至十八世紀之間的世界，[792]大約起自一四四四年最後一次十字軍失利，十年後君士坦丁堡陷落與十六世紀文藝復興運動勃發，至於終點則在一七七六年瓦特蒸汽機開始商業化與一七八九年法國大革命之間；嚴格來說，個人並不完全反對前述見解，但選擇使用前現代（Pre-Modern）此一界定，亦即在接受所謂「現代」論斷之餘，儘可能涵納「現代之前」之歷史發展。

[792] Joseph F. Fletcher, "Integrative History: Parallels and Interconnection in the Early Modern Period, 1500-1800," in Beatrice Manz, ed., *Studies on Chinese and Islamic Centrol Asia: Collected Articles of Joseph Fletcher* (Aldershot: Variorum, 1995), pp.1-35; Euan Cameron, ed., *Early Modern Europe: An Oxford History* (Oxford: Oxford University Press, 1999); Merry E. Wiesner-Hanks, *Early Modern Europe, 1450-1789* (Cambridge: Cambridge University Press, 2013); Jan de Vries, "The Limits of Globalization in the Early Modern World," *The Economic History Review*, 63:3(2009), pp.710-733.

進言之，相較西方對於「早期現代」此一斷代期間之關注，主要在於以此鋪陳日後歐洲崛起之正當性，[793]實則在十七世紀下半葉，整個歐亞大陸由西向東連繫著四個巨大的政治單位，分別是鄂圖曼、薩法維、蒙兀兒和滿清，除了薩法維之外，其他都是此處鎖定之「帝國」個案。所以排除薩法維的理由，如前所述，除了其政權結構過於鬆散且宗教化之外，首先是根據本書定義，帝國指涉「在掌握一個以上文明軸心之特定地緣環境下的世界當中，擁有絕對不對稱之權力比例，同時可透過制度化途徑影響體系秩序之單一政治實體」，暫且不論以控制波斯高原為主之薩法維並未掌握任何「文明軸心」或如何「強大」，隨著歐亞西部世界「伊斯蘭化」，地緣格局變遷顯然讓薩法維具有某種邊陲性；其次，作為伊斯蘭世界一部分，即便不管鄂圖曼由於控制伊斯坦堡，致使其居於穆斯林領導者之象徵位置，在結束十世紀這個所謂「什葉派世紀」之後，[794]伴隨阿拔斯之打壓以及埃及法蒂瑪王朝在十二世紀告終，此一派系逐漸成為少數派（除了始終作為其大本營的波斯地區），結果是十六世紀的薩法維王朝在三個遜尼派政權（西邊的鄂圖曼、北方昰布哈拉汗國，往東則是蒙兀兒）包圍下，[795]形同處於某種半孤立狀態。

倘若將視野拉回帝國，與本書將阿契美尼德、孔雀、秦漢、羅馬等幾個最早個案稱為「古典帝國」（Classical Empire），聚焦它們如何創造帝國典範之經驗與內涵相比，鄂圖曼、蒙兀兒與滿清則或可稱之「晚期帝國」（Late Empire），除了作為迄今歷史之最後幾個帝國個案，與古典時期相比，其最關鍵差異無疑是絲路系統之明顯衰退。[796]如同前面提及，所謂絲路源自於游牧通道地帶由游牧民主導之交換行為，其後因為帝國經濟剩餘外溢刺激而逐漸「系統化」，也隨著帝國發展跌宕起伏，例如，以一至二世紀「秦漢—羅馬」時期奠定之結構基礎出發，[797]七至九世紀「隋唐—阿拔斯」時期再度提供另一高潮階段，十三世紀的蒙古人更一度讓系統朝向「制度化」發展；值得注意的是，儘管存在晚期帝國，絲路自十五世紀起仍陷入持續衰頹乃至部分斷絕之窘境，其背景表面上固然與失去蒙古此一管理者有關（或許還得加上傳染

---

793 Brendan Simme, *Europe: The Struggle for Supremacy, 1453 to the Present* (New York: Basic Books, 2013).

794 Karen Armstrong, *Islam: A Short History* (New York: The Modern Library, 2002), p.81.

795 布哈拉汗國（Khanate of Bukhara, 1501-1785）立國時間與薩法維幾乎同時，是個由烏茲別克人建立，主要控制中亞兩河流域（河中地區）之軍事封建國家，以遜尼派為國教。

796 Stephan Barisitz, *Central Asia and the Silk Road: Economic Rise and Decline over Several Millennia* (Cham: Springer, 2017); Lisa Blaydes and Christopher Paik, "Trade and Political Fragmentation on the Silk Roads: The Economic Effects of Historical Exchange between China and the Muslim East," *American Journal of Political Science*, 65:1(2021), pp.115-132.

797 Craig Benjemin, *Empires of Ancient Eurasia: The First Silk Road Era, 100BCE-250CE* (Cambridge: Cambridge University Press, 2018), pp.238-275.

病蔓延，造成人口銳減之複雜交互效應），氣候變數之影響亦不容忽視。

如同六世紀的古典晚期小冰河期刺激並深化民族遷徙動能，結果為絲路的第一個高峰劃上句點，起自九世紀之中世紀溫暖期與「隋唐－阿拔斯」時期堪稱相輔相成，從而帶來一波復興，至於另一波小冰河時期則或許是絲路最終近乎斷絕的禍首之一，其降臨時間各地並不一致，例如波斯高原早在十一至十二世紀便遭遇一波異常寒流，以致兩河流域發展遭受重創，[798]中世紀溫暖期結束與冰河期再臨讓歐洲在十四至十五世紀陷入一場「中世紀危機」（Crisis of the Middle Ages），[799]幾乎同時，十四到十六世紀歐亞東部由於寒冷帶來之普遍飢荒，不僅動搖了元朝統治，甚至拖垮了後繼者明朝。[800]根據迄今研究顯示，十五世紀各地火山同時進入活躍期，由於有效協助地面將陽光反射回去，導致全球氣溫明顯下降，最終帶來一段停滯、艱困且為求生存不斷殘酷競爭的歷史，[801]即便是「帝國潛在區」都難以倖免於氣候變遷引發之農民叛亂，作為絲路交通媒介之游牧通道面臨之衝擊亦可想而知。

除了氣候演化帶來的隱形關鍵變數，政治因素影響尤其重大。例如，歐亞東部的明朝自一三六八年建政起，便與塞北蒙古殘餘勢力長期對峙，一方面讓它積極建構之朝貢系統暗含某種「集體防禦」性質，甚至一五二四年還撤出位於位於天山南北路與河西走廊會合區的哈密衛，宣示「閉關絕貢，永不與通」，等同切斷與傳統絲路連結；[802]於此同時，自一四五三年攻陷君士坦丁堡後，鄂圖曼戮力「西進」與歐洲拉鋸直到一六九九年才結束，至於薩法維為求擺脫孤立，更不時針對鄂圖曼和蒙兀兒兩面開戰；可以這麼說，這一系列衝突與對峙之常態化當然影響貿易交流，甚至促使它們成為採取限制性交往政策之內向性帝國（inward empire）。

最後，由歐洲帶動之海洋貿易發展不啻是「最後一根稻草」。自秦漢時期以來，由於中國長期控制了歐亞東部長達一萬公里以上海岸線，隨著中國本部持續外溢其經濟剩餘，再加上海路相較傳統陸上絲路之安全性，以及掌握季風作為動力來源，不僅宋朝以來東亞海上貿易愈發

798 Richard W. Bulliet, *Cotton, Climate, and Camels in Early Islamic Iran: A Moment in World History* (New York: Columbia University Press, 2009), chapter 3.

799 Donald Sullivan, "The End of the Middle Ages: Decline, Crisis, or Transformation?" *The History Teacher*, 14:4(1981), pp.551-565; James L. Goldsmith, "The Crises of the Late Middle Ages: The Case of France," *French History*, 9:4(1994), pp.417-450; J. M. Bennett and C. W. Hollister, *Medieval Europe: A Short History* (New York: McGraw-Hill, 2006), p.326.

800 Guanghui Dong, et al, "Climate-driven Desertification and Its Implications for the Ancient Silk Road Trade," *Climate to the Past*, 17(2021), pp.1395-1407.

801 William Atwell, "Time, Money and the Weather: Ming China and the Great Depression of the Mid-Fifteenth Century," *Journal of Asia Studies*, 61:1(2002), pp.83-113.

802 陳曜，韓海梅，〈明代哈密危機與嘉峪關開閉之爭〉，《安徽史學》，第二期（二〇二一），頁三四至三九。

鼎盛，泉州成為當時第一大港，[803]在阿拉伯伊斯蘭世界積極投入與蒙古系統提供之制度性激勵下，西太平洋島鏈（island chain）內側海域已經跟印度洋連成一片廣袤之海上貿易圈；[804]進入十六世紀後，非但由葡萄牙發現之好望角航線讓這條海上絲路環繞了北極海之外的歐亞非「世界島」（World Island）外圍，西班牙開闢之橫渡太平洋航線更使東、西半球史上首度透過海路被連接起來，[805]尤其在充分瞭解全球季風系統並掌握西風帶特性，[806]甚至因為進一步結合了洋流系統，從而在奠定全球貿易體系基礎之餘，伴隨陸路陷入頓挫與不確定，致使由歐洲控制之海上交通，有機會彌補甚至取代存在超過一千五百年之傳統陸上絲路。

正是在前述情況下，相較古典時期以來帝國主要注視歐亞內部腹地，審慎處理與游牧群體關係，並以開放態度試圖介入陸上絲路系統對比，採取限制交往政策以致各「世界」之間連結度下降，且（被迫）傾向各自處理與海上歐洲貿易商之互動，不啻是晚期帝國的發展特徵之一。

內向性之絕對安全帝國　如同拙著《中華帝國》指出，[807]與第一與第二帝國時期相比，明朝表面上雖因為重新控制「中國本部」而滿足建構帝國的基本地理要件，蒙古系統遺留之世界擴張效應仍成為它在重建帝國時之最重要挑戰，非但位於塞北之蒙古始終是一大威脅，甚至一四四九年還導致皇帝被俘與京師保衛戰危機，[808]另方面，東亞海域之動態化也是個潛在問題，對此，至少著眼海外貿易的龐大利益，明太祖一度設置市舶提舉司來管理相關事宜，但在一三七〇年下達「海禁」政策後，除了明成祖推動「下西洋」暫時轉向積極對外，其後又數度重申禁令，[809]最終使其對外經濟互動只剩下單純的朝貢貿易而已。[810]推究明朝所以採取內向消極政策的原因，固然與缺乏防禦廣大海疆之必要技術與能力有關，由於政權奠基於農業社會經濟，根

803 Peining Li, "The Trade Patterns of the South China Sea during the Song Period," *Asian Archaeology,* 3(2020), pp.83-93.
804 Geoff Wade, "Chinese Engagement with the Indian Ocean during the Song, Yuan, and Ming Dynasties," in Michael Pearson, ed., *Trade, Circulation, and Flow in the Indian Ocean World* (New York: Palgrave Macmillan, 2015), pp.55-81.
805 David Christian, *Maps of Time: An Introduction to Big History* (Berkeley: University of California Press, 2004), p.381.
806 Philip Curtin, *Cross-Cultural Trade in World History* (Cambridge: Cambridge University Press, 1984), p.136.
807 蔡東杰，《中華帝國：傳統天下觀與當代世界秩序》（台北：暖暖書屋，二〇二四年），頁七一至七二。
808 參見《明史》，卷十，〈英宗本紀〉；《明史紀事本末》，卷二九，三二。
809 例如：一三七四年撤銷泉州、明州、廣州三個市舶司，一三八一年以防堵倭寇為由禁止瀕海人民私通諸國，一三九〇年再次發佈〈禁外藩交通令〉，一三九四年下令禁止民間買賣及使用舶來番香與番貨等，最後在一三九七年再次發佈命令禁止下海通番。
810 John K. Fairbank, "Tributary Trade and China's Relations with the West," *The Far Eastern Quarterly*, 1:2(1942), pp.129-149; Chen Shangsheng, "The Chinese Tributary System and Traditional International Order in East Asia during the Ming and Qing Dynasties from the Sixteenth to Nineteenth Century," *Journal of Chinese Humanities*, 5(2019), pp.171-199.

據「農商相剋」定律（商人傾向掠奪作為農民最重要資本財的土地），「重農抑商」既成為自秦漢以來中國無可避免的國策重心，[811]限制可能助長商業力量之海外貿易自然是理性選項。

由於存在某種朝貢體系樣貌，[812]明朝雖然看似符合「可透過制度化途徑影響體系秩序」之條件，畢竟與蒙古之對峙使其無法「擁有絕對不對稱權力比例」，由此既使其帝國身分存在疑慮，若此，對比從秦漢到隋唐帝國間隔約三百六十年，從隋唐到滿清建立帝國則耗費了七百四十年。可以這麼說，帝國重構間隙之拉長固然可歸因於前述地緣板塊變動帶來之效應，更重要的是，相較在第一與第二帝國時期，較高的安全係數導致所謂「中國中心觀」由狹義民族意識，轉而彰顯更廣泛之世界主義意涵，由於北方草原勢力在第二帝國崩解後的漫長過渡期當中，對舊帝國核心區（中原）呈現更強大的威脅壓力，甚至整個中國本部史無前例首度完全遭塞外民族（蒙古）控制，從而使排外族群意識再度提升，再加上無法成功壓制返回北方的蒙古勢力，東南沿海地帶又浮現新威脅來源（倭寇），在腹背受敵之下，明朝一方面擴大修築強化長城防禦網，[813]同時被迫藉由海禁政策選擇某種「閉關」戰略，內向性質相當明顯。

值得注意的是，自十五世紀中期之後，包括小冰河期來臨，以及伊斯蘭世界一分為三與鄂圖曼致力戰略西進等變數，都讓阿拉伯穆斯林與蒙古人在八到十三世紀接力引發之「世界擴張效應」頓時中止，至於歐洲人之遠洋探險雖在十六世紀後逐步地成功建立起一個全球性海洋聯繫系統，直到十八世紀末工業革命帶來新的爆炸性能量前，實則無力將此一新通道轉換成等同於絲路之地緣結構變數；正是在前述歐亞大陸再度裂解之背景下，滿清免於面對如同明朝一般的戰略兩難，順勢利用歐亞東部重新恢復相對孤立狀態契機，成功地重建了帝國架構。

滿清之崛起，同樣符合本書所稱邊緣動力學之途徑；其源起或為十三世紀遭到蒙古滅亡後，遷徙至松花江流域之女真（金朝）後裔，[814]大致分佈於長白山區，維持著混合狩獵和農耕之經濟型態，[815]最初隸屬於明朝於一四〇三年在此地區所設羈縻衛所（建州三衛）轄下，分成建州、海西與野人三部。一五八二年，原屬建州左衛管轄的努爾哈赤決定起兵謀求獨立，在一

---

811 Chao Ye, *A Theory and History of Rural–urban Governance in China* (Singapore: Springer, 2021), pp.107-163.

812 駱昭東，《朝貢貿易與仗劍經商：全球經濟視角下的明清外貿政策》（台北：台灣商務印書館，二〇一八年），頁三四至六四；岩井茂樹，《朝貢、海禁、互市：近世東亞五百年的跨國貿易真相》（台北：八旗文化，二〇二〇年），頁七八至七九。

813 明代長城共經過二十次大規模修建，全長八八五〇公里；迄今仍存敵台（塔樓式建築）七〇六二座，馬面（矩形墩台）三三五七座，烽火台五七二三座，關堡一一七六座。

814 清朝建國者最初自認女真後裔，入關後則自稱「滿州」，並由官方編纂《滿州源流考》自述歷史。

815 Jonathan D. Spence, *The Search for Modern China* (New York: W.W. Norton, 1990), pp.26-27.

五八七年整合建州部女真後，[816]陸續向朝鮮、其他女真部族與漠南蒙古勢力展開擴張，在一六一六年透過「八旗」此一軍事化部落機制為基礎，以「大金」為名正式建政，兩年後公開宣誓對抗明朝，一六三六年又改國號為「大清」，最後在一六四四年終於利用明朝內部動盪契機，跨越長城攻入北京。[817]接著，在一六八一年結束三藩之亂，藉此終於控制中國本部之後，歷經三任皇帝，清朝進一步在一七五八年擊敗最後一個草原大國準噶爾，[818]將天山南北路都納入版圖並稱之「新疆」，從而確認其對於中央歐亞之影響力。[819]

進言之，成功重建帝國的滿清雖然是繼蒙古之後，第二個完全控制中國本部的塞外族群，相較前者立基於對歐亞大草原以及絲路通道之管理與控制，一開始便鎖定「問鼎中原」的滿洲則將重心徹底移入中國本部，且採取較寬容之種族政策，除了與蒙古貴族之間頻繁通婚，[820]即便「首崇滿州」，官方依舊宣稱「天下一統，滿漢自無分別」，極盡籠絡之意，不僅歷代皇帝都帶頭強調漢化，在貴族教育中特別重視儒家經典，「雙元政治」（京堂俱一滿一漢）之平行設計亦讓漢人得以分享相當程度的政治權力。從清末面對新一波外來壓力經驗可見，相較元朝末年樹倒猢猻散，高舉「扶清滅洋」之民粹主義浪潮一度甚囂塵上，甚至在面對以漢人為主體的太平天國挑戰時，清廷反倒成為衛道重鎮所在。[821]

在努力維持種族和諧之餘，清朝之地方管理以沿襲明朝為原則，在保留原先十五個行省的基礎上，將三個較大單位（直隸、江南、陝西）一分為二，從而建立「漢地十八省」格局；至於中國本部以外事務，則利用入關以前便存在的「理藩院」機制，負責處理與周邊藩屬附庸之間的關係，同時靈活運用因地制宜措施，例如，利用頻繁貴族通婚與特殊之「盟旗」制度來拉攏並管理蒙古事務，[822]透過「崇其教但抑其政」的政教分離手段並設法影響「忽畢勒罕」（靈

---

816 Gertraude Roth Li, "State Building before 1644," in Willard J. Peterson, ed., *Cambridge History of China, Vol. 9*, Part 1: *The Ch'ing Dynasty to 1800* (Cambridge: Cambridge University Press, 2002), pp.27-29.

817 William Rowe, *China's Last Empire: The Great Qing* (Cambridge, Mass: Harvard University Press, 2009), p.292.

818 Christopher Beckwith, *Empires of the Silk Road: A History of Central Eurasia from the Bronze Age to the Present* (Princeton: Princeton University Press, 2009), pp.233-236.

819 Peter C. Perdue, *China Marches West: The Qing Conquest of Central Eurasia* (Cambridge, Mass: Harvard University Press, 2005), Part Two.

820 Evelyn S. Rawski, "Ch' ing Imperial Marriage and Problems of Rulership," in Rubie Watson and Patricia Ebrey, eds., *Marriage and Inequality in Chinese Society* (Berkeley: University of California Press, 1991), p.175.

821 Stephen R. Platt, *Autumn in the Heavenly Kingdom: China, the West, and the Epic Story of the Taiping Civil War* (New York: Vintage Books, 2012), chapter 6.

822 自一六二四年後金時期起，滿人便將歸附蒙古部眾按八旗組織進行編制，一七七一年後正式納入盟旗體制；所謂「旗」為軍政合一單位，長官稱札薩克，然後合數旗為一「盟」，設正副盟長各一人。

童轉世）過程來控制西藏地區，[823]以及將西北與西南世襲貴族（在新疆稱「伯克」，在雲南稱「土司」）改為簡放官（改土歸流）以強化中央管制權力等。

必須指出，由於征服或成功管理控制中國本部及其周邊地區，在幾乎消弭外患隱憂之餘，清朝乃成為歷史上（對比秦漢和隋唐時期）唯一享有絕對安全環境之歐亞東部帝國，甚至包括長期作為緩衝區的西域（新疆）和西藏都首次被納入管理，儘管如此，從它決定消極延續明代朝貢制度，以及一七五九年採取單口通商之「廣州制度」（Canton System），[824]以致被認定傾向「閉關」政策看來（儘管此種認定實屬誤解），顯然亦具備晚期帝國之「內向性」特徵。

西方眼中的中華帝國　前文已然提及，目前所用的empire一詞意指「無遠弗屆之有效統治」，源自拉丁文中用以描述羅馬權力的imperium，傳統漢語中本無「帝國」這個詞彙，乃近代為了翻譯西方相關概念，結合中國原有皇帝制度產生的新說法，最早可見於一八五〇年梁廷枏所撰《夷氛聞記》書中，其後則因嚴復譯介而逐漸普及化。進一步來說，第一個使用「中華帝國」（China Empire）者，乃是由葡萄牙傳教士曾德昭（Alvaro Semedo）寫作，在一六四二年以西班牙文在馬德里出版的《中華帝國以及其耶穌會士的傳教文化》（*Imperio de la China i cultura evangelica enel por los religios de la Compaia de Iesus*），[825]書中對中國政治與社會情況之記敘堪稱詳實，翌年的義大利文版本將書名改成《中國偉大王國志》（*Relatione della grande monarchia della Cina*），一六四五年的法文版又稱《中華大王國全史》（*Histoire universelle du grand royaume de la Chine*），一六五五年的英文版*The History of That Great and Renowned Monarchy of China*則和義大利版本差不多；很顯然，各國未必同意以「帝國」來指稱中國，曾德昭雖然稱呼中國領導人為「皇帝」，除了書名之外，通篇原文只用了一次「帝國」，其餘多半以「王國」（reyno）或「王朝」（monarquia）來指稱中國政權。又如，比本書更早在一五八五年由西班牙傳教士門多薩（Juan González de Mendoza）出版的《偉大的中

823 Hannah Nancy Lee, "Qing Dynasty Religious Manipulation of Tibet," East Asian Studies Honors Papers, No.5 (2023), https://digitalcommons.ursinus.edu/eastasia_hon/5

824 John K. Fairbank and Ssu-Yu Teng, "On the Ch' ing Tributary System," *Harvard Journal of Asiatic Studies*, 6:2(1941), pp.135-246.

825 參見：何高濟譯，《大中國志》（台北：台灣古籍出版公司，二〇〇三年）。

華王國歷史實錄》（*Historia de las cosas más notables, ritos y costumbres del gran reyno de la China*），[826]同樣只將中國視為只是個「王國」單位。

相較前述以明朝為對象之描述作品，針對滿清入關之後的中國記錄，最早一本乃是由義大利耶穌會士衛匡國（Martino Martini）以拉丁文撰寫，並於一六五四年出版的《韃靼戰紀》（*De Bello Tartarica Historia*），在這本被翻譯為十餘國文字的暢銷書中，衛匡國將中國與其長期敵人韃靼（蠻族）之間的關係追溯至宋朝，並直接以「帝國」一詞指稱中國；儘管衛匡國混用了「皇帝」（emperor）和「國王」（king）來稱呼統治者，但清楚說明在一六四四年被韃靼（滿州）征服的就是中華帝國，在一六五八年出版的另一本中國史著作中，[827]副標題也使用「中華帝國」（Sinarum Imperio）。至於一六九六年葡萄牙傳教士蘇霖（Joseph Suarez）在《中華帝國的上帝法律自由》（*La libertad de la Ley de Dios en el Imperio de la China*）書名也同樣直接使用了「帝國」。

事實上，直到整個十八世紀，如何看待中國仍無定論，其原因或許是imperium在歐洲語意傳統中具有「單一性質」（the One）涵義之故，儘管它已經從羅馬時期聚焦「權力」現實，轉而在後羅馬時期（不包括拜占庭）用以表示最高「正當性」來源。[828]無論如何，情況自十九世紀產生變化，[829]尤其拿破崙在一八〇四年稱帝與兩年後解散神聖羅馬帝國，既撼動了傳統正當性理論，一八七〇年代起流行之帝國主義（imperialism）議論，更讓「帝國」一詞之日常運用更加浮濫，此後，不管政治口號抑或學術研究，相關稱呼之定義不再嚴謹，包括中國在內之全球各地眾多政治單位都被稱之帝國，致使從「帝國」角度研究中國歷史之作品迄今已如過江之鯽，由此一個案，也見證了某種概念內涵的演進過程。

826 參見：何高濟譯，《中華大帝國史》（北京：中華書局，一九九八年）；該書大量取材自葡萄牙道明會傳教士克魯茲（Gaspar da Cruz, 1520-70）一五六九年出版的《中國概說》（*Tratado das Coisas da China*），後者也是歐洲出版第一部專門講述中國的書籍。

827 參見：瞿姍姍譯，《中國歷史：從上古到公元元年》（杭州：浙江大學出版社，二〇二四年）。

828 Stefan Esders, "In the Shadow of the Roman Empire: Layers of Legitimacy and Strategies of Legitimization in the Regna of the Early Medieval West," in Walter Pohl and Veronika Wieser, eds., *Emerging Powers in Eurasian Comparison, 200-1100* (Leiden: Brill, 2023), pp.111-133.

829 Mieke van der Linden, *The Acquisition of Africa* (1870-1914): *The Nature of International Law* (Leiden: Brill Nijhoff, 2017), chapter 3.

卷三

帝國未來

The Future of Empire

霸權之現實

Dialiectics of Hegemony

帝國之再辯證及其質變　本書嘗試以極簡扼要方式，從農業革命引發之人類社會演進及其政治效應出發，聚焦環繞著若干關鍵文明軸心之廣域生活圈，將歐亞大陸區分為幾個相互鄰接但基本上各自發展之「世界」，然後，針對曾經存在之五個帝國系列（波斯、印度、中國、地中海、伊斯蘭）共十四個歷史案例以及三個游牧半帝國（匈奴、突厥、蒙古）個案，各自陳述並歸納整理其歷史脈絡與建構秩序之途徑；據此，作為第一個「古典帝國」波斯之肇建者，居魯士堪稱是人類政治史的「始皇帝」，至於被迫退位黯然離開伊斯坦堡，最終死於義大利聖雷莫流亡途中的穆罕默德六世（Mehmed VI）則不啻是「末代皇帝」，[830]總計自西元前五五〇年波斯立國至一九二二年鄂圖曼廢除君主制為止，整段帝國史長達近兩千五百年。

不過，相較釐清帝國史來龍去脈，此處更希望聚焦人類社會的秩序問題，以及帝國在形塑或浮現某種階段性「普遍秩序」（universal order）之歷史進程中，可能或曾經發揮之影響及其扮演的功能角色。

不容否認，人類社會生活之特殊性在於，戰爭行為乃是地球表面生態環境中最大規模且常態化之同類相殘（cannibalism）；事實上，同類相食是動物王國中常見的生態相互作用，並不罕見，科學家們迄今已記錄超過一千五百個物種存在類似行為，[831]但在人類世界當中，比起相食更加嚴重的是伴隨戰爭而至的殺戮，[832]有時它帶來的生命財產損失遠高於戰鬥過程本身。更甚者，根據一份研究顯示，自西元前三二〇〇年迄今約五千年間，世界上共發生約一萬四千五百次戰爭，平均每年二點六次，總計奪去約三十六億人生命，相對地，無戰爭期間加起來僅有短短兩百九十二年，[833]看來令人怵目驚心，由此一方面讓對抗（confrotation）與競爭（competition）似乎難以避免，至於如何追尋並想像某種靜謐性的秩序，也成為世界各地思想者致力之處。

830 John Freely, *Istanbul: The Imperial City* (London: Penguin Books, 1998), p.296.

831 Gary A. Polis, "The Evolution and Dynamics of Intraspecific Predation," *Annual Review of Ecology and Systematics*, 12(1981), pp.225-251.

832 Bruno Boulestin and Anne-Sophie Coupey, *Cannibalism in the Linear Pottery Culture: The Human Remains from Herxheim* (Oxford: Archaeopress, 2015), p.120; Christian Siefkes, *Edible People: The Historical Consumption of Slaves and Foreigners and the Cannibalistic Trade in Human Flesh* (New York: Berghahn, 2022), p.15.

833 Berto Jongman and Hans van der Dennen, "The Great 'War Figures' Hoax: An Investigation in Polemomythology," *Bulletin of Peace Proposals*, 19:2(1988), pp.197-203; Gary Alan Fine and Barry O' Neill, "Policy Legends and Folklists: Traditional Beliefs in the Public Sphere," *The Journal of American Folklore*, 123:488(2010), pp.150-178.

人們想像中的理想秩序包括兩個部分，亦即質化層面的繁榮（相對較高之文明發展程度）以及量化層面的和平（在一定時期內維持著低度戰爭頻率）；尤其是前者，因為倘若只強調後者，只要僻居偏遠之地（桃花源）便不難達成，但這顯然違反人類社會本性且目標過於消極；不過，若同時希望追求繁榮，難免要處於人群密集是非之地，且由於無法迴避競爭以致勢必得持續面對安全困境。

解決前述難題的辦法，在邏輯上很簡單，就是創造某種明顯的權力不對稱；[834]正如達爾文（John Darwin）指出的，人類社會的自然傾向之一乃是「大規模積聚權力以建造帝國，……將不同民族結合成由一人統治的帝國，始終是人類歷史上大部分時期政治組織發展的自然模式，換言之，帝國乃必經道路」，[835]摩里士（Ian Morris）也認為，「從長遠來看，幾個世紀以來的征服戰爭確實具有明顯的建設性，它們創造出更大的帝國，並為人們帶來更安全富裕的生活」。[836]雷克（David Lake）同樣強調，國際階層（international hierarchy）乃是對無政府狀態困境的一個有效替代方案，他嘗試從某種所謂「關係型權威概念」（relational conception of authority）切入，據此描繪出某種仰賴社會契約的統治權，其中，主導者向臣服者提供一套價值性政治秩序，相對地，臣服者則承認主導者的正當性並遵守其規範，從而一定程度上維持秩序的存在；[837]雖然他對帝國著墨不多，甚至更多關注美國的領導地位，前述詮釋仍具有相當啟發意義。

無論如何，階層的存在必須以權力不對稱作為基礎，價值之說服力亦必然與不對稱程度呈現正相關，在人類歷史當中，「帝國」無疑是最顯著之實踐案例。至於一個政治單位是否可稱之帝國，本書認為必須具備以下幾個前提：（一）控制至少一個或以上之特定文明軸心地區，（二）藉由對外擴張具備廣土眾民特徵，（三）在傳統世界範疇內，相較其他政治單位擁有絕對權力優勢，且可免於其他世界力量干預，（四）具有集權特徵之政治運作，（五）傾向以寬容原則處理內部社會差異，（六）存續期間提供一定程度之文明增長。當然，如同汗牛充棟之帝國研究成果，前述定義未必能獲致共識，至少個人努力藉此貫穿全書分析來回應「秩序」此一討論主題，據此，一旦滿足前述要件，帝國的存在將帶來一段相對穩定之秩序；不過，或許

834 Einat Vadai and Galia Press-Barnathan, "The Making of Balance-of-Power: Power Asymmetry, Domestic Politics, and the Making of Balancing Practices," *Journal of Global Security Studies*, 8:4(2023), p. ogad022.

835 John Darwin, *After Tamerlane: The Rise and Fall of Global Empires, 1400-2000* (New York: Bloomsbury Press, 2008), chapter 1.

836 Ian Morris, *War! What is it Good for? Conflict and the Progress of Civilization from Primates to Robots* (New York: Farrar, Straus and Giroux, 2014), p.114.

837 David Lake, *Hierarchy in International Relations* (Ithaca: Cornell University Press, 2009), pp.185, 2.

因為邊際效益遞減之故，往往在帝國影響力發散接近頂點之際，被積聚的大量權力往往由於受到濫用而造成極端的反效果，從而在深化內部相對剝奪之餘，埋下其最終瓦解伏筆。本書個案事實指出，帝國存續時間平均約兩百至四百年左右，若扣除草創初期與伴隨衰落而來之影響力下滑階段，真正能夠提供「秩序」此一公共財的時間至多僅一百至一百五十年之間。

下一個問題是，如果將鄂圖曼視為「晚期帝國」終點，那麼未來呢？其後是否存在類似嘗試？或者是否可能於人類社會中再度出現帝國？

達爾文認為，歐洲人在十九世紀所建造（或自稱）的「帝國」與過去例證對比，明顯存在著某種本質差異，亦即「相較傳統帝國主要在積聚人民與土地，歐洲帝國主義的最大特色則是徵用與剝奪」。[838]進言之，與晚期帝國們最終時光重疊之歐洲擴張，一般被稱之所謂「帝國主義」（imperialism）浪潮，此種說法大致在一八七〇年代後成為某種專有名詞，且如同霍布森（John Hobson）在一九〇二年《帝國主義》書中指出，「即便為求方便而將一八七〇年視為帝國主義開端，……這項運動仍到了一八八四年才臻於巔峰」，[839]此處暗示者顯然是當年為瓜分非洲召開的柏林會議，自此，歐洲逐漸「統治了全球，自視一個享受著比其他政治共同體人們更優越權利之獨特的俱樂部」，[840]並且慣於從俯瞰角度注視著他們以外的世界。

與傳統帝國主要著眼追求絕對安全和滿足政治威望相較，經濟因素顯然更是這波歐洲擴張重點所在，不僅霍布森特別指出「帝國主義之經濟寄生性」（economic parasites of imperialism）特徵，美國歷史學家亞當斯（Brooks Adams）在一八九六年《文明與衰敗的法則》與一九〇二年《新帝國》兩本書中，也不斷從反向論點質疑經濟過度擴張對人類社會之威脅，[841]至於列寧（Vladimir Lenin）在一九一七年出版之《帝國主義是資本主義的最高階段》，再度回應霍布森「財富分配不均導致過剩資本，至於為過剩資本尋求投資機會又形成帝國主義」的說法，一方面將一八八四至一九〇〇年視為歐洲加速對外擴張時期，接著認定，壟斷性資本主義的發展與歐洲全球帝國主義政策之間具有明顯因果關係，[842]其主要特徵乃是新興金融資本家取代了傳統貴族，成為這一連串擴張政策之最大獲益群體。

838 John Darwin, *After Tamerlane: The Rise and Fall of Global Empires*, chapter 1.
839 John Hobson, *Imperialism: A Study* (New York: James Pott & Co., 1902), p.19.
840 Hedley Bull and Adam Watson, *The Expansion of International Society* (Oxford: Oxford University Press, 1982), p.425.
841 Brooks Adams, *The Law of Civilization and Decay: An Essay on History* (New York: Macmillan, 1896); The New Empire (New York: Macmillan, 1902).
842 列寧，《帝國主義是資本主義的最高階段》（北京：人民出版社，二〇〇一年），頁六六至七〇。

當代世界特性與和平困境　無論如何，十九世紀的「歐洲崛起」（Europe Rise）絕對是近代國際關係發展最重大變數。從某個角度看來，蒙古帶來之知識擴張效應，在打通歐亞通道之餘，不啻大大延展了歐洲的地緣視野；例如，相較十二到十三世紀絕大部分歐洲出版的「世界」地圖都將耶路撒冷置於歐亞非三洲交會的地理中央，[843]多少染上傳說色彩的《馬可波羅遊記》之問世顯然帶來了某種震撼，本書在一二九八年的第一份抄本原名為《世界各區域》（*Le Divisement du monde*），目的在提供多元文化、地理知識與商業貿易指引，且不論其個人自述行跡之真實性，書中豐富訊息確為後來激勵歐洲自我啟蒙與推動地理發現提供了重要基石。一方面，歐洲後來發展明顯更加重視經濟剝削而非政治控制，若將其擴張追溯回起自十六世紀之海外探險與建立殖民地，不僅他們更常扮演其他世界秩序的挑戰者與破壞者，其本身亦似乎傾向某種「非正式帝國」（informal empire）；[844]進言之，由於政策核心並非建立同時關注秩序創建之帝國，與其稱之「帝國主義」，還不如純粹聚焦其擴張、殖民與經濟掠奪等政策現實。

除了「重視經濟高於政治」以及「強調競爭甚於建構秩序」之動能差異，對比傳統帝國發展，歐洲擴張衍生之另一特徵在於征服成本大大提高，其背景早於海外擴張並源自伴隨封建解體而來的兼併戰爭，關鍵在於火藥之改良與普遍戰場運用。一般認為，歐洲首次使用黑火藥約於一二六七年，運用槍砲工具則在一三二六年左右，[845]或者依照李約瑟（Joseph Needham）見解，歐洲最早使用火繩槍是在一四一一年，[846]大致可確定的是，十五世紀乃歐洲邁向熱兵器時代的轉捩點。火藥的出現不僅明顯增加了破壞力，且讓戰爭愈發具備「資本密集」特徵，由於愈富有的君主將因為可以建置更強大火力裝備以致擁有更高兼併機會，據此引發之重商主義（mercantilism）浪潮，[847]為後續歐洲乃至全球發展帶來了四個影響，分別是：火藥帝國、工業革命、世界擴張與民族主義。

---

843 Evelyn Edison, *Mapping Time and Space: How Medieval Mapmakers Viewed Their World* (London: The British Library, 1997).

844 John Gallagher and Ronald Robinson, "The Imperialism of Free Trade," *Economic History Review*, 6:1(1953), pp.1-15; and the term "informal empire" actally originated from Charles R. Fay, *Cambridge History of the British Empire* (Cambridge: Cambridge University Press, 1940), pp. II, 399.

845 Max Boot, *War Made New: Technology, Warfare, and the Course of History: 1500 to Today* (New York: Gotham Books, 2006), pp.22-23.

846 Joseph Needham, *Science and Civilization in China, Vol.VI, Part 1: Botany* (Cambridge: Cambridge University Press, 1986), p.443.

847 John J. McCusker, *Mercantilism and the Economic History of the Early Modern Atlantic World* (Cambridge: Cambridge University Press, 2001); Lars G. Magnusson, "Mercantilism," in Warren Samuels, Jeff E. Biddle and John Davis, eds., *A Companion to the History of Economic Thought* (Malden: John Wiley & Sons, 2008), p.47.

嚴格來說，所謂「火藥帝國」並非單指歐洲之獨有現象，[848]而是蒙古擴張帶來之普遍效應，例如在歐亞東部，明朝在洪武年間便設置軍器與兵仗二局，承造火器為其工作之一，永樂年間更創建了第一支獨立火器部隊「神機營」，至於在伊斯蘭世界，無論鄂圖曼、薩法維或蒙兀兒都具備明顯火器能力，從某個角度視之，火藥時代乃十五至十七世紀之全球性現象。其差別表面上如同阿諾德（Thomas Arnold）所稱，相較其他地區在採用火器之餘，基本戰爭思維與傳統相較並無不同，歐洲則因火器而轉變了想法，[849]帕克（Geoffray Parker）則嘗試從「軍事革命」視野指出，包括持續槍砲改革、演練方式演進，以及利用火炮強化船艦與堡壘防禦等，都讓歐洲「得以在一七七五年時便能以相對人數較少的軍隊，征服全世界三分之一陸地並稱霸海上」，[850]但究其現實，或許缺乏帝國提供之安全係數，加上深陷「兩百年戰爭」壓力，[851]乃歐洲「做了過河卒子，只能拚命向前」，因此致力軍事革命道路之動力來源。

更關鍵的是，在海外殖民掠奪提供之大量資本、文藝復興以來科學革命運動，以及戰爭壓力引發之技術突破共同帶動下，歐洲在十八世紀末葉迎來一波「工業革命」，其結果首先反饋火藥之運用，並在大幅提高殺傷力之際，繼續推高征服與擴張成本；於此同時，科技飛躍成長明顯提升歐洲投射能力並帶來一波全球化（globalization）浪潮，從而在蒙古勢力消退後，再度引發第四次世界擴張效應。很明顯，世界範圍擴張同樣會增加征服成本，並使得重建帝國愈發困難。

值得注意的是，在競爭壓力之下，猶如過去帝國間歇期，排外式民族主義（exclusive nationalism）再度凌駕普遍性世界主義之上；伊薩克（Howard Isaacs）曾指出，「我們正目睹由無數個別群體進行的一場史無前例之全面性搶人大戰，大家都深信這種把人們串聯聚集起來的動作，可以改善、確保或擴張族群的力量與地盤，並使自己所屬群體免於其他力量之威脅或敵對」，[852]此種主觀認定之群體甚至經常賦予自身從事征服並控制其他民族權利之非理性權利。[853]且因為軍事革命帶來之殺傷力及其肉眼可見之震撼，無論汲汲擴張抑或僅為了奮力求生，由此

848 William H. McNeill, *Age of Gunpowder Empires, 1450-1800* (Washington, D.C.: American Historical Association, 1989); Douglas E. Streusand, *Islamic Gunpowder Empires* (Boulder: Westview Press, 2011); Marshall G. S. Hodgson, *The Venture of Islam, Vol.III: The Gunpower Empires and Modern Times* (Chicago: University of Chicago Press, 1977).

849 Thomas Arnold, "War in Sisteenth-Century Europe: Revolution and Renaissance," in Jeremy Black, ed., *European Warfare,* 1453-1815 (New York: Palgrave Macmillan, 1999), pp.23-44.

850 Geoffray Parker, "The Limits to Revolution in Military Affairs: Maurice of Nassau, the Battle of Nieuwpoot, and the Legacy," *Journal of Military History*, 71:2(2007), pp.269-300.

851 蔡東杰，《瘋狂的年代：世界大戰源起與全球秩序未來》（台北：暖暖書屋，二〇二一年），第二章。

852 Harold Isaacs, *Idols of the Tribe: Group Identity and Political Change* (Cambridge, MA.: Harvard University Press, 1989), p.1.

853 Andrew Heywood, *Global Politics* (London: Palgrave Macmillan, 2014), pp.170-171.

帶來之某種「現代戰爭狂熱綜合症候群」（modern war-mania syndrome），或至少愈來愈趨向零和競賽式對抗，不僅增添了征服行動之有形成本，更因為被征服者難以消除之心理抵抗效應，讓透過價值說服建立新的靜態秩序基礎面對更加艱鉅的挑戰。

霸權及其典範轉移　歐洲崛起之後續效應，除了大幅提高重建帝國之征服成本，相較所謂宗主權（suzerainty）概念所指涉傳統世界結構中的階層性特徵，同樣源自歐洲的現代民族主義，則根據主權（sovereignty）原則，創造出民族國家（nation-state）以及一個更扁平化的世界；[854]在舊環境中所形塑出來的「帝國」單位，基本上沒有明確之邊界設定，除了居於整個體系之軸心位置，同時依其聲稱之普遍正當性，與被統治者和體系邊緣附庸維持著等級制的互動，[855]相比之下，由擁有明確邊界之民族國家單位組成的主權體系，無論國內政府與人民關係抑或國家之間都更強調「平等」原則。

研究顯示，伴隨民族國家崛起成為一個新的國際行為單位，戰爭頻率似乎有升高趨勢，[856]從而使國際環境愈發動態化，但因為權力（power）分配不均及其作用之故，雖然國際結構在法理層面朝向扁平化發展，在日常實踐上，階層性特徵依舊存在於大國和中小國家之間。[857]進言之，在晚期帝國終結與民族國家崛起帶來的新結構當中，即便迄今尚未出現任何新的帝國單位，顯然某些國家看似擁有接近或類似帝國之影響力，它們一般被稱為超強（superpower）或霸權（hegemony）；福克斯（W.T.R. Fox）在一九四四年首先使用了前一名詞，用以形容英國、美國和蘇聯這三個國家，[858]但因此種普遍用語屬於比較概念，定義並不明確，此處將集中討論另一名詞：霸權。

顧名思義，首先，無論超強或霸權所擁有權力及國際位階，都高於一般大國（major power），其次，所謂「霸權」之概念實際上堪稱淵遠流長，例如，西元前五世紀希臘史家希羅多德（Herodotus）便使用hegemonia來指稱一個以依賴或自願為基礎之共同軍事同盟中的領導國家

854 Yuan-Yi Zhu, "Suzerainty, Semi-Sovereignty, and International Legal Hierarchies on China's Borderlands," *Asian Journal of International Law*, 10:2(2020), pp.293-320.

855 Jane Burbank and Frederick Cooper, *Empires in World History: Power and the Politics of Difference* (Princeton: Princeton University Press, 2010), pp.8-17.

856 Andreas Wimmer, *Waves of War: Nationalism, State Formation, and Ethnic Exclusion in the Modern World* (Cambridge: Cambridge University Press, 2013), pp.22-25.

857 Evelyn Goh, "Hierarchy and the Role of the United States in the East Asian Security Order," *International Relations of the Asia-Pacific*, 8:3(2008), pp.353-377.

858 W.T.R. Fox, *The Super Powers: The United States, Britain and the Soviet Union-Their Responsibility for Peace* (New York: harcourt Brace, 1944).

（斯巴達），值得注意的是，前述領導權具有特定委任之性質（戰場指揮工作），並非普遍性授權。[859]隨著希臘時代結束與羅馬帝國繼之崛起，此一名詞跟著消失，直到十九世紀才重新出現於歐洲語境，例如在一八四八年革命風潮中，希望普魯士發揮「霸權」來領導日耳曼整合的支持者等。

進入二十世紀，繼英國外交官克洛威（Eyre Crowe）在一九〇七年所提交〈近期英國與法、德關係備忘錄〉中，指出德國「似乎有意識想先在歐洲建立霸權，然後擴及全世界」後，[860]義大利共產主義者葛蘭西（Antonio Gramsci）短暫地在一九三〇年代《獄中札記》（*Quaderni del carcere*）書中，借用霸權概念來描述思想文化受到上層結構支配導致之階級鬥爭困境，德國法學家特里佩爾（Heinrich Triepel）則在一八三八年的《霸權：論主要國家》書中，[861]藉由整理歸納數千年來東西方歷史，將「霸權」視為介乎支配性（帝國）與影響力（一般強權）之間的國際關係現象，除了以同意為基礎，他也強調霸權擁有之「文化領導地位」；至於在英美兩國於一九四一年簽署《大西洋憲章》之後，邱吉爾密友艾登（Anthony Eden）公開宣稱，「此一憲章向世界保證，將會排除所有想建立霸權或地區領導地位的想法」。[862]

第二次世界大戰結束後，卡爾（E.H. Carr）在一九四五年再版的《二十年危機》中明白指出，「在任何政治秩序中，權力都是不可或缺的組成部分，從過往歷史看來，向世界社會邁進之所有途徑都伴隨著大國崛起，……國際秩序的運作原則往往由一個強大的國家所創造」，而且「所有理論都承認強者有權佔據世界的領導地位」。[863]接著，摩根索（Hans J. Morgenthau）在一九四八年《國家間的政治》書中專章討論了帝國主義，一方面稱其為「旨在推翻現狀的政策」，指出其目標乃是在戰爭中獲勝，以藉此建立在大陸範圍內的帝國或霸權或取得區域優勢，且「美國對西半球的外交政策，本質也是一種混合型帝國主義」，[864]有趣的是，他在一九六〇年轉而支持華府「推動自由與平等的志業」，聲稱反對帝國主義自始至終都是美國外交政策核心，[865]不過，一九六九年他又認定美國之「最根本利益」乃是維護它在西半球「無可匹敵霸

---

859 Perry Anderson, *The H-Word: The Peripeteia of Hegemony* (London: Verso, 2017), pp.1-4.

960 J.S. Dunn, *The Crowe Memorandum: Sir Eyre Crowe and Foreign Office Perceptions of Germany*, 1918-1925 (Newcastle: Cambridge Scholars Publishing, 2013), pp.220-228.

861 Heinrich Triepel, *Die Hegemonie: Ein Buch von führenden Staaten* (Stuttgart: W. Kohlhammer, 1938).

862 Perry Anderson, *The H-Word: The Peripeteia of Hegemony,* pp.25-31.

863 E.H. Carr, *The Twenty Years' Crisis, 1919-1939: An Introduction to the Study of International Relations* (New York: Palgrave, 1964), pp.231, 233.

864 Hans J. Morgenthau, Kenneth Thompson and David Clinton, *Politics among Nations: The Struggle for Power and Peace* (New York: McGraw-Hill, 2005), pp.64-74.

865 Hans J. Morgenthau, *The Purpose of American Politics* (New York: Alfred A. Knopf, 1960), p.192.

權勢力」這個獨一無二的地位，[866]概念之混亂令人瞠目結舌。

弔詭的是，當代對於「霸權」的真正學術研究起點，乃是在美國領導地位首度遭到質疑之際；由於面對越戰泥沼與經濟衰退壓力，華府首先在一九六八年廢除金本位儲備制度，接著在一九七一年停止美元兌黃金固定匯率，其後，伴隨美國與北越在一九七三年簽署《巴黎和平協定》準備撤離，美元大幅貶值帶來各主要貨幣之全面浮動化，終於讓運行二十餘年之布萊頓森林體系劃上句點，至於同年爆發的第一次石油危機，更讓頓挫中的美國雪上加霜。就在此時，金德柏格（Charles Kindleberger）出版《大蕭條中的世界》，聚焦回溯一九二九至三九年的經濟恐慌，認為當時衰退之根本原因乃是英國不再能夠而美國又不願承擔起穩定世界經濟任務的結果，[867]並指出尼克森政府放任美元與黃金脫鉤，無異使美國與霸權地位漸行漸遠，至於他在一九九六年出版的《世界經濟領導性》再次透過歷史案例比較，[868]闡釋主要國家提供公共財（public good）與霸權更迭之間的邏輯互動。

對於前述論點，基歐漢（Robert Keohane）並不完全同意，他雖然在一九八〇年創造了「霸權穩定論」這個概念名詞，但認為「一個強有力之國際經濟體系，必然需要由某個霸權加以支撐」的說法未必正確，因為根據經驗顯示，「霸權的存在對秩序而言既非必要，也絕不是充分條件」，接著在一九八四年《霸權之後》書中進一步強調，由於國際關係再也不是爭奪優勢地位之零和競賽，而是由經濟交換主導之正和體系，即便（美國）能量再大，也必須接受共同合作方能受益。[869]無論如何，金德格柏與基歐漢的觀察焦點都是經濟議題，只不過前者重視一個由人為驅動維繫的國際結構，後者則重視更具潛在自主性之國際制度，兩人對政治都著墨不多。

回到政治層面，多倫（Charles Doran）曾經嘗試將帝國與霸權作一對比，認為兩者主要區別在於如何對待臣服者，前者習慣採取直接正式途徑，後者則傾向非正式且間接的手段，但武裝力量與軍事擴張都是必要條件。[870]華勒斯坦（Immanuel Wallerstain）首先指出某種「權力

866 Hans J. Morgenthau, *A New Foreign Policy for the United States* (New York: Frederick A. Praeger, 1969), p.156.

867 Charles Kindleberger, *The World in Depression: 1929-1939* (Berkeley: University of California Press, 1973).

868 Charles Kindleberger, *World Economic Primacy: 1500-1990* (Oxford: Oxford University Press, 1996).

869 Robert Keohane, "The Theory of Hegemonic Stability and Changes in International Economic Regimes, 1967-1977," in Ole Holsti, Randolph Siverson and Alexeander George, eds. *Change in the International System* (Boulder: Westview, 1980), pp.131-162; *After Hegemony: Cooperation and Discord in World Political Economy* (Princeton: Princeton University Press, 1984).

870 Charles Doran, *The Politics of Assimilation: Hegemony and Its Aftermath* (Baltimore: The Johns Hopkins University Press, 1971), pp.202-203.

絕對不均衡」的現象，接著關注擁有如此不對稱權力的行為者（霸權）如何在政治、經濟、軍事、外交乃至文化等全方位領域，將其規則與意願強加在其他國家身上。[871]戈德斯坦（Joshua Goldstein）則將霸權定義為「能夠發出命令，甚至控制國際政治與經濟關係中規則和安排」的力量，「經濟霸權意味它處於世界經濟核心，政治霸權則暗示它可透過軍力支配世界」。[872]至於在施羅德（Paul Schroeder）眼中，帝國意指著可對另一國家實施政治控制，儘管方式未必直接，但往往擁有最高權威，而霸權相較則是「一種受到認可之領導地位與影響力」，其功能在於管理而非統治。[873]最後，克拉克（Ian Clark）試圖分享的想法是，所謂霸權乃是「由國際社會賦予具備領導資源國家的一種特殊權利與責任」，主要藉由某種制度化方式來呈現並加以落實。[874]

總而言之，無論霸權與帝國有何根本差異，首先是自晚期帝國崩解以來，迄今不存在任何帝國，其次是與帝國相較，霸權雖然也位處最高位階並擁有某種不對稱權力，一般認為其支配性仍與帝國有一段距離；最後，此處的問題是，霸權究竟是帝國之現代型態，抑或是無法重建帝國之折衷選項呢？

哈布斯堡與波旁　在回答前述問題之前，還是先爬梳釐清另一些個案吧。如同部分學者的想法，伊斯蘭世界乃是一〇〇〇至一五〇〇年間，全球最具活力與動能的一個世界，也是連結歐亞大陸上所有世界的商業網路中樞，[875]其極盛時期控制了將近三分之二地中海沿岸，並由此向東延伸至印度次大陸，至於曾經作為地中海次世界一部份的歐亞西側，「歐洲」一詞直到十

871 Immanuel Wallerstein, *The Politics of the World-Economy: The State, the Movements, and the Civilization: Essays* (New York: Cambridge University Press, 1984), pp.38, 41.

872 Joshua Goldstein, *Long Cycles: Prosperity and War in the Modern Age* (New Haven: Yale University Press, 1988), p.281.

873 Paul Schroeder, "The Mirage of Empire versus the Promise of Hegemony," in David Wetzel, et al eds., System, *Stability and Statecraft: Essays on the International History of Modern Europe* (New York: Springer, 2004), pp.298-299.

874 Ian Clark, *Hegemony in International Society* (Oxford: Oxford University Press, 2011), pp.4, 36, 49.

875 Philip D. Curtin, *Cross-Cultural Trade in World History* (Cambridge: Cambridge University Press, 1984), p.107; Jerry H. Bentley, *Old World Encounters: Cross-Cultural Contacts and Exchanges in Pre-Modern Times* (New York: Oxford University Press, 1993), p.176.

五世紀為止都很少被使用，[876]更多的指稱用語乃是自九世紀起被普遍提及的「基督教世界」，[877]其範圍僅僅涵蓋巴爾幹以西、庇里牛斯山以東與斯堪地那維亞以南，包括義大利和英倫三島在內的狹隘地區。直到海外發現運動之前，此地區無論從地緣或文明面向來看都屬於邊陲，稱不上是一個「世界」。

由法蘭克人領袖查理曼（Charlemagne）建立的加洛林（Carolingian）王朝，雖然在八〇〇年由教宗加冕為「皇帝」，本身不過具備部落聯盟特徵，此一政教合作仍舊為地區整合跨出重要一步，至於九六二年再次透過教宗加冕提供正當性而創建的神聖羅馬帝國，則是一個混合部落與酋邦單位之鬆散「國際聯盟」；接著，一〇九六至一二九一年的八次「十字軍東征」，以及一四五三年君士坦丁堡陷落後鄂圖曼積極西進，無疑從內外兩側提供了打造區域認同之關鍵力量。儘管歐洲在所謂「中世紀溫暖期」挹注下，人口總量與發展程度都有著明顯增長，一方面這只是相對其自身過去而言，何況它隨即在十四至十五世紀受到一系列飢荒、瘟疫和戰禍衝擊，尤其是起自一三四八至一三五一年左右，其後並於短期內不斷捲土重來的黑死病，更是致命來源；即便地區人口在十六世紀因疫情結束略有回升，十七世紀的歐洲再度籠罩在衰退與混亂的陰影當中，[878]包括一六一八至一六四八年的三十年戰爭、一六八三年維也納遭受鄂圖曼大軍圍攻，以及一六九三年的大飢荒等，無一不帶來沉重負擔。

除了起落不定之發展現象，在政治方面，由於拜占庭長期扛住穆斯林擴張壓力，加上伊斯蘭世界在十三世紀被納入蒙古系統管理，前述聯盟不僅愈發鬆散，也逐漸浮現某種東、西兩極對抗態勢。在西方，卡佩王朝的腓力二世（Philip Augustus）在一二一四年藉由擊潰神聖羅馬帝國聯軍，贏得關鍵性之布汶戰役（Battle of Bouvines），從而在明顯提高君主統治權之餘，[879] 成為法蘭西乃至整個歐洲「現代國家」（modern state）之締造者，[880] 並奠下稱霸歐洲之基礎。至於另一邊，原先便具分權特徵，在遭到法國擊敗後威望下滑，又得面對更東方匈牙利與斯拉夫人擴張壓力的神聖羅馬帝國，則哈布斯堡家族不僅自一四三八年起長期壟斷「帝位」直到一八〇六年帝國遭解散為止，一四八六年上任的馬克西米連一世（Maximilian I）更於一四九四

876 Gerard Delanty, *Inventing Europe: Idea, Identity, Reality* (London: Palgrave Macmillan, 1995), p.26.
877 J.R.S. Phillips, *The Medieval Expansion of Europe* (Oxford: Oxford University Press, 1988), p.32.
878 Douglass North, *The Rise of the Western World: A New Economic History* (Cambridge: Cambridge University Press, 1973), pp.71-73, 104-105.
879 Jean Favier, *Dictionnaire de la France médiévale* (Paris: Fayard, 1993), p.176.
880 John Baldwin, *The Government of Philip Augustus: Foundations of French Royal Power in the Middle Ages* (Berkeley: University of California Press, 1991).

年發起一場旨在與法國爭霸的義大利戰爭，[881]不過，這場長達六十五年的衝突，不過是兩強相爭的第一階段罷了，起自一六一八年的三十年戰爭不啻是第二階段。

從結果來看，在歷經前述相加將近百年的對峙當中，一五一九至一五五六年擔任神聖羅馬帝國皇帝的查理五世，首先將哈布斯堡推至歐洲權力巔峰，其稱號包括二十三個頭銜，名下領地幾乎占有西歐半數以上，若包括美洲殖民地更堪稱「日不落國」。[882]其後，隨著查理五世退位與主動將領地切割為奧地利與西班牙兩部分，加上三十年戰爭之衝擊蹂躪，接著迎來的則是在一六四三至一七一五年將法國波旁王朝推至高峰的路易十四時期。[883]無論如何，回到前面所提及歐洲在歐亞結構中的邊陲性，這些爭霸過程不管被描繪得如何轟轟烈烈，究其現實不過是「茶壺裡的風暴」，非但哈布斯堡與波旁雙方都無法取得真正壓倒性優勢，更甚者，整個歐洲面對伊斯蘭世界之包圍，依舊充滿防禦性之消極無力感，正因如此，無論將波旁或哈布斯堡（即便是查理五世時期）視為「帝國」，都難免有名不符實之感。

海洋國家　即使關於波旁與哈布斯堡等中世紀歐洲強權是否堪稱帝國，確實存在不同意見，畢竟在整個十六世紀，歐洲航海家足跡幾乎已遍及全球各地，特別是將拉丁美洲、澳洲與太平洋島嶼等「蠻荒之地」與歐亞大陸連結起來，致使馬克思不禁感嘆「始於十六世紀之世界貿易與世界市場，不啻現代資本主義濫觴」，[884]由此所拓展之視野亦奠下浮現今日全球化世界之地理結構基礎；從這個角度來看，若說帝國應該具備「廣土眾民」特徵，那麼，西歐雖然僻居歐亞大陸一隅，假使計入某些國家（例如葡萄牙、西班牙、荷蘭、法國與英國等）遍布海外各處之殖民地（特別是控制拉丁美洲），是否符合此一要件呢？

對此，首先必須考慮殖民統治之特殊性。在哥倫布（Columbus）於一四九二年「發現」美洲大陸（事實證明維京人在一〇〇〇年前後便已登陸北美）後，[885]儘管西班牙探險家科爾特斯（Herman Cortés）以區區不足六百人力，在一五二一年透過「斬首」式奇襲瓦解位於墨西哥的阿茲特克，另一位探險家皮薩羅（Francisco Pizarro）同樣帶領不足兩百人以詭計方式終結

---

881 Michael Mallett and Christine Shaw, *The Italian Wars, 1494-1559* (Harlow: Pearson Education, 2012).

882 Anthony Pagden, *Peoples and Empires: A Short History of European Migration, Exploration, and Conquest from Greece to the Present* (New York: Random House 2007), p.76.

883 Peter Wilson, *The Holy Roman Empire, 1495-1806* (London: Palgrave Macmillan, 2011), p.51.

884 David Christian, *Maps of Time: An Introduction to Big History* (Berkeley: University of California Press, 2004), p.381.

885 Margot Kuitems, et al, "Evidence for European Presence in the Americas in ad 1021," *Nature*, 601(2022), pp.388-391.

位於祕魯之印加，[886]確實可稱奇蹟壯舉，但歐洲人能以寡擊眾摧毀此處舊結構，除了馬匹與火藥帶來之視覺震撼與差距，無形致命細菌造成猶如十四世紀黑死病一般之瘟疫狂潮或許更加重要，[887]由於勞力短缺，不僅跨大西洋奴隸貿易由此盛行並導致非洲人道危機，如同眾所周知，十六至二十世紀上半葉歐洲殖民統治存在明顯之「二元體制」（dual system）特徵，不同於傳統帝國「差異但平等」之寬容原則，歐洲傾向將差異化為不平等來源，殖民屬地（colonial dependencies）及其人口往往被視為某種外掛資產，而非「母國」本體之擴大。[888]

更重要的是，以作為先驅者的葡萄牙為例，儘管它在整個十六世紀幾乎壟斷從歐洲繞經非洲南岸，然後在橫渡印度洋後直抵麻六甲之貿易航線，甚至迫使西班牙必須另闢蹊徑冒險穿越大西洋，由此聲稱之豐厚所得卻完全無法轉換為實質國力，非但一五八〇至一六四〇年一度遭到西班牙合併，葡萄牙在歐陸結構中最多僅能視為中等國家。

其次，即便西班牙征服廣袤美洲土地，且粗估在整個十六世紀，產量共占全球七成以上的美洲白銀，亦多數流入其國庫，[889]並不能避免無敵艦隊在一五八八年遭到當時蕞爾小國英格蘭擊敗，或在三十年戰爭中屈居下風的現實，王室甚至在一五五七至一六六六年前後六次被迫宣告破產（部分理由亦來自財務改革跟不上資本流動）；[890]又如尼德蘭雖在十七世紀的「荷蘭時刻」（Dutch Moment）中，[891]透過世界第一家特許企業「荷屬東印度公司」（VOC）攫取鉅額貿易利潤，力壓先驅者西班牙與葡萄牙等國，一旦回到歐洲，多數時間仍舊必須面對並解決來自馬德里的壓力，儘管在一五六八至一六四八年花了八十年方纔勉強確認政治獨立地位，[892]一六七二年法國路易十四的進攻仍然使其陷入所謂「災難年」（Rampjaar）危急存亡之秋，讓英王威廉三世自此成為其名義君主達三十年，海外事業也處於後起之秀英格蘭的競爭陰影之下。無

---

886 Donald E. Chipman, *Sword of Empire: The Spanish Conquest of the Americas from Columbus to Cortés, 1492-1529* (Kerrville: State House Press 2021); Thomas J. Brinkerhoff, “Re-examining the Lore of the Archetypal Conquistador: Herman Cortés and the Spanish Conquest of the Aztec Empire, 1519-1521,” *The History Teacher*, 49:2(2016), pp.169-187.

887 Sherburne F. Cook and Woodrow Borah, *The Indian Population of Central Mexico, 1531-1610* (Berkeley: University of California Press, 1960); Alfred W. Crosby, Jr, *The Columbian Exchange: Biological and Cultural Consequences of 1492* (Westport: Praeger, 2003), chapter 2.

888 Nazmul Sultan, “What Is Colonialism? The Dual Claims of a Twentieth-Century Political Category,” *American Political Science Review* (2024), pp.1-14.

889 Richard L. Garner, “Long-Term Silver Mining Trends in Spanish America: A Comparative Analysis of Peru and Mexico,” *The American Historical Review*, 93:4(1988), pp.898-935.

890 John H. Munro, “Money, Prices, Wages, and Profit Inflation in Spain, the Southern Netherlands, and England during the Price Revolution Era: ca.1520-ca.1650,” *História e Economia*, 4:1(2008), pp.13-71.

891 Wim Klooster, *The Dutch Moment: War, Trade, and Settlement in the Seventeenth-Century Atlantic World* (Ithaca: Cornell University Press, 2016), introduction.

論如何，雖然葡萄牙和尼德蘭經常被列入帝國或霸權討論之列，[893]但「缺乏對外影響力與國際地位的帝國」顯然並不符合政治常識。

換言之，十六世紀的海外擴張與國際貿易勃發，的確為若干歐洲國家提供了大量財務挹注，並帶來制度及工藝發展刺激，部分國家（例如尼德蘭）亦或許在海洋議題方面擁有較高發言權，不過，問題在於海洋事務在歐陸爭霸既非關鍵議題，其收益短期內又無法完全有效轉換為支援彼此競爭之國力來源。如同沙爾曼（Jason Sharman）所言，「近代早期歐洲人在面對非西方對手時，不曾在軍事方面表現出重大優勢，其擴張歷史既是統治的故事，也是屈服和順從的故事」，[894]因此，在一七五〇年前既然「根本不存在任何西方軍事霸權」，即便海洋擴張及其帶來之崛起效應並非虛構，歐洲地區直到十八世紀始終處於歐亞權力結構邊陲，仍是不容否認之歷史事實，當然，就本書定義而言也不存在所謂「海洋帝國」。

俄羅斯與歐亞腹地 隨著欽察汗國勢力衰退，在解除一二四〇至一四八〇年長達兩百四十年的「韃靼桎梏」（Tatar Yoke）後，伊凡四世（Ivan IV）在一五四七年加冕為「沙皇」並自稱「第三羅馬」，[895]從而奠下俄羅斯基礎並啟動向外擴張。由於在一五五八至八三年試圖爭取波羅的海控制權的立窩尼亞戰爭（Livonian War）受挫，[896]俄羅斯在一五七九年轉而瞄準西伯利亞（Siberia），於一五八一年翻越烏拉山東進，在一六三九年抵達鄂霍次克海，接著往南進入黑龍江流域，但因此時正值滿清重建帝國之初，此處又被視為「祖地」，在一六五二至一六八九年雅克薩戰爭後，無法繼續南下的俄羅斯只好將戰略重心轉回西方，在一七一二年遷至新首都聖彼得堡，[897]由此開啟一段聚焦「歐洲化」的漫長歷程。[898]

892 Charles R. Boxe, *The Dutch Seaborne Empire, 1600-1800* (London: Penguin Books, 1990); Jonathan Israel, *The Dutch Republic: Its Rise, Greatness, and Fall, 1477-1806* (Oxford: Clarendon Press, 1995).

893 George Modelski, *Long Cycles in World Politics* (Seattle: University of Washington Press, 1987), pp.40-42.

894 Jason Sharman, *Empires of the Weak: The Real Story of European Expansion and the Creation of the New World Order* (Princeton: Princeton University Press, 2019), p.2.

895 Leo Hartog, *Russia and the Mongol Yoke* (London: British Academic Press, 1996); Ken Parry, ed., *The Blackwell Dictionary of Eastern Christianity* (New York: Wiley-Blackwell, 2001), p.490.

896 Stewart Oakley, *War and Peace in the Baltic: 1560-1790* (New York: Routledge, 1993), pp.24-36.

897 Martin Sixsmith, *Russia: A 1000-Year Chronicle of the Wild East* (New York: Harry N. Abrams, 2013), chapter 9.

898 Lindsey Hughes, *Russia in the Age of Peter the Great* (New Haven: Yale University Press, 1998); Evgenii V. Anisimov, *The Reforms of Peter the Great: Progress through Violence in Russia* (New York: Routledge, 2015); Nicholas Riasanovsky, *A History of Russia* (Oxford: Oxford University Press, 2018), chapter 20.

進一步來說，俄羅斯落實「歐洲化」的選項是兩線並進戰略；其中，西線鎖定波羅的海，在一七〇〇至一七二一年的大北方戰爭中擊敗瑞典，[899]拿下現今愛沙尼亞附近之出海口，一七七二年再利用第一次瓜分波蘭取得現今白俄羅斯與拉脫維亞部分區域，此後便受阻腓特烈大帝（Frederick the Great）主導的普魯士；至於在南線部分，則瞄準衰落中的鄂圖曼，總計自一六七六年至一八二九年的一個半世紀中，俄羅斯先後對它發起八次戰爭，[900]尤其以克里米亞作為橋頭堡並將勢力伸入多瑙河流域後，莫斯科在十九世紀初幾乎占有半數黑海海岸。

估計自一六〇〇年至彼得大帝去世的一七二五年為止，俄羅斯領土面積從五百五十萬平方公里，大幅增至一千五百二十萬平方公里（海岸線達四萬公里以上），超過滿清與鄂圖曼帝國，也高於名義上領有拉丁美洲屬地的西班牙，這還不包括一七四一年取得之阿拉斯加及其後續擴張所得，在人類歷史上，迄今也只有十九世紀計入所有海外殖民地的英國可以超越其記錄（目前俄羅斯仍擁有約一千七百萬平方公里領土）；[901]儘管此種成就堪稱偉大，在漂亮帳目背後，內涵之大而無當終究無可否認。關鍵在於，如同本書前面提及，歐亞大陸歷史上的幾個「世界」基本上位於北回歸線與北緯四十度之間的帝國潛在區（potential imperial zone），至於在此一區域以北，大致介於北緯四十五至六十度（依地理條件略有重疊）則存在另一以歐亞大草原為地理主體的游牧通道（nomad channel），後者除了是游牧半帝國的搖籃，與帝國潛在區之間的政經互動亦提供了一條歐亞國際關係史之主軸線。

值得注意的是，如同前述，由於小冰河期與地緣政治複雜變化交織所致，一方面絲路系統自十五世紀起陷入持續衰頹乃至部分斷絕窘境，時至十八世紀初，歐亞西側鄂圖曼在一六九九年與歐洲簽署《卡洛維茲條約》後轉趨守勢後，開始面對俄羅斯在黑海周邊的挑戰，薩法維則在一七二二年遭阿富汗普什圖領袖馬哈茂德（Mahmud Hotak）攻陷首都後陷入長期動盪，[902]境

899 Derek McKay and H. M. Scott, *The Rise of the Great Powers: 1648-1815* (New York: Routledge, 1983), pp.77-93.

900 分別是一六七六至八一年（爭奪第聶伯河下游地區）、一六八六至一七〇〇年（加入奧地利領導的神聖同盟）、一七一〇至一三年（與大北方戰爭連動）、一七三五至三九年（針對克里米亞問題）、一七六八至七四年（針對克里米亞與北高加索地區）、一七八七至九二年、一八〇六至一二年（拿破崙戰爭期間）、一八二八至二九年（起因希臘獨立問題）。

901 Rein Taagepera, "Expansion and Contraction Patterns of Large Polities: Context for Russia," *International Studies Quarterly*, 41:3(1997), pp.492-502.

902 Tom Lansford, *Afghanistan at War: From the 18th-Century Durrani Dynasty to the 21st Century* (Santa Barbara: ABC-CLIO, 2017). p.205; Willem Floor, "Tribal Resurgence in the Eighteenth Century: A Useful Label?" in Michael Axworthy, ed., *Crisis, Collapse, Militarism and Civil War: The History and Historiography of 18th Century Iran* (Oxford: Oxford University Press, 2018). pp.151-162.

內受到庫德族與阿富汗勢力分裂割據，甚至鄂圖曼和俄羅斯還在一七三六年協議瓜分波斯西北部。[903]相較歐亞南部自一七〇七年進入所謂「後期蒙兀兒」衰退階段，歐亞東部的滿清在一六九七年平定漠北蒙古之後，一七二〇年進入西藏與青海等地，隨之展開對準噶爾汗國的長期戰爭，最終於一七五八年控制了天山南北路，並於一七六二年設置伊犁將軍作為前線駐紮基地；由於準噶爾原先乃是歐亞腹地最強大之游牧政治單位，此結果也讓滿清將其影響力延伸至中亞地區，[904]包括控制阿姆河和錫爾河農耕綠洲的遜尼派布哈拉汗國，以及佔有費爾干納盆地的浩罕汗國，[905]此時都選擇依附臣服前者。

顯而易見，俄羅斯所獲得之絕大多數土地高於北緯五十度，其中，占總面積三分之二以上的西伯利亞，由於長年封凍而且幾乎無人居住而有「沉睡之地」之稱，在前工業時代難有利用價值，這也是俄羅斯為何在一七二五至三〇年以及一七三三至四三年，兩度組織大規模「堪察加遠征」，[906]希望在遙遠的太平洋濱海地區尋求真正有價值資源之背景，但顯然收效甚微。雖然鄂圖曼進入帝國收縮階段，以及由於薩法維瓦解致使伊朗高原陷入紛亂等，均為俄羅斯提供某種契機，處於「康雍乾盛世」的滿清無疑成為其向東擴張之最主要政治障礙。儘管如此，基於晚期帝國之內向性特徵，滿清無意介入草原西部事務，這也讓俄羅斯有機會在一七三四年於烏拉爾河畔建立奧倫堡（Orenburg）要塞，並於一七八二年以此為中心設置「邊境遠征軍」，[907]開始對中亞地區進行蠶食；接著，利用一八三〇年代之後，以英國為首歐洲勢力開始向滿清施壓之新形勢，除了藉由一八五八年《璦琿條約》與一八六〇年《北京條約》，兩度攫取中國東北大量土地，受到清朝在一八九〇年研究修築南滿鐵路刺激，俄羅斯沙皇亞歷山大三世隨即在翌年決定興建西伯利亞鐵路（Trans-Siberian Railway），[908]作為鞏固並延伸其對遠東地區影響力之戰略工具，但就在一九一六年中國以北阿穆爾河線完工翌年，羅曼諾夫王朝也在革命中劃上了句點。

---

903 Ernest Tucker, "The Peace Negotiations of 1736: A Conceptual Turning Point in Ottoman-Iranian Relations," *Turkish Studies Association Bulletin*, 20:1(1996), pp.16-37.

904 Nicola Di Cosmo, "The Qing and Inner Asia: 1636-1800," in Nicola Di Cosmo, Allen Frank, and Peter Gorden, eds, *The Cambridge History of Inner Asia: The Chinggisid Age* (Cambridge: Cambridge University Press, 2009), pp.333-362.

905 See also Scott Levi, *The Rise and Fall of Khoqand, 1709-1876: Central Asia in the Global Age* (Pittsburgh: University of Press, 2020).

906 邢媛媛，〈俄國大北方探險的帝國敘事〉，《俄羅斯東歐中亞研究》，第三期（二〇二二年）；陳仁姮，〈遠征在十八世紀俄羅斯帝國的興起及其研究初探〉，《新史學》，三十一卷第一期（二〇二一年），頁一七三至二一五。

907 施越，《俄羅斯草原征服史：從奧倫堡到塔什干》（上海：東方出版中心，二〇二三年），頁六七

908 David Holm, "Russia, the Soviet Union, and the Chinese Eastern Railway," in Clarence B. Davis, Kenneth E. Wilburn Jr., and Ronald E. Robinson, eds., *Railway Imperialism* (Westport: Greenwood Press, 1991), p.140.

總得來說，假使「歐洲化」乃俄羅斯政策核心，即便亞歷山大一世利用介入拿破崙戰爭，成功使其在整個十九世紀作為歐洲權力平衡一員，並不能改變其處於「化外」之邊緣窘境，於此同時，在東進部份，它雖然利用滿清衰退於十九世紀取得中亞、滿州北部和漠北蒙古等勢力範圍，這些對提升國力與地位亦效果有限，致使它在看似領土廣袤之餘，究其本質仍很難足以稱之「帝國」。

軍國主義強權　如同魏惠王在西元前三三四年成為周王之外，[909]第一位「稱王」的中原諸侯，自此將戰國時代帶入競爭高潮，拿破崙在一八〇四年五月經過全民公投「稱帝」之舉，同樣成為歐洲在十九世紀掀起一波帝國主義之開端，三個月後，法蘭茲二世跟進自稱「奧地利皇帝」且隨即解散神聖羅馬帝國。一八一五年，藉由參與維也納會議並創建「歐洲協商」（Concert of Europe）制度，[910]「全俄羅斯皇帝」亞歷山大一世帶領該國正式成為歐洲社會一員；其後，隨著日耳曼統一運動邁向終點，威廉一世在一八七一年於凡爾賽宮鏡廳就任「德意志皇帝」，兩年後並於俾斯麥斡旋之下，德國、奧地利與俄羅斯共組了「三帝同盟」（League of the Three Emperors）。

必須指出，儘管一般慣以「大英帝國」稱之，實則英國從未稱帝，其君主正式官方頭銜為

「聯合王國國王或女王」，該國元首雖在一八七六至一九四七年同時使用「印度皇帝」，後者僅僅為兼任頭銜。至於在歐陸之外，首先自稱「帝國」者是由流亡到拉丁美洲並於一八二二年建立巴西帝國的佩德羅一世（Pedro I），[911]有趣的是，他曾在一八二六年短暫回國接任葡萄牙國王，因此人稱「皇帝國王」（O Rei-Imperador）；其次是日本，在一八八九年公佈的《憲法》中首度出現「大日本帝國」此一國號，但直到一九三六年後才成為官方文件通用自稱；滿清第一次自稱「帝國」是在一八九五年《馬關條約》談判過程與後續條約文本之中，[912]主要目的是與日本對稱，此後運用亦主要在外交場合，對內部份幾乎沒有採取過類似概念；最後，朝鮮高宗雖然在一八九七年改國號為「大韓帝國」，此時它實際上已形同日本的半殖民地。

909 關於魏惠王之稱王時機說法有二，其一認為他在西元前三四四年以「逢澤之會」為由召集諸侯，已有稱王事實，其二則是在西元前三三四年邀齊威王「徐州相王」之後。

910 Mark Jarrett, *The Congress of Vienna and its Legacy: War and Great Power Diplomacy after Napoleon* (London: I.B. Tauris, 2013), chapter 4.

911 Roderick J. Barman, *Brazil: The Forging of a Nation* (Stanford: Stanford University Press, 1988), pp.101-102.

912 劉文明，〈大清帝國概念流變的考察〉，《歷史研究》，第三期（二〇二二年），頁一三四至一五二。

無論西周時期的「王」或者中古歐洲「皇帝」稱號之單一運用，主要都在作為彰顯正當性與追求秩序之政治象徵，一日運用浮濫，不僅直接暗示著某種現狀動搖現象，尤其「帝國」主要特徵在於締造並維持秩序，作為其複數運用者之軍國主義強權（militarist state）則多半屬於修正主義者（revisionist），[913]且往往目的乃挑戰與破壞既有秩序。如同霍布斯邦（Eric Hobsbawm）指出，「在世界近代史上，正式自稱皇帝，或在西方外交官眼中認定配得上皇帝稱號的統治者人數」，大約在一八七五至一九一四年之間達到最大值，[914]由於這些政治單位在這一時期當中都汲汲於競爭，一方面此種競爭態勢正反映出國際社會之權力分散現實，更何況其結果最終在從二十世紀上半葉還引爆了兩次世界大戰，由此看來，就本書定義而言，由於終究無法在國際結構中取得明顯權力優勢，無論德意志或日本，都很難認定它們是「帝國」。

未完成的帝國

歐洲崛起之地緣意義與效應 正如霍夫曼（Philip Hoffman）的描述，相較「西元九〇〇年充斥貧窮與暴力、政局動盪，看似毫無前景希望的西歐」，此際中東顯然更加富裕且文化發達，曾幾何時，如今情況卻呈現一百八十度逆轉；[915]關於歐洲如何從掙扎於伊斯蘭世界包圍之邊緣地帶，最終成功崛起乃至於將影響力輻射全球各處，其過程再度印證了本書所稱之「邊緣動力學」，只不過差別有二：首先，相較過去崛起者屬於單一政治勢力，歐洲本身卻是分裂的，其次，所謂歐洲崛起之真正意義並非在帝國建構，而是提供了某種顛覆性地緣性應，此即達爾文（John Darwin）所謂「歐亞革命」（Eurasian Revolution），[916]就本書而言，它也意味著自西元前三世紀亞歷山大東征、七至十世紀伊斯蘭擴張，以及十三世紀蒙古西進運動之後，歐亞大陸乃至全球所面對之第四次「世界擴張效應」挑戰。

913 Alexander M. Golts and Tonya L. Putnam, "State Militarism and Its Legacies: Why Military Reform Has Failed in Russia," *International Security*, 29:2(2004), pp.121-158; Alexander Cooley, Daniel Nexon, and Steven Ward, "Revising Order or Challenging the Balance of Military Power? An Alternative Typology of Revisionist and Status-quo States," *Review of International Studies*, 45:4(2019), pp.689-708.

914 Eric Hobsbawm, *The Age of Empire: 1875-1914* (New York: Vintage, 1989), p.56,

915 Philip Hoffman, *Why Did Europe Conquer the World?* (Princeton: Princeton University Press, 2017), pp.1-2.

916 John Darwin, *After Tamerlane: The Rise and Fall of Global Empires, 1400-2000* (New York: Bloomsbury Press, 2008), chapter 4.

從某個角度來看，如同十三至十四世紀的「蒙古系統」一般，起自十六世紀之地理發現運動，至十九世紀開始成為重塑歐亞地緣結構之歐洲崛起，同樣透過某種「歐洲系統」（European System）成為公共財提供者，其效益亦主要集中在貿易便利性上，且地理範圍更加廣大。不過，兩者對歐亞大陸帶來之地緣衝擊顯然有著不同樣貌：相較蒙古打通並連結歐亞東部、絲路通道與部分伊斯蘭世界（不含阿拉伯半島與北非），但並未真正影響地中海周邊和歐亞南部，歐洲雖然將鄂圖曼以外之多數伊斯蘭世界殖民化，一八五八年更將歐亞南部納入英屬印度，卻始終未能真正進入歐亞腹地（如果不將俄羅斯視為歐洲一部分），亦未能動搖滿清控制中國本部，可以這麼說，由於歐洲一直維持著某種外圍勢力（outer power）特徵，無法有效延伸影響至大陸內地，此種結果也成為麥金德構思控制「心臟地帶」（heart-land）與史派克曼提倡「邊緣地帶」（rim-land）概念之視野基礎，以及英國和美國規劃其全球戰略之思考起點。

進言之，歐洲帶來之世界擴張效應不僅動搖並瓦解了傳統歐亞地緣結構，對其本身同樣帶來深遠影響。例如，儘管政治分裂與無法重建帝國乃是歐洲（西歐）自五世紀末以來之長期特徵與困境，首先，一八〇四至一八一五年的法蘭西第一帝國控制範圍涵蓋伊比利、義大利，並由日耳曼延伸至波蘭，甚至奧地利都被迫臣服，使得拿破崙有底氣在一八〇六年公布針對英國之「大陸封鎖令」（continent system），[917] 亦不啻讓歐洲一千餘年來首度浮現「再統一」之可能性，其次，自稱創建「第三帝國」的希特勒，於一九三八至一九四二年帶來橫掃歐洲大陸「壯舉」，[919]包括斯堪地那維亞半島西側乃至北非地區也落入控制，影響之地理場域明顯更大於拿破崙時期法國；無論如何，這兩次內部征服最終都以曇花一現收場，究其原委，無法擊敗俄羅斯「冬將軍」（General Winter）固然是可見直接原因，[920]英國（後者還加上美國）利用前述世界擴張效應帶來之外部地緣結構壓力，仍是另一個不容忽視之關鍵因素所在。

最後，即便單純聚焦於歐洲之擴張行為，正如芬比（Jonathan Fenby）指出，歐洲殖民強權與傳統亞洲帝國之不同在於，前者「殖民地與母國遠隔重洋，經常有數千公里之遙」，後者則往往傾向「先安內再攘外」戰略，且「主要在陸地上發展，中央都城與遙遠邊疆之間具有陸路聯繫，從而得以將沿線不同民族、習俗與文化串聯起來」，[921]因此更具備整合性，這也是呈現高度分散特徵之歐洲殖民最大挑戰。

---

917 David Heidler and Jeanne Heidler, *Encyclopedia of the War of 1812* (Annapolis: Naval Institute Press, 2004), p.48; Paul W. Schroeder, *The Transformation of European Politics, 1763-1858* (Oxford: Clarendon Press, 1999), pp.305-10.

918 第一帝國指神聖羅馬帝國，第二帝國則是一八七一至一九一八年的德意志帝國。

919 William L. Shirer, *The Rise and Fall of the Third Reich* (New York: Simon & Schuster, 1960), pp.741-746.

920 Allen F. Chew, *Fighting the Russians in Winter: Three Case Studies, Leavenworth Papers 5* (Fort Leavenworth: Combat Studies Institute, U.S. Army Command and General Staff College, 1981).

大不列顛　如果說歐洲崛起符合「邊緣動力學」概念，那麼，在十八世紀引領工業革命浪潮，乃至在十九世紀締造了一個前無古人大型殖民霸權的英國，其所處位置不啻是「邊緣中的邊緣」。最初位於不列顛島東南部，塞文河與泰晤士河橫亙其間的英格蘭，面積不過十三萬平方公里，在一〇六六年諾曼征服（Norman Conquest）之後，[922]長期受到歐陸外來文化影響，直到一三三七至一四五三年爆發英法百年戰爭之後，儘管經濟嚴重受創並損失了將近三分之一人口，[923]英格蘭終於浮現自主本土意識，一方面完全朝向「島國化」路徑發展，重點則在如何利用其「離岸」特徵，在可能範圍內「保持歐洲陷入分裂」（keep the Europe divided）來保障自身安全。

隨著十六世紀海外探險時代降臨，作為島國之英格蘭既不可能缺席，除了英國女王伊莉莎白一世在一六〇〇年批准「倫敦商人對東印度貿易公司」作為代理人，透過濫發所謂「私掠執照」結合海盜針對主要假想敵尼德蘭進行惡性競爭，[924]更為其核心戰略作為。[925]藉由長期投資海軍建設，尤其利用十九世紀拿破崙戰爭困住歐陸諸國契機，大肆在海外攫取領地，時至一八六〇年代，雖然不過僅佔全世界百分之二或歐洲十分之一人口，英國已然擁有超過全世界四成或將近歐洲六成的現代工業能力，[926]到了第一次世界大戰前夕的一九一三年，名義上控有全球四分之一土地與人口，[927]號稱「日不落國」絕對不誇張。[928]

不過，英國的崛起與壯大固然是不容否認的事實，究其內涵仍有可議之處；正如達爾文（John Darwin）指出，所謂大英帝國「其實是一個由非獨立、半獨立和實質獨立政治單位共同組成之大雜燴」，至於讓它們聯繫在一起者並非是「忠誠」，而是千絲萬縷之經濟策略與政治紐帶。[929] 林恩（Martin Lynn）也強調，相較所謂自由貿易帝國主義的看法，「藉由貿易及其海外擴張來重塑世界的目標，更多來自於英國決策者錯誤的樂觀主義及其對於世界的片面看

---

921 Jonathan Fenby, "The Legacy of Empire," in Jim Masselos, ed., *The Great Empires of Asia* (London: Thames & Hudson, 2010), pp.2-3.

922 David Douglas, *William the Conqueror: The Norman Impact Upon England* (Berkeley: University of California Press, 1964); Christopher Daniell, *From Norman Conquest to Magna Carta* (London: Routledge, 2003).

923 Robin Neillands, *The Hundred Years War* (London: Routledge, 2001), pp.110-111.

924 Donald Petrie, *The Prize Game: Lawful Looting on the High Seas in the Days of Fighting Sail* (Annapolis: Naval Institute Press, 1999).

925 Niall Ferguson, *Empire: The Rise and Demise of the British World Order and the Lessons for Global Power* (New York: Basic Books, 2002), p.2.

926 Francois Crouzet, *Victorian Economy* (New York: Routledge, 1982), pp.4-5.

927 Augus Maddison, The World Economy: *A Millennial Perspective* (Paris: OECD, 2001), p.97.

928 Ashley Jackson, *The British Empire: A Very Short Introduction* (Oxford: Oxford University Press, 2013), pp.5-6.

929 John Darwin, *The End of the British Empire: The Historical Debate* (Oxford: Basil Blackwell, 1991), p.4.

法，而非以對十九世紀中葉全球現實的理解作為基礎」，歷史事實確切證明，「英國的能力仍舊有限，地方經濟體和政權也確實能夠反制英國的貿易和投資範圍，從而有效地抵制了其經濟滲透」。[930]

另一挑戰在於，如同前面針對「蒙古系統」與「歐洲系統」之比較，後者無法有效將勢力延伸進入歐亞大陸內部，既為其特徵，也可能是個威脅，這正是東印度公司軍官康諾利（Arthur Conolly）在一八四〇年提出「大博弈」（Great Game）概念之背景，[931]他認為此際已然成為橫跨歐、亞、美三洲超級領土國家，且長期嘗試由內陸往沿海突圍的俄羅斯，恐為英國全球地位帶來最大挑戰。為解決此一問題，英國決定從西線（鄂圖曼與黑海）、中線（從阿富汗到波斯）與東線（以中國為主）來同步面對；首先在西線部分，英國一方面設法將環繞鄂圖曼的「東方問題」（Eastern Question）國際化，[932]至於一八五四年聯合法國發動克里米亞戰爭（Crimean War）堪稱代表作，[933]由於俄國戰後被迫放棄多瑙河入口，且規定黑海成為中立之非軍事地區，無異等同斷絕莫斯科南下之路。其次，在中線部分，面對俄羅斯在一八三〇年代積極南下介入中亞事務，甚至逼近開伯爾山口，為求先發制人，英國在一八三九至四二年發動了第一次阿富汗戰爭，但以失敗收場；其後，由於俄羅斯在一八七六年正式併吞浩罕汗國，英國也於一八七八年再次發動阿富汗戰爭，儘管損失慘重，倫敦仍然在此處建立了一個與俄羅斯之間的緩衝地帶。[934]最後，東線部分則起自一八五一年的太平天國之亂不啻是個試金石，一度期待在中國出現「東方基督教國度」的英國，最終理性選擇與北京合作，其背後思考當然是避免一旦局勢糜爛導致俄羅斯有機會趁勢南下。

所謂「大博弈」雖然充分顯示了英國進行全球投射之能力，版圖「大而無當」依舊是一大挑戰。佛崔（Samuel Fortrey）早在一六六三年便寫道，「我認為不應該在海外開闢殖民地，……除非是在能增加本國財富和貿易的地方」，[935]但如此簡單之理性邏輯很快便淹沒在歐洲的海外擴張狂潮當中，由於將獲取殖民地等同國家榮耀與實力，各國紛紛投身「先求有」之瘋狂競賽，其中當然包括英國在內，所謂聯合王國猶如十六世紀哈布斯堡之超級放大版，除了若

---

930 Martin Lynn, "British Policy, Trade, and Informal Empire in the Mid-Nineteenth Century," in Andrew Porter, ed., *The Oxford History of the British Empire: Volume III* (Oxford: Oxford University Press, 1999), pp.101-121.

931 Peter Hopkirk, *The Great Game: The Struggle for Empire in Central Asia* (New York: Kodansha, 1992).

932 Mathew S. Anderson, *The Eastern Question: A Study in International Relations* (London: Macmillan. 1966); Caroline Finkel, *Osman's Dream: The History of the Ottoman Empire* (New York: Basic Books, 2007), pp.325-27.

933 Winfried Bamgart, *The Crimean War, 1853-1856* (New York: Arnold Publishers, 2000); Candan Badem, *The Ottoman Crimean War* (Leiden: Brill, 2010).

934 Thomas Barfield, *Afghanistan: A Cultural and Political History* (Princeton: Princeton University Press, 2010), p.145.

935 John Darwin, *Unfinished Empire: The Global Expansion of Britain* (New York: Bloomsbury Press, 2012), p.150.

干航道關鍵港口、南非礦場與印度次大陸，真正能反饋經濟利益的殖民地並不多，於此同時，基於當時技術限制，無法有效管理、輸送、轉換並活化遙遠之殖民資產無疑是另一挑戰，更別提過度狹小、難以防衛，且極易捲入歐陸紛爭的本土，再加上登陸作戰部隊有限，這些都導致英國只能選擇「離岸平衡者」（offshore balancer）角色，傾向從守勢現實主義思維來保障自身利益與安全。正因為它選擇消極以對，英國在一八三〇年代、一八四八年，乃至一八六〇年代統一浪潮等歐洲國際紛亂時刻中，均刻意置身事外，對維持區域秩序幾乎毫無正面貢獻，甚至在十九世紀末葉兩次波耳戰爭（Boer Wars）後，一般認為，其結果對英國人「帝國信念」之沉重打擊（如同其後越戰之於美國），或許比波耳人失去獨立地位來得影響深遠；[936]由於其全球殖民結構開始動搖，英國決定師法查理五世在一五五六年拆解哈布斯堡之故智，在一九二六年以國協（commonwealth）此一嶄新框架來變相延續海外影響力。

　由於最近一波世界擴張效應遍及世界各地，致使英國不啻成為人類歷史上首個「全球強權」（global power），在其高峰時期，名下各處領地總面積據稱超過三千五百萬平方公里，約為地球陸地面積百分之二十四，[937]達到史上之最，於此同時，治下人口規模亦近四億。[938]據此，儘管稱其為「帝國」似乎並不為過，首先，即便英國具備了廣土眾民特徵，若以全球作為丈量範圍，其比例顯然還談不上擁有「絕對優勢」；其次，雖然可憑仗新興工業技術，由於

「世界」範圍陡然擴大，其投射能力仍存在限制；至於更重要的是，儘管有人將十九世紀稱為「大英治世」（Pax Britannica），且將英國描繪成某種全球警察角色，[939]實則不過溢美之辭，包括歐洲革命浪潮與兩波統一運動、晚期帝國紛紛崩解、作為第一次工業戰爭的美國內戰，乃至二十世紀上半葉兩次世界大戰，伴隨英國權力登頂而來的世界絕對難稱穩定，非但它從未在任何衝突中主導過陸上決戰（唯一接近個案只有一八一五年滑鐵盧戰役），投注兵力多半只佔少數，也幾乎沒有過在重要紛爭中發揮過斡旋止戰功能，除了造就自身「偉大」，由於傾向自掃門前雪（所謂光榮孤立），對國際「秩序」公共財之貢獻寥寥可數；更甚者，如同拉姆齊（Ramsay Muir）針對第一次大戰影響之評價，「這場戰爭雖讓所有強國都不可避免承受了巨大壓力」，其中最能抵禦壓力者乃是英國，理由是它「組織鬆散且缺乏強大權力機構」，以致

---

936 A.J.P. Taylor, *Essays in English History* (London: Penguin Books, 1976), p.182.

937 Rein Taagepera, "Expansion and Contraction Patterns ofLarge Polities: Context for Russia," *International Studies Quarterly,* 41:3(1997), pp.475-504.

938 Timothy H. Parsons, *The British Imperial Century, 1815-1914: A World History Perspective* (Lanham: Rowman & Littlefield Publishers, 1999), p.3.

939 Douglas M. Johnston and W. Michael Reisman, *The Historical Foundation of World Order* (Leiden: Martinus Nijhoff Publishers, 2008), pp.508-510.

殖民地並未因為母國被拉進戰爭而趁機發動騷亂，[940]雖然此一敘述看似正面，難道不也提供了另一面向之思考暗示？

美國 如果說英國所處位置乃「邊緣中的邊緣」，位於歐亞大陸之外、大西洋彼岸的美國顯然更加邊緣。源起於一六〇七年維吉尼亞，英國至一七三三年共在此地區建立了十三個殖民地，總面積約八十萬平方公里，一七七六年革命前夕人口估算僅約兩百四十萬。不過，包括一八〇三年對法國路易斯安納購地案（Louisiana Purchase）、起自一八三〇年代之西進運動（Westward Movement）、一八四六至四八年對墨西哥戰爭，以及一八六七年對俄羅斯之阿拉斯加購地案（Alaska Purchase）等，使其在獨立後短短不到一個世紀內，領土暴增十倍，成為同時面對太平洋與大西洋之「兩洋國家」。不僅其國內工資自一八〇〇年以來始終高於西歐，工業產值估計在一八九四年超越英國，總人口在一次大戰前夕逼近一億大關，在一九一四年戰爭爆發之際，美國擁有之國民所得幾乎達到歐洲兩大陣營六個國家總和的八成六，至於在一九四五年大戰告終之後，此刻其黃金儲量高達兩百億美元（佔全球三分之二），經濟總值在整個一九五〇年代佔有全球四成，軍備支出直到冷戰結束為止都佔了全球近半比例，無論從哪個角度來看，美國之「崛起」昭然若揭，「無敵」亦可謂實至名歸。

雖然領土面積只有英國巔峰時刻的四分之一，但多數幾乎集中在北美洲，單論「本土」達到其四十倍，從某個角度視之，美國不僅是英國之後第二個「全球強權」，更是人類史上第一個位於歐亞世界島之外的權力大國；若根據阿隆的意見，「當代之前，更準確說是一九四五年以前，並不存在涵蓋整個地球的國際體系」，[941]則美國還可能是第一個全球性強權。

與難稱「帝國」，甚至連「霸權」地位都可疑的英國相較，基於在兩次大戰當中的表現，乃至直到二〇一五年左右仍維持六百八十六個海外基地（儘管五角大廈聲稱其中只有六十四個屬於現役重大設施，但全球其他國家海外基地合計不到二十個），分布於近百國家境內，包含文職人員與眷屬在內工作者超過五十萬之現實，[942]充分指出它所擁有「強大軍力及其威嚇力」此一英國所無的強權必備條件。更甚者，對比英國對國際秩序貢獻有限，儘管真正重點或在於

940 Ramsay Muir, *The Expansion of Europe: The Culmination of Modern History* (New York: Dossier Press, 1941).

941 Raymond Aron, *Peace and War: A Theory of International Relations* (New Brunswick: Transaction Publishers, 2003), p.95.

942 David Vine, *Base Nation: How U.S. Military Bases Abroad Harm America and the World* (New York: Metropolitan Books, 2015), p.4.

捍衛自身既得利益，[943]美國在二次戰後倡建「布萊頓森林體系」（Bretton Woods System）與聯合國（UN）機制，並以圍堵蘇聯鐵幕（iron curtain）為名，於全球設置四至五個區域司令部，同時陸續推動並建立包括一九四九年北大西洋公約組織（NATO）、一九五五年東南亞公約組織（SEATO）與中部公約組織（CENTO），[944]以及一系列雙邊與多邊防禦條約，將蘇聯以外大國幾乎納入麾下，從而藉由所謂「冷戰」（Cold War）框架，自一九五〇年代迄今凍結了大規模衝突（大國戰爭）之再度爆發。

可以這麼說，美國作為「霸權」無可質疑，但「帝國」呢？在世界擴張效應持續致使目前全球「世界」呈現單一化的情況下，美國領土面積只佔百分之六，人口規模亦僅百分之四，國民生產總值約四分之一，即便確實無敵，但也難稱擁有絕對優勢。何況美國之對外投射還存在兩大障礙：首先是遠離歐亞世界島之地理位置，雖然有現代科技輔助，由於任何介入行動均宛如「遠征」，成本不貲無論如何都是一大負擔；其次，更為關鍵的是體制問題，由於聲稱作為「民主」國家，且不論本質如何，分權制度設計加上政黨傾軋帶來之被動性，使其有「被邀請的帝國」（empire by invitation）之稱，[945]例如小羅斯福政府努力克服一九三〇年代孤立主義遺產，同時確保美國在建立並維持一個穩定國際秩序中扮演一定角色之政策挑戰，[946]便是一例，於此同時，其影響還在於讓美國成為某種「兩面性國家」（ambivert country），亦即習慣使用兩套不同邏輯來處理內外部事務，相較對內遵守民意並重視若干「價值」，對外則顯然很正常地「去價值化」，一切以國家利益為依歸，但是，此一矛盾經常引發外部質疑與內部爭辯，結果讓其政策與戰略布局很難具有持續穩定性。

雅典與羅馬或許是美國的兩個歷史借鑑，前者在波斯戰爭與伯羅奔尼撒戰爭壓力下，一度朝向集權「帝國化」發展，[947]尤其在伯利克里斯（Pericles）時期，但終究維持傳統城邦政治，

943 Phyllis Bennis, *Calling the Shots: How Washington Dominates Today's UN* (Ithaca: Olive Branch Press, 2000).

944 前者因美國撤出越戰，於一九七七年結束，後者則在一九七九年伊朗革命後走向終點。

945 Geir Lundestad, "Empire by Invitation? The United States and Western Europe, 1945-1952," *Journal of Peace Research*, 23:3(1986), pp.263-277; "Empire by Invitation in the American Century," *Diplomatic History*, 23:2(1999), pp.189-217; *The United States and Western Europe since 1945: From "Empire" by Invitation to Transatlantic Drift* (Oxford: Oxford University Press, 2003).

946 John G. Ruggie, "Americann Exceptionalism and US Role in the World," in Morton H. Halperin, Jeffrey Laurenti, Peter Rundlet, and Spencer P. Boyer, eds., *Power and Superpower: Global Leadership and Excepticnailsm in the 21st Century* (New Yory: New Century Foundation Press, 2007), p.17.

947 Polly Low, "The Athenian Empire," in Barbara Graziosi, ed., *The Oxford Handbook of Hellenic Studies* (Oxford: Oxford University Press, 2012), pp.65-76; Robin Osbornse, ed., *The Athenian Empire* (Cambridge: Cambridge University Press, 2023).

至於後者則在對外擴張過程中選擇了從「共和」走向「帝國」，成為統一地中海世界之動力來源。事實上，小羅斯福在一九四〇年大選中利用二戰爆發突破美國憲政慣例，猶如西元前四九年凱撒渡過盧比孔河，不啻迎來了一個「帝國時刻」，至於一九四七年第二十二號憲法修正案之提出，則無異關閉了此一機會之窗，其歷史影響只能留待後世討論。

明日帝國

The Next Empire?

現代國際關係與秩序研究 嚴格來說，如同書名揭示，本書主要焦點乃在討論「前現代時期」（Pre-Modern Period）之歐亞國際關係及其世界秩序之建構與演進，而這個階段往往又指涉在工業革命加上法國大革命之「雙元革命」之前的歷史，因此，前一章末尾所介紹英國與美國這兩個「未完成帝國」個案，其實已超出了本書設定之討論範圍。儘管如此，歷史研究本即含有「鑑往知來」之實用目標，國際關係研究更是一門著眼「未來世界」的思索途徑，如何透過釐清瞭解「近期」與「當下」並藉以預測「明日」之可能發展，既屬國際關係研究者責無旁貸，由於英美兩國之發展具承上啟下意義，納入分析將更有助於呈現完整面貌。

進言之，除了努力深入分析國際關係之昨日與今天，「秩序」（order）更為本書嘗試著墨之處。正如施韋勒（Randall Schweller）指出，「國際關係研究對於國際秩序如何出現及其變遷關注甚少」，尤其針對世界大戰之善後處理往往只交給歷史學者負責，或為一大缺憾；[948] 當然，前述說法只是一種善意苛責。例如布爾（Hedley Bull）在一九七七年的《無政府社會：世界政治中的秩序研究》書中，[949] 便嘗試區隔人類社會中的「世界秩序」與存在於國際體系內的「國際秩序」，聲稱前者更重要且優先於後者，當然，他很清楚此種概念趨於理想，且前提是必須先解決國際體系現狀，至於對後者來說，權力分配不平等讓大國必然亦必須扮演關鍵角色。又如對克拉克（Ian Clark）而言，所謂國際秩序包含兩個組成部分，首先是暴力程度受到壓制之最起碼國際秩序，其次是能夠在世界範圍內提供經濟福利與社會正義等公共財之高級國際秩序，在他看來，歷史實踐指出，秩序之存在與維繫主要有賴於國際體系之階層關係以及具優勢者之行動而定，[950]而霸權國家之提供正當性，往往為秩序提供了最重要之制度支撐。[951]

值得一提的是，當前關於「秩序」研究具有以下幾個重點：第一，儘管布爾在其書中聲稱「並未假定秩序是一個應當追求的目標，甚至是壓倒一切的目標」，實則無論理想主義或現實主義者，都從「理想」層次來看待秩序並思索其潛在實踐途徑；第二，同樣對於理想或現實

948 Randall Schweller, "The Problem of International Order Revisited: A Review Essay," *International Security*, 26:1(2001), pp.161-186.

949 Hedley Bull, *The Anarchical Society: A Study of Order in World Politics* (London: Macmillan, 1977).

950 Ian Clark, *The Hierarchy of States: Reform and Resistance in the International Order* (Cambridge: Cambridge University Press, 1989), p.14.

951 Ian Clark, *Hegemony in International Society* (Oxford: Oxford University Press, 2011), pp.23-24, 35.

主義者而言，相對於理想的「現實」都是無政府狀態，亦即不存在任何可直接提供秩序之超國家權威（supranational authority），其結果不僅帶來「無政府狀態難題」（Anarchy Problematique）此一現代國際關係理論核心假設，[952]也是從當下現狀邁向秩序之起點和主要挑戰；第三，目前「世界」呈現「單一化」特徵不啻是另一個共識，只不過，理想主義（自由制度主義）者傾向突出其中的複合治理（complex governance）與複合互賴（complex interdependence）現象，[953]並想像著國家單位如何在國際制度提供之社會化經驗基礎上，尋找共同利益並據此開展持續性合作之可能性，至於現實主義者則始終強調並堅持，「秩序將由國家權力所創造並維持，其變動亦由於國家權力之重新分配所致」，[954]進一步來說，作為常態的無政府狀態將鼓勵國家尋求自利行為，由於在國際關係中缺乏集中權威，個別國家必須汲汲於「競爭性自助」（competative self-help）被視為自然法則，[955]想當然爾，競爭勢將深化鞏固無政府狀態，並會妨礙對於共同目標之追求，其中當然包括秩序在內。

當代世界體系之行為與思維模式　進一步來說，若希望從歷史個案經驗去瞭解未來世界秩序之可能發展，顯然面臨兩大挑戰：首先，目前地球表面只剩下「一個世界」厥為現實，當然，這是由於最近一次由歐洲所帶來世界擴張效應所致；對比先前三次類似經驗，包括第一次亞歷山大東征以及第三次蒙古西征，兩者都貫穿了兩到三個世界，效應維持約兩個世紀左右，最後世界恢復原狀並各自完成帝國重建，只有伊斯蘭擴張帶來某種永久性效果，亦即地中海次世界自此一分為二，但就全球範圍而言，其影響依舊只有局部性，歐亞東部與南部大致維持現狀。相對地，最近這次擴張顯然大異其趣，除了首度波及所有「舊世界」，甚至納入歐亞大陸以外地球表面各處之「新世界」。如同所有正沐浴在帝國榮光之下的人們，難以想像帝國崩解後瀰漫於斷垣殘壁中的陰影，讓大家在腦中描繪一個重新分崩離析的全球或許有點「殘酷」，

952 Richard K. Ashley, "Untying the Sovereign State: A Double Reading of the Anarchy Problematique," *Millennium: Journal of International Studies*, 17:2(1988), pp.227-262.

953 Robert O. Keohane and Joseph Nye, Jr., *Power and Interdependency: World Politics in Transition* (New York: Little, Brown & Company, 1977); Robert O. Keohane, *After Hegemony: Cooperation and Discord in World Political Economy* (Princeton: Princeton University Press, 1984); Andrew Hurrell, *On Global Order: Power, Values, and the Constitution of International Society* (Oxford: Oxford University Press, 2007), chapter 3&4.

954 G. John Ikenberry, *After Victory: Institutions, Strategic Restraint, and the Rebuilding of Order After Major Wars* (Princeton: Princeton University Press, 2001), p.11.

955 Naeem Inayatullah and David L. Blaney, *International Relations and the Problem of Difference* (New York: Routledge, 2004), p.116.

即便對致力長周期（long cycles）議題的學者而言，[956]帝國或霸權興衰現象猶如某種歷史必然，他們可能也很難接受一個不再「單一化」的世界。但是，難道目前的單一化世界將成為永恆？

事實上，如同本書揭示，在歐亞大陸上雖然並存在若干世界（帝國潛在區），其彼此之間絕非毫無所悉、互不來往，大致來說，不同世界的行為者與人們非但多少瞭解其他世界的情況，例如從「絲路系統」之存在與演進便可得知，歷史上世界與帝國之間的互動或許比一般想像更多，甚至部分（尤其是歐亞西部與地中海次世界）還長期存在競爭交戰狀態，換言之，世界從「單一性」重回「多元化」並非不可想像；當然，隨著目前結構從歐亞框架（Eurasian framework）走向全球框架（global framework），加上經濟主體由農業中心（agriculture-centric）轉向工業中心（industry-centric），地緣格局勢必重新梳理，例如，文明軸心之定義與位置或將重新調整，過去游牧通道與貿易樞紐扮演的角色亦必然遭到取代，甚至「世界」布局與數量也會有所不同。

邏輯上來說，未來世界格局走向將有兩個選項：維持單一化或重回多元化。

前者其實是多數人「小心謹慎」下的保守想法，畢竟敢大膽預測後一結果的人不可能多。

值得一提的是，卡贊斯坦（Peter Katzenstein）提供了一個折衷概念，他認為我們身處在一個深深嵌入美國「帝權」（imperium）並由地區（region）組成的世界，後者源自國際化（以領土為基礎之跨國界交換）帶來的地區整合效應，前者則來自全球化（超越空間之全新變革）導致世界體系形成的結果，其中，地區本身可能呈現開放或封閉特徵，其彼此之間未必自由流動；[957] 嚴格來說，卡贊斯坦所稱帝權幾乎等於霸權，前述說法亦不過嘗試兼顧區域整合日益蓬勃，以及美國支配性下降但影響猶存之雙重事實，又不敢預測美國霸權終將衰落罷了。與其相比，大前研一的預測堪稱大膽，他聲稱民族國家即將終結，並將帶來一個無疆界的世界（borderless world），其中，並非由傳統國界結合，而是根據某種生活圈與自然勞務分工形成的區域國家

956 George Modelski, "The Long Cycle of Global Politics and the Nation-State," *Comparative Studies in Society and History,* 20:2(1978), pp.214-235; Ben P. Klotz, "Long Cycles: A New Look at the Evidence," *Eastern Economic Journal,* 5:3(1979), pp.403-408; George Modelski, *Long Cycles in World Politics* (London: Macmillan, 1987); George Modelski, ed. *Exploring Long Cycles* (Boulder: Lynne Rienner,1987); Richard Rosecrance, "Long Cycle Theory and International Relations," *International Organization*, 41:2(1987), pp.283-301; Joshua Goldstein, *Long Cycles: Prosperity and War in the Modern Age* (New Haven: Yale University Press, 1988); Robert Harkavy, "Long Cycle Theory and the Hegemonic Powers' Basing Networks," *Political Geography,* 18:8(1999), pp.941-972.

957 Peter Katzenstein, *A World of Regions: Asia and Europe in the American Imperium* (Ithaca: Cornell University Press, 2005), pp.1-2, 12-13, 207-209.

（region state），將成為新的行為單位，[958]不過，其想法顯然過多聚焦於理性經濟思考，幾乎無視於政治變數影響，不免有譁眾取寵之嫌。儘管如此，前述概念不啻都暗示著另一可能性，亦即在單一性衰退後逐漸浮現「分裂」或「分立」特徵之新發展，例如，美國國家情報委員會在二〇〇八年也曾預測，全球地緣政治格局至二〇二五年或呈現多極化，屆時將出現若干由國家和非國家行為者組成之集合體，[959]儘管迄今並未浮現此種跡象。

除了世界持續單一化並因此削弱歷史經驗之貢獻，抑或世界將走回傳統多元分立現象之不同路徑思辨，從另一角度來說，為了深入聚焦探究探究「帝國」與「秩序」之互動，本書採取了更嚴謹甚至狹隘的定義方式來縮小個案範圍，正因如此，倘若將傳統帝國制度搬移至當下，或將明顯看出若干不合時宜之處。

眾所周知，等級制（hierachy）與由上而下統治（top-down governance）乃是傳統帝國用以建構並管理秩序之主要手段，至於靜態（static）與和諧（harmony）則是此秩序之樣態與內涵。相對地，目前存在的不啻是一個充滿動態競爭且互賴密切的世界，即便尚無法根除權力與財富分配不均，至少自由、平等與主權概念乃當前「普世價值」，由此落實至國內政治，強調由下而上之民主（bottom-up democracy）成為制度主流，甚至有呼喊「國際關係民主化」之聲浪。[960]早在一八九六年，莫斯卡（Gaetano Mosca）便指出，如果某一日衝突和敵對都被終結，迎來的將是一個「只存在單一社會型態與單一宗教的文明世界，屆時不復存在任何社會分歧」，雖然這個目標很難達成，但即便真的出現，「相信也不是一個我們想看到的世界」，因為它意味著「自由的終結」，[961]在時隔一個多世紀後的今日，隨著自由愈發深入人心，要求社會多樣化並嘗試突出個人獨特性之訴求，亦難加以壓制，雖然「寬容」與尊重「差異」確實也是傳統帝國特徵，階級與靜態治理制度設計之原則，仍將考驗著傳統與現代的相容性。

958 Kenichi Ohmae, *The End of the Nation State: The Rise of Regional Economies* (New York: Free Press, 1995).
959 US NIC, *Global Trends 2025: A Transformed World* (Washington, D.C.: National Intelligence Council, 2008).
960 Eric Suy, "Democracy in International Relations: The Necessity of Checks and Balances," in Y. Dinstein, ed., *Israel Yearbook on Human Rights*, 26(1996), pp.125-136; Rodger A. Payne and Nayef H. Samhat, *Democratizing Global Politics: Discourse Norms, International Regimes, and Political Community* (New York: State University of New York Press, 2004); Antonio de Aguiar Patriota, "Democratizing International Relations," *The Cairo Review of Global Affairs*, 46(2023), pp.66-79.
961 Gaetano Mosca, *The Ruling Class* (New York: Mc-Grew Hill Book, 1939), p.196.

美國霸權秩序之挑戰與未來

哈斯（Richard Haass）認為，衡量秩序之程度有以下三個標準，亦即大眾對於世界運行規則，以及制定、調整和運用前述規則之認同，另外就是權力平衡狀態是否存在；[962]目前看來，不僅國際規範及其執行之設計仍未能有效落實至國際社會當中，美國相對衰落與多極化世界等趨勢之浮現，更為當前權力平衡帶來挑戰，並讓一個「失序的世界」逐漸浮現在人們眼前。

事實上，阿隆早在看似存在「冷戰秩序」的一九六一年，便認真思索著如何在無政府狀態的國際社會中獲致「和平」的問題；首先，前提是不可能獲得國家保證「自願放棄進行鬥爭與使用武力」，至於和平途徑只有兩條，亦即在各國同意基礎之上建立世界組織（聯邦或邦聯），或由某個最具實力國家來強制推行世界帝國，前者關鍵在於如何剝奪國家的軍事主權（例如將所有決定性武器移轉給一個中立之權威機構），不過，若非共同遭遇巨大災難，很難想像其可行性，尤其是主要大國，至於後者則一般由某個國家或集團清除所有對手，然後藉由壟斷暴力將戰敗方融入到新的秩序當中，結果將使和平擴至地球幅員，涵蓋不同語言、文化與生活水準的民族；進言之，由於全球人口持續增長勢將刺激各國致力於爭奪空間並因此引爆衝突，在此情況下，為了達成共同控制之目的，普世帝國或許是一個「理性的解決方案」。[963]從某個角度來說，阿隆的後一途徑假設就是建立傳統帝國單位，只不過有趣的是，此刻他假設可能浮現之帝國乃「蘇聯的勝利」，書中雖然未明確說明推論基礎，總之他認為這是大家很難接受的結果。

事實之一如同前述，冷戰時期美國的綜合實力非但遠超過蘇聯及其他國家，也是最接近帝國的單位，其次則如同本書一開頭所稱，儘管到二十一世紀初才姍姍迎來一波帝國論調，實則美國最接近帝國的時刻乃二戰告終的一九四五年；當時的美國不僅擁有最大比例之權力優勢，暫且不論蘇聯根本不具備與美國抗衡之經濟與工業基礎，後者雖在一九四九年完成首次原子彈試爆，實則在其一九五三年核子武器化與一九五六年 Tu-95 長程轟炸機服役之前，華府擁有長達十年幾乎壟斷之核武優勢。[964] 那麼，美國決定如何利用此一優勢呢？伊肯伯里（G. John Ikenberry）嘗試用某種通則性口吻來回答，亦即「領導國家（美國）決定利用國際制度鎖定（lock in）其有利地位，同時透過對自身權力加諸戰略約束（strategic restraint）來取得次要

962 Richard Haass, *A World in Disarray: American Foreign Policy and the Crisis of the Old Order* (New York: Penguin Books, 2017), p.103.

963 Raymond Aron, *Peace and War: A Theory of International Relations* (New Brunswick: Transaction Publishers, 2003), pp.757-759, 765.

964 Larry Gerber, "The Baruch Plan and the Origins of the Cold War," *Diplomatic History*, 6:4(1982), pp.69-96.

國家對其安排之默認」，並認為此種「制度交易」可同時降低領導國家要求遵從以及弱國獲得安全保障的成本；[965]但是，除了為華府作為提供一個看似合理的藉口之外，此種解釋其實不太合邏輯。

美國不只選擇以制度協商（聯合國）而非強制手段來維持影響力，以「圍堵」（包圍消耗戰）為核心之冷戰設計亦明顯具消極特徵；採取前述政策的合理性只有一個，也就是由於權力不對稱性有限，以致征服成本超出能力範圍。問題是，正如本書前面不斷強調，美國在一九五〇年代之絕對優勢不容置疑，詹鶽（Chalmers Johnson）更將一八九八年美西戰爭視為美國邁向軍國主義（militarism）起點，[966]除了常備部隊總額從一八七四年僅一萬六千人，至今已超過一百三十萬人，包括戰後初期核武壟斷、全球數百個海外基地與至少維持十個以上航空母艦戰鬥群，美國自一九四五至一九九一年共推動一百二十四次海外軍事干預，無論實際軍事能量、活躍程度或對外影響力，都無人可望其項背。因此，個人始終認為，美國在二次戰後錯失「帝國時刻」只能以「非不能也，是不為也」來詮釋，至於其「不為」之最主要理由還是來自本國制度與政治文化對決策菁英的制約。正因如此，一般用來稱呼美國之「霸權」一詞，終究是由於其無法如願建立帝國所帶來之充滿無奈的非自願折衷選項。

值得注意的是，與帝國「興衰」不同，目前多數對霸權之研究都從「週期」角度切入，[967]

而且相較帝國建構之靜態世界秩序，霸權體系之特色乃是動態均衡，這意味著霸權國家將在無法應付挑戰之下趨於衰落，這也是美國的現狀，尤其在歐洲、日本與中國等經濟競爭者相繼崛起，二〇〇八年金融海嘯又指出某種結構性挑戰，[968]再加上傳統歐亞斷層帶紛爭不斷（從烏克蘭到中東），華府陷入左支右絀或只是時間問題。無論如何，此處必須再次強調，相較於美國霸權的未來，本書關切重點還是在於思索下一階段世界秩序之可能走向與發展，其中，儘管不合時宜且充滿爭議，個人始終認為，「將帝國找回來」（**Bring the Empire Back In**）作為當前國際關係研究之補充視角，還是有其積極之學術意義。

965 G. John Ikenberry, *After Victory: Institutions, Strategic Restraint, and the Rebuilding of Order After Major Wars* (Princeton: Princeton University Press, 2001), p. xi, 258.

966 Chalmers Johnson, *The Sorrows of Empire: Militarism, Secrecy, and the End of the Republic* (New York: Owl Books, 2004), pp.39-40.

967 Terrence K. Hopkins and Immanuel Wallerstein, "Cyclical Rhythms and Secular Trends of Capitalist World-Economy," *Review,* 39:1/4(2016), pp.153-170; Giovanni Arrighi and Beverly J. Silver, "Hegemonic Transitions: A Rejoinder," *Political Power and Social Theory*, 13(1999), pp.307-315; Giovanni Arrighi and Beverly J. Silver, "Capitalism and World (dis)order," *Review of International Studies*, 27:5(2001), pp.257-279.

968 Vassilis K. Foukas and Bulent Gokay, *The Fall of the US Empire: Global Fault-line and the Shifting Imperial Order* (London: Pluto Press, 2012), chapter 1.

面對未來，假使世界樣貌趨近多元化，雖然或暗示著衝突變數增加，但在縮小的世界中可能較容易重建帝國，其次則若世界還是維持目前之單一性，即便看似地理範圍擴大以致似乎不易建立帝國體系，考慮到過去眾多「以小吃大」之歷史個案，以及美國只是因為「被迫」才屈居霸權，或許甚麼事情都可能發生。至於帝國重建要件則大致如同前面篇幅所述，首先，具備超凡行動力與領袖魅力之領導者依舊不可或缺，其次，「邊緣動力學」將如何發揮其地緣作用值得關注，最後，新帝國單位將如何詮釋自身正統性的問題，也是必須觀察的。

說到底，帝國之浮現只是「符合一切要件」的結果，並不具有必然性，畢竟存在一定秩序性之世界僅佔據人類歷史片段，因此在可見的未來，世界也可能依然如故，在紛擾與諸般不確定中繼續走下去。

年代三部曲：後記

Epilogue of the Age Trilogy

寫作此一系列作品的想法，源起於以美國作為震央，從二〇〇七年次級房貸風暴乃至二〇〇八年席捲成一場全球金融海嘯之震盪發展；當然，金融危機在資本主義世界中非但不新鮮，甚至可以視為某種週期性之結構邏輯必然，無論如何，畢竟這一次的問題發生在體系核心，其影響與象徵意義絕對不容小覷。

就在此時，札卡瑞亞（Fareed Zakaria）以《後美國世界》此一聳動書名指稱，當下世界正經歷一個「群雄並起」（the rise of the rest）的階段，「在政治和軍事層面上，我們仍然處於單一的超強世界裡，但產業、教育、社會、文化等其他面向則權力正在轉移並逐漸脫離美國之支配」。[969]至於美國地位之可能積重難返，也讓前國家安全顧問布里辛斯基（Zbigniew Brzezinski）在二〇一二年最後一本著作《戰略願景》中預測，[970]二〇二五年將迎來一波後美國時代爭霸戰，屆時「並非中國，而是混亂」將主導世界；作為決策圈曾經之一份子，他強調關鍵在於美國之衰落「並非命運，而是選擇的結果」，只要能團結西方並有效地平衡東方，未來依舊可以期待。

事實上，自從美國由越南戰場撤退後，「衰落論」便此起彼落且不絕如縷，例如羅斯克蘭斯（Richard Rosecrance）早在一九七六年就認為，由於「作為國際體系維持者之角色接近終結」，美國已逐漸成為一個普通國家（ordinary country）；接著，吉爾平（Robert Gilpin）

進一步在一九八四年指出，「相較美國在一九四五年達到國際權力與威望最高峰，到了一九八〇年代，所謂美國治下的和平已處於混亂狀態」。[971]儘管如此，根據杭廷頓（Samuel Huntington）的看法，「如果霸權意謂著佔有世界經濟活動四成或更多的份額（這是英國也從未達到的比例），那麼美國的霸權確實消失了，不過，若霸權意指佔有世界經濟百分之二十到二十五，且為任何其他國家兩倍，如此則美國的霸權看起來還是很安全的」。[972]問題是，就在杭廷頓發表前述意見的同一年（一九八八），美國占全球GDP比重雖然仍為百分之二十六點七，日本則為百分之十五點三，明顯已超過美國的二分之一，此種情況持續至一九九七年為止，其後日本終因泡沫經濟崩裂而失速被甩開；至於在二〇一一年超越日本之後，中國的GDP自二〇一二年迄今始終維持在美國五成以上，二〇二一年還曾到達七成五，目前則稍稍回落至六成左右。不可諱言，GDP計算基礎早就飽受爭議，經濟亦不過是國家綜合實力的一部分，何況從國防軍備開支來看，美國在二〇二三年仍以百分之三十七睥睨全球，至於「緊追在後」的中國不過百分之

969 Fareed Zakaria, *The Post-American World* (New York: W.W. Norton & Co., 2008), pp.4-5.
970 Zbigniew Brzezinski, *Strategic Vision: America and the Crisis of Global Power* (New York: Basic Books, 2012).
971 Robert Gilpin, *War and Change in World Politics* (Cambridge: Cambridge University Press, 1981), p.231.
972 Samuel Huntington, "The US – Decline or Renewal?" *Foreign Affairs*, 67:2(1988), p.84.

十二而已，差距依舊相當明顯。

無論如何，首先還是那句話，美國及其衰落爭議並非本書討論重點，「秩序」才是我們關切的核心問題，當然，作為自冷戰以來全球秩序重心，以及牽動未來秩序走向與內涵之最關鍵變數，多花篇幅去聚焦美國亦勢不可免。

那麼，我們該如何去看待並思索一個「後美國秩序」之發展呢？

理論上，這個問題必須奠基在對於「現狀」（國際現勢與地緣格局）之認知，然後在梳理相關變數之後設法去預測未來。不過，基於歷史之「連續不可切割性」，一方面既不能忽視冷戰格局之來龍去脈及其對當前世局之影響，為了釐清「美國崛起」與冷戰爆發背景，兩次世界大戰必然為其關鍵之變數基礎，至於想瞭解二十世紀上半葉這兩場驚天動地之大規模衝突，則又不能不在「歐洲崛起」脈絡中去尋找蛛絲馬跡。最後，在埋首整理歐洲故事之餘，其「例外性」既昭然若揭，為了證明此一例外性並思考它與傳統「普遍性」之間的碰撞激盪，我們勢必投身於更宏觀之歷史觀察。

必須指出，相較在看待過去漫長歷史時，經常以千年（millennium）或世紀（century）為單位，若將視角轉至近代或當下，則十年（decade）或年（year）則為慣用度量，此一差異固然反映出人類在視覺範圍內的辨識習慣，其影響不可不察；雖然多數人都清楚有宏觀與微觀兩種途徑，卻往往忽略其不同，亦即前者傾向「存異求同」，主要在於突出某種一貫性，後者則強調「同中有異」，目的在於從差異中找出主要變數來源。兩者看似各有所長且不可偏廢，但個人始終認為，若沒有紮實的宏觀積累作為底子，過度著眼於微觀的結果只能永遠是各說各話。

儘管只是個人想法，至少為了貫徹自我理念，一個系列寫作計畫乃油然而生。在第一部《瘋狂的年代》中，表面上雖聚焦討論人類在兩次大戰表現之瘋狂緣由，在背景部分，除卻傳統上近因（近東問題與巴爾幹危機）與遠因（雙元革命與帝國主義浪潮）之分析外，個人更嘗試從所謂「兩百年戰爭」（從一六一八年三十年戰爭爆發，至一八一五年拿破崙戰爭結束）脈絡，重新定義「世界大戰」及其結構動因，特別是當代戰爭特殊樣貌之形塑。接著，在第二部《戰爭的年代》中，則將視野進一步放大至羅馬崩解以來的「歐洲例外主義」發展歷程上，結合歷史與國際關係研究，將焦點放在「思維」層次上，希望能整理並歸納歐洲世界中的人們，如何在「挑戰與回應」過程中，一步步形成如今看待世界的角度與自我設定之所謂「理性行為模式」。

以前述兩本書作為基礎，雖然應該可以充分說明我們當下所處世界之特徵，個人仍設定了第三部《帝國的年代》的寫作方向，其原因是，從歐洲擴張乃至「西方」主宰並形塑當代世界之餘，固然某種由「例外性」轉向「普遍性」之軌跡清晰可見，但在此種自十九世紀以來浮現且為我們熟知的普遍性之前，是否曾經存在又可能存在著何種普遍性？進言之，即便我們找到（其實不難發現）某種過去軌跡，並於過去兩百年見證了某種關於「普遍性」的「典範轉移」（paradigm shift），此種轉移是否為永久性抑或只是階段性現象，又或者事實不過是某種「典範重疊」（paradigm overlapping），亦即舊典範並未消失，不過被暫時「封印」罷了。基於此一大膽假設，本書從重新確認定義出發，整理了十餘個「帝國」歷史個案作為分析基礎。

法國觀察家阿塔利（Jacques Attali）指出，數千年來隨著人類政治發展，神聖事務屈居於軍力之下，儀式性秩序讓位給了帝國秩序，其中，「帝國透過把持剩餘資源而建立，並仰賴此一盈餘進行防禦或攻擊」，無論如何，在資本主義時代降臨後，這個世界開始產生變異；更重要的是，他大膽預測美國霸權最終將在二〇二五年左右衰落（這個看法跟前述布里辛斯基一致），至於在接下來約十年的過渡階段當中，十二主要國家（les Douze）將占領風騷，然後在二〇三五至二〇五〇年間迎來一個以「市場」作為唯一法則並由以資本家為主「超級階級」（hyperclasse）指揮的「超級帝國」（hyperempire），不過，國家體制衰退將同時降低管制暴力的可能，從而讓世界在二〇五〇年之後陷入一波動盪階段。[973]事實上，阿塔利的多數看法，個人並不太贊同，但確實很欣賞他敢於想像預測的勇氣。

作為思考和寫作的動力，我非常同意柯嬌燕（Pamela Kyle Crossley）的看法，她認為如同對於所有形式的歷史一般，全球史學家必須致力解決以下研究問題，亦即從一個常識性「事件」回到對於「事件」基本要素的重構，「這是一個冒險的過程，不像黑格爾或馬克思所認定有終點的歷史，而是永遠不會結束」，為了持續反思，研究者「必須超越對過去幾個世紀的誤解，透過帝國和霸權留下之表面結構洞察其本質，以此找出在歷史當中塑造人類命運的關鍵力量，從而藉此預測未來」。[974]的確，對於過去遺留下來的紀錄，我們不應該全盤否定，也不可能全部接受，只是「歷史學家往往根據由其個人閱歷與身處社會背景所塑造知觀點出發，致使闡釋之巨大彈性，讓人不僅懷疑歷史真相存在的可能性」，[975]儘管難免存在前述困擾，半途而廢或因噎廢食都非理性之舉，在可能之自我要求客觀範圍內，個人還是努力做好自己份內之事。

從時間上來看，此一「年代三部曲」與已然集結出版的「中國三部曲」，雖然幾乎在同一時間進行構思，總要決定先後動筆次序。由於「中國三部曲」其實有兩冊原屬舊作，即使決定

973 Jacques Attali, *Une brève histoire de l'avenir* (Paris: Fayard, 2006/2011).
974 Pamela Kyle Crossley, *What Is Global History* (Cambridge: Polity Press, 2008), p.121.
975 Lynn Hunt, *History: Why It Matter* (Cambridge: Polity Press, 2018), p.39.

大幅增刪，好處是不需要從零開始，因此，本著「先易後難」的原則，個人決定先投身完成這個系列，在二〇二〇年出版系列中的新作《帝國之翳》之後，隨即接著撰寫另一系列，並於二〇二一年與二〇二二年先後付梓《瘋狂的年代》和《戰爭的年代》，由於《帝國的年代》涉及歷史範圍與層面太過廣泛，需要更多時間爬梳史料並斟酌思考，直到二〇二四年底才完稿，最終為這一系列自我對話過程畫上句點。

雖然反覆再三瀏覽，總覺得永遠有增補之必要與空間，抱著拋磚引玉的心態，個人還是決定先公開這些心路歷程，畢竟在學術這條漫漫長路上，單打獨鬥既不可能也絕非理性，如果能因此激發迴響與反饋，將是衷心所願，謹以這拚命完成的六十萬字自說自話，獻給不可知的人類世界未來。

附表：歐亞國際關係史與帝國演進對照

Appendix: Histories of Eurasian International Relations and Empires

關鍵歷史進程

新仙女木事件 c.11000-10000BC

新石器時代與農業革命來臨 c.9500-8500BC

全新世最佳氣候期 c.7500-3500BC

西亞出現定居農業聚落 c.7500-6500BC

北亞草原普遍游牧化 c.6000-5000BC

撒哈拉全面沙漠化 c.3500-2500BC

發明車輪 c.3500BC

青銅時代來臨 c.3300BC

4.2千年事件寒冷期 c.2200BC

馬匹被人類馴化、印歐民族擴散 c.2000BC

游牧民發明戰車 c.1700BC

冶金革命、鐵器時代來臨 c.1200BC

鐵器時代寒冷期 c.1000-800BC

波希戰爭 499-449BC

歐亞帝國演進

3500-3200BC 蘇美文明，城市單位出現

3300-1300BC 印度河流域哈拉帕文明

2800-1100BC 三星堆文明

1700-770BC 二里頭文明

亞歷山大東征 334-323BC
繼業者戰爭 323-281BC
布匿戰爭 264-146BC
匈奴半帝國 209BC-48
漢匈戰爭 133BC-91
貴霜王朝 c.50-225
歐亞草原民族大遷徙 c.300-700
永嘉之亂、五胡亂華 311
羅馬淪陷 410,455,472
古典晚期小冰河期 c.500-700
突厥半帝國 552-658
查士丁尼大瘟疫 541-549
伊斯蘭開始對外擴張 623
阿拉伯圍攻君士坦丁堡 674,717

550-330BC 第一波斯帝國：阿契美尼德
322-184BC 第一印度帝國：孔雀
220BC-220 第一中華帝國：秦漢
138BC-224 第二波斯帝國：帕提亞
27BC-395 第一地中海帝國：統一羅馬
224-651 第三波斯帝國：薩珊
319-550 第二印度帝國：笈多
395-717 第二地中海帝國：東羅馬
581-907 第二中華帝國：隋唐
661-750 第一伊斯蘭帝國：伍麥葉

中世紀溫暖期 c.800-1200	
	750-945 第二伊斯蘭帝國：阿拔斯
十字軍東征 1096-1291	
歐亞蒙古系統 c.1200-1400	
十字軍攻陷君士坦丁堡 1204	
小冰河期 c.1300-1800	
歐洲黑死病 1346-1353	
蒙古勢力退出中原 1368	
鄭和下西洋 1405-1433	
葡萄牙啟動海上探險 1418	
鄂圖曼攻陷君士坦丁堡 1453	
	1453-1922 第三伊斯蘭帝國：鄂圖曼
哥倫布登陸美洲、達伽馬越過好望角 1498	
薩法維波斯 1501-1722	
	1526-1707 第三印度帝國：蒙兀兒
第一次維也納圍城 1529	
哈布斯堡分家 1556	
勒班陀海戰 1571	
波旁王朝 1589-1792	
俄羅斯羅曼諾夫王朝 1613-1917	
	1644-1911 第三中華帝國：滿清

第二次維也納圍城 1683
近代日本王權 1868-1945
統一德意志 1871-1918
維多利亞即位印度帝國女皇 1876
第一次世界大戰 1914-1918
第二次世界大戰 1937-1945
冷戰 1947-1991

The Age of Empire

Eurasian World Order and the Pre-Modern International Relations

帝國的年代

歐亞世界秩序與前現代國際關係

作　　者　蔡東杰
編　　輯　龐君豪
封面設計　綻然設計洪紹昌
排　　版　楊國長

發 行 人　曾大福
出版發行　暖暖書屋文化事業股份有限公司
地　　址　台北市大安區青田街 5 巷 13 號
電　　話　886-2-2391-6380　傳真　886-2-2391-1186
出版日期　2025 年 01 月（初版一刷）
定　　價　550 元

總 經 銷　聯合發行股份有限公司
地　　址　231 新北市新店區寶橋路 235 巷 6 弄 6 號 2 樓
　　　　　電話　02-2917-8022　傳真　02-2915-8614

印　　製　成陽印刷股份有限公司

國家圖書館出版品預行編目 (CIP) 資料

帝國的年代 : 歐亞世界秩序與前現代國際關係 = The age of empire : Eurasian world order and the pre-modern international relations/ 蔡東杰作 . -- 初版 . -- 臺北市 : 暖暖書屋文化事業股份有限公司 , 2025.01
面；　公分
ISBN 978-626-7457-18-4(精裝)

1.CST: 帝國主義 2.CST: 世界史

571.27　　113019900